SE TODO MUNDO É DEFICIENTE, NINGUÉM É DEFICIENTE

O COMPLEXO BIOLÓGICO, CULTURAL, ECONÔMICO E POLÍTICO DO AUTISMO

Editora Appris Ltda.
1.ª Edição - Copyright© 2025 do autor
Direitos de Edição Reservados à Editora Appris Ltda.

Nenhuma parte desta obra poderá ser utilizada indevidamente, sem estar de acordo com a Lei nº 9.610/98. Se incorreções forem encontradas, serão de exclusiva responsabilidade de seus organizadores. Foi realizado o Depósito Legal na Fundação Biblioteca Nacional, de acordo com as Leis nos 10.994, de 14/12/2004, e 12.192, de 14/01/2010.

Catalogação na Fonte
Elaborado por: Dayanne Leal Souza
Bibliotecária CRB 9/2162

P591s 2025	Piccolo, Gustavo Martins
	    Se todo mundo é deficiente, ninguém é deficiente: o complexo biológico, cultural, econômico e político do autismo / Gustavo Martins Piccolo. – 1. ed. – Curitiba: Appris, 2025.
	    245 p. ; 23 cm. – (Coleção Psicopedagogia, Educação Especial e Inclusão).
	
	    Inclui referências.
	    ISBN 978-65-250-7262-3
	
	    1. Autismo. 2. Deficiência. 3. Políticas públicas. 4. Sociedade. 5. Cultura. I. Piccolo, Gustavo Martins. II. Título. III. Série.
	                                                                      CDD – 616.89

Livro de acordo com a normalização técnica da ABNT

Appris editorial

Editora e Livraria Appris Ltda.
Av. Manoel Ribas, 2265 – Mercês
Curitiba/PR – CEP: 80810-002
Tel. (41) 3156 - 4731
www.editoraappris.com.br

Printed in Brazil
Impresso no Brasil

Gustavo Martins Piccolo

SE TODO MUNDO É DEFICIENTE, NINGUÉM É DEFICIENTE

O COMPLEXO BIOLÓGICO, CULTURAL, ECONÔMICO E POLÍTICO DO AUTISMO

Appris
editora

Curitiba, PR
2025

FICHA TÉCNICA

EDITORIAL	Augusto Coelho
	Sara C. de Andrade Coelho

COMITÊ EDITORIAL

Ana El Achkar (Universo/RJ)
Andréa Barbosa Gouveia (UFPR)
Antonio Evangelista de Souza Netto (PUC-SP)
Belinda Cunha (UFPB)
Délton Winter de Carvalho (FMP)
Edson da Silva (UFVJM)
Eliete Correia dos Santos (UEPB)
Erineu Foerste (Ufes)
Fabiano Santos (UERJ-IESP)
Francinete Fernandes de Sousa (UEPB)
Francisco Carlos Duarte (PUCPR)
Francisco de Assis (Fiam-Faam-SP-Brasil)
Gláucia Figueiredo (UNIPAMPA/ UDELAR)
Jacques de Lima Ferreira (UNOESC)
Jean Carlos Gonçalves (UFPR)
José Wálter Nunes (UnB)
Junia de Vilhena (PUC-RIO)

Lucas Mesquita (UNILA)
Márcia Gonçalves (Unitau)
Maria Aparecida Barbosa (USP)
Maria Margarida de Andrade (Umack)
Marilda A. Behrens (PUCPR)
Marília Andrade Torales Campos (UFPR)
Marli Caetano
Patrícia L. Torres (PUCPR)
Paula Costa Mosca Macedo (UNIFESP)
Ramon Blanco (UNILA)
Roberta Ecleide Kelly (NEPE)
Roque Ismael da Costa Güllich (UFFS)
Sergio Gomes (UFRJ)
Tiago Gagliano Pinto Alberto (PUCPR)
Toni Reis (UP)
Valdomiro de Oliveira (UFPR)

SUPERVISORA EDITORIAL	Renata C. Lopes
PRODUÇÃO EDITORIAL	Sabrina Costa
REVISÃO	Ana Carolina de Carvalho Lacerda
DIAGRAMAÇÃO	Amélia Lopes
CAPA	Eneo Lage
REVISÃO DE PROVA	Jibril Keddeh

COMITÊ CIENTÍFICO DA COLEÇÃO PSICOPEDAGOGIA, EDUCAÇÃO ESPECIAL E INCLUSÃO

DIREÇÃO CIENTÍFICA Ana El Achkar (Universo/RJ)

CONSULTORES

Prof.ª Dr.ª Marsyl Bulkool Mettrau (Uerj-Universo)

Prof.ª Dr.ª Angelina Acceta Rojas (UFF-Unilasalle)

Prof.ª Dr.ª Adriana Benevides Soares (Uerj-Universo)

Prof.ª Dr.ª Luciene Alves Miguez Naiff (UFRJ)

Prof.ª Lucia França (UFRJ-Universo)

Prof.ª Dr.ª Luciana de Almeida Campos (UFRJ-Faetec)

Prof.ª Dr.ª Mary Rangel (UFF-Uerj-Unilasalle)

Prof.ª Dr.ª Marileide Meneses (USP-Unilasalle)

Prof.ª Dr.ª Alessandra CiambarellaPaulon (IFRJ)

Prof.ª Dr.ª Roseli Amábili Leonard Cremonese (INPG-AEPSP)

Prof.ª Dr.ª Paula Perin Vicentini (USP)

Prof.ª Dr.ª Andrea Tourinho (Faculdade Ruy Barbosa-BA)

Se eu amo a meu semelhante? Sim.
Mas onde encontrar o meu semelhante?

Mário Quintana

PREFÁCIO

"Toda crítica viva pode tornar-se elogio, toda verdade viva não pode deixar de parecer para alguns, a maior das mentiras".

(Volochinov, 1929/1992)

Elaborar o prefácio de uma obra exige, pelo menos, levar em consideração três aspectos: estudo cuidadoso do seu conteúdo; atenção para conseguir identificar os indícios do que o autor deseja que os leitores compreendam e, por último, mas não menos importante, expressar o que o próprio prefaciador deseja dizer ao autor e aos leitores sobre a obra, não se trata de uma tarefa simples.

Gustavo Piccolo é um dos autores brasileiros que nos convoca a refletir sobre o que venha a ser *produção de conhecimento*, ou seja, possibilitar a seus leitores a imagem subjetiva da realidade objetiva, na tentativa de ir além das aparências; de sair do imediato visível aos olhos, algumas vezes, pouco atentos da ciência médica. Coloca-nos nas entranhas do conhecimento *universal* – a História; mostra a *singularidade* de cada um de nós que vivenciamos a História e analisa, com todo o cuidado e uma sensibilidade aguçada, a *particularidade* do fenômeno – revela nexos dinâmico-causais da realidade que aborda: nesta obra, um estudo denso sobre questões do autismo. Ele enfrenta, portanto, uma das tarefas mais difíceis e complexas do método materialista histórico-dialético: captar e reproduzir, no pensamento, o movimento, a processualidade do real. Um processo não linear, porque é revolucionário. Já fez isso em outras obras suas. Basta que o leitor vá a elas para se surpreender e aprender.

Seguindo o exemplo de Walter Benjamin, nosso autor escreve a história a *contrapelo* do que propõe o

> [...] saber convencional sobre o autismo, posto partir de uma perspectiva não limitada ao escopo de classificação médica, dialogando com outros campos de análise como a Sociologia, a Política, a Educação, a Filosofia, a Religião, entre outras, na árdua tarefa de gerar contributos a compreensão do autismo e do próprio processo de formação humana. (p. 12).

Escreve de um ponto de vista empático, amoroso, questionador e respeitoso com os que têm sua humanidade questionada a partir de diagnósticos, laudos, impressões, estigmas, rótulos, tratamentos de todo tipo que *buscam o idêntico a todo e qualquer custo*, como ele mesmo diz. Abraça a deficiência "como uma oportunidade para desafiar a exclusão e a marginalização, com o potencial de perturbar a ordem atual" (p. 13).

As perguntas que Gustavo Piccolo se faz (e nos faz), durante todo o texto, refletem e refratam as contradições da vida social. O leitor entrará em contato com elas, às vezes imaginando saber as respostas, mas, muitas vezes, ficando confuso, procurando por respostas que não temos e que nem sabemos se teremos um dia, ou, se tivermos, podem não ser as que já hipotetizamos. Afinal, "quem foi que disse que nós devemos ser compreendidos? Quem disse que nós podemos ser compreendidos? Quem disse que tudo o que somos deve ser explicado por algum parâmetro?" (p. 190). Por qual razão a Medicina deve colonizar tanto as nossas vidas e nossas formas de estar no mundo? (p. 192). Esses são alguns dos inúmeros questionamentos que nosso autor nos faz e eu ouso acrescentar: quem pode decifrar a alma? As palavras se tornam "a arena onde se desenvolve a luta de classes", escreveu Volochinov (1992, p. 46). Este autor russo nos lembra que o livro – *o ato de fala impressa* – é sempre "objeto de discussões ativas sob a forma de diálogo, para ser estudado a fundo, comentado e criticado no quadro do discurso interior" (1992, p. 123). Este é o convite que nos faz o livro de Gustavo Piccolo!

Aqui, trata-se de um livro cuja responsabilidade é enorme: tanto a de quem o escreveu quanto a de quem o lê. Bakhtin (1920-24/2010), em seu livro *Para uma filosofia do ato responsável*, esclarece que o ato responsável é sempre o reconhecimento de uma obrigatória singularidade; não temos um *álibi* no nosso existir. "A minha singularidade, como necessária não coincidência com tudo o que não seja eu, torna sempre possível o meu ato como singular e insubstituível em relação a tudo o que não sou eu" (2010, p. 98).

Piccolo segue um caminho na exposição de suas pesquisas e de suas reflexões acerca do autismo; acerca do que disseram e dizem sobre o autismo; acerca do aumento exponencial de laudos que recebem nossas crianças, jovens e adultos. O título já indica sua proposta: se todo mundo é deficiente, ninguém é deficiente: o complexo biológico, cultural, econômico e político do autismo. Esclarece, logo de início, que seu texto será (é) polêmico – e como não seria? Trata da complexidade que teve/tem a questão do autismo – pouco explicado, muito questionado e, por vezes, irresponsável e demasiadamente diagnosticado. Como um pensador estudioso que é, Piccolo estabelece um roteiro para que os seus leitores compreendam o árduo caminho de investigação, mais por meio da História, de uma interlocução primorosa com outros autores e por meio de questionamentos no campo do biológico, da cultura, da economia e da política, do que por respostas prontas:

> Mas, afinal, o que é o autismo? Por que tantos têm sido assim identificados nos últimos tempos? O que mudou em termos sintomáticos e nosológicos desde o ano de 1943 - quando Kanner, em estudo seminal, sistematizou as características do comportamento autista – em relação ao tempo presente? Estaremos identificando melhor ou rotulando mais? Haverá algum interesse mercantil, cultural ou político na massificação do número de pessoas autistas na sociedade? Será que todas as crianças hoje identificadas como autistas são autistas? Será que todas as crianças autistas são deficientes? Haverá alguma relação entre o desenvolvimento do comportamento atualmente vaticinado de autístico e os novos modos de ser e se relacionar da contemporaneidade? Haverá uma indústria do autismo? Estas são as indagações que guiarão as linhas deste pretensioso texto. (p. 12).

O leitor há de concordar comigo que não são questões com respostas fáceis, ou, melhor dizendo, não se trata de respondê-las, mas de sondá-las. De perscrutar, como faz um bom detetive que não se deixa enganar por características que podem traí-lo na investigação de um caso complicado, se lembrarmos das obras de Arthur Conan Doyle e Edgar Allan Poe – que contam histórias sobre detetives que desvendam crimes porque percebem detalhes que são imperceptíveis para a maioria das pessoas. Carlo Ginzburg (1961/1990)[1], com seu modelo epistemológico do Paradigma Indiciário ou Semiótico, ajuda-nos a ir além do dualismo *racionalismo* e *irracionalismo*: "Se a realidade é opaca" e o conhecimento direto da realidade não é possível, "existem zonas privilegiadas – sinais, indícios – que permitem decifrá-la" (1990, p. 177). Tal como escreve nosso autor Gustavo Piccolo, lemos em Ginzburg que "É preciso não se basear, como normalmente se faz, em características mais vistosas. Pelo contrário é necessário examinar os pormenores mais negligenciáveis" (1990, p. 179).

---

[1] Historiador italiano (1939), retomou e explicitou as discussões teóricas dos "dados singulares". Ele arranha mitos, relativiza algumas certezas e abala muitas verdades.

Da exposição crítica sobre a construção social do autismo, em conversa franca com outros autores, transporta-nos aos séculos XIX e XX, expondo achados e modificações conceituais que foram sendo impressos:

> Tais achados, de princípio, problematizam frontalmente a ideia de que o autismo é uma condição patológica homogênea e que pode ser representada sem contradições por cientistas e suas tecnologias representacionais. Não, não podem. E isso não significa negar uma suposta realidade biológica do autismo ou seu caráter científico, mas apenas situá-lo dentro de um arranjo complexo que o forma, informa e deforma. (p. 31).

Segue com a genealogia do autismo e os manuais diagnósticos. Penso ser um dos estudos mais profícuos e um dos pontos altos deste livro: a análise do enquadramento do autismo no conjunto dos transtornos abrangentes de desenvolvimento. Dá-nos a conhecer as transformações que vão ocorrendo na história do Manual Diagnóstico e Estatístico dos Transtornos Mentais (DSM) e do Código Internacional de Doenças (CID) e eis, de modo inconteste a "hegemonia assumida pelas posições organicistas na explicação do conjunto das situações definidas como autismo". Repleto de categorias. E sem consenso!

Lev Vigotski (1924/1997, p. 79), em seus estudos sobre Defectologia, fez um alerta muito semelhante ao que faz Piccolo, ressalvando que o autor russo assim escreveu na década de 1920, na recém União Soviética: "O defeito, por si só, todavia, não é uma tragédia. É apenas um pretexto e um motivo para o surgimento da tragédia". São as consequências sociais das deficiências que fazem dela uma tragédia, ou não: eis a questão colocada neste livro! Uma das consequências (dialeticamente causa e consequência) sociais está apresentada e representa, hoje, uma dificuldade enorme a ser enfrentada pelo que se convencionou nomear de Política Nacional de Educação Especial na Perspectiva da Educação Inclusiva. Diz respeito à análise das *razões e contrarrazões* do aumento de casos de autismo na contemporaneidade. Diz Piccolo a este respeito:

> Outro fator que impacta favoravelmente na identificação de TEA diz respeito a necessidade do diagnóstico para o acesso aos serviços de saúde, assim como a benefícios sociais. Tais elementos têm o poder de maximizar a busca por laudos e não deve ser desconsiderado na análise do crescimento exponencial dos casos de TEA. Contudo, o

> extremo oposto também deve ser considerado (embora menos perceptível), na medida em que diversas culturas estigmatizam a deficiência de forma tão brutal que muitos refutam toda e qualquer possibilidade que possa se aproximar desta condição, negando assim a busca por serviços necessários. (p. 82).

E mais questionamentos à medida que se continua a leitura atenta: quais os interesses para tamanho aumento nos diagnósticos de autismo? Chega, então, o autor, ao complexo político, econômico e cultural do autismo. Nesse ponto é preciso ressaltar o método de exposição apresentado: o caminho da aparência para a essência. Eis mais uma contribuição marcante desta obra. Disse Karl Marx que "[...] toda ciência seria supérflua se houvesse coincidência imediata entre a aparência e a essência das coisas [...]" (2008, p. 1080).

Ítalo Calvino, escritor italiano, escreveu um belíssimo conto que, me parece, cabe bem neste momento de minhas reflexões sobre o livro de Gustavo Piccolo. Conta Calvino que o senhor Palomar queria observar uma onda e vai à praia para assim fazer. Sente, porém, uma dificuldade enorme durante essa tarefa. O senhor Palomar vê uma onda "apontar na distância, crescer, aproximar-se, mudar de forma e de cor, revolver-se sobre si mesma, quebrar-se, desfazer-se" (1994, p. 1). Não consegue isolar uma onda da que veio antes e da que se segue. Quando pensa ter conseguido fixar-se em uma onda, logo ocorre algo que não tinha levado em conta.

> Em suma, não se pode observar uma onda sem levar em conta os aspectos complexos que concorrem para formá-la e aqueles também complexos a que essa dá ensejo. Tais aspectos variam continuamente, decorrendo daí que cada onda é diferente de outra onda; mas da mesma maneira é verdade que cada onda é igual a outra onda, mesmo quando não imediatamente contígua ou sucessiva; enfim, são formas e sequências que se repetem, ainda que distribuídas de modo irregular no espaço e no tempo. Como o que o senhor Palomar pretende fazer neste momento é simplesmente ver uma onda, ou seja, colher todos os seus componentes simultâneos sem descurar de nenhum, seu olhar se irá deter sobre o movimento da água que bate na praia a fim de poder registrar os aspectos que a princípio não havia captado; tão logo se dê conta de que as imagens se repetem, perceberá que já viu tudo o que queria ver e poderá ir-se embora. (1994, p. 2).

Nada disso, no entanto: "Prestar atenção em um aspecto faz com que este salte para o primeiro plano, invadindo o quadro, como em certos desenhos diante dos quais basta fecharmos os olhos e ao reabri-los a perspectiva já mudou" (1994, p. 3). É disso que se trata o movimento do olhar para o autismo que Piccolo nos apresenta: o que temos, na busca pelos marcadores biológicos, até agora, não significa avanços significativos. O sofrimento das pessoas não pode, no entanto, ser desprezado ou minimizado por conta de uma busca contraditória por explicações definitivas.

Chega o momento em que Piccolo retoma (mas avança) em seus estudos sobre o modelo social da deficiência, e nesse caso, que explique o autismo enquanto produção social. O modelo médico tem falhado e é necessário distinguir *impedimento* de *deficiência*. Ele conclui que:

> [...] resta evidente e é inegável que tanto a categoria de deficiência como a categoria de autismo não devem e nem podem ser consideradas como conceitos objetivos que ocorrem naturalmente e são cientificamente descobertos, pois situam-se dentro de contextos culturais, bem como sociais, políticos e econômicos. (p. 132).

Com densidade, rigor teórico, sensibilidade e generosidade, o autor vai deixando explícita a sua escolha: não desconsiderar o saber médico, mas considerar o autismo como entidade política e social, deslocando-o da Biologia para a cultura. Propõe, como já vem fazendo em seus escritos, que "o autismo não é uma condição dada ou um conjunto de realidades por si só, em vez disso, o autismo é e será, em parte, o que qualquer um de nós faz dele, portanto, uma representação" (p. 161). Percorre ainda pela reflexão sobre o conceito de estigma e propõe-se a ampliar as margens de compreensão do autismo e da deficiência enquanto fenômeno econômico, mas também social, cultural, político e, profundamente, histórico.

Ao fim (apenas de um texto), vai construindo uma imagem de si (convidando que façamos o mesmo conosco), pedindo, gentilmente, licença para escrever em primeira pessoa. E faz isso porque foi identificado como pessoa autista aos 40 anos de idade, sem, no entanto, ter qualquer dificuldade ou impedimento como um ser humano que se desenvolveu como político, acadêmico, docente, escritor...

O convite à leitura desta obra é quase um ato de insistência. Talvez eu possa contribuir, com este prefácio, como um estímulo ao leitor que deseja percorrer um estudo profundo e profícuo não só sobre o autismo, mas sobre o humano do homem! O leitor tem às mãos um precioso tesouro, um documento, uma história, uma revisão literária e um testemunho!

Anna Maria Lunardi Padilha

Graduada em Pedagogia pela Pontifícia Universidade Católica de Campinas (1974), mestrado em Psicologia da Educação pela Universidade Estadual de Campinas (1994) e doutorado em Educação, na linha de pesquisa Conhecimento Linguagem e Arte pela Universidade Estadual de Campinas (2000). Foi professora e pesquisadora do Programa de Pós Graduação em Educação da Universidade Metodista de Piracicaba até 2017. Atua como pesquisadora dos seguintes grupos: Grupo de Pesquisas em Educação Especial no Sistema Comum de Ensino, da Universidade Federal do Espírito Santo (UFES) e Projeto SaúdeAntar no Instituto de Pesquisas Heloísa Marinho/RJ (IPHEM). Membro do Grupo de Estudos Brasileiros em Defectologia e Psicopatologia na Teoria Histórico-Cultural - GT, na Universidade de Brasília (UNB). Experiência na área de Educação, com ênfase em Desenvolvimento Humano e a Escola de Vigotski, atuando principalmente nos seguintes temas: Formação de Professores, Educação Especial na Perspectiva da Inclusão; Pedagogia Histórico-Crítica; Educação em Saúde, Educação Infantil, Práticas Educativas Escolares e não Escolares, Processos de Ensino e Aprendizado. Autora e organizadora de livros. Autora de Capítulos de livro e Artigos em Periódicos. Atualmente é palestrante na área da Educação e Educação Especial e ministra cursos livres. Orcid: 0000-01-6624-660X

Referências

Bakhtin, M. **Para uma filosofia do ato responsável.** São Carlos: Pedro & João, 2010.

CALVINO, Italo. **Palomar.** São Paulo: Companhia das Letras, 1994. p. 7-11

GINZBURG, C. **Mitos, emblemas e sinais: morfologia e história.** São Paulo: Companhia das Letras, 1990.

MARX, K. **O Capital** – crítica da economia política. Trad. Reginaldo Sant´Anna. Rio de Janeiro: Ed. Civilização Brasileira, 2008. p. 1080.

VOLOCHINOV, V. N. **Marxismo e Filosofia da Linguagem.** São Paulo: Hucitec, 1992.

VYGOTSKI, L. S. **Obras Escogidas**. Fundamentos de Defectología. Tomo V. Madrid: Visor, 1997.

SUMÁRIO

INTRODUÇÃO 19

A CONSTRUÇÃO SOCIAL DO AUTISMO: ELEMENTOS CONTEXTUAIS
DE SEU APARECIMENTO 23

A GENEALOGIA DO AUTISMO...................................... 43

O AUTISMO NOS MANUAIS DIAGNÓSTICOS: ENTENDENDO
SUA EPIDEMIOLOGIA... 75

A EXPLOSÃO DOS CASOS DE AUTISMO:
RAZÕES E CONTRARRAZÕES 127

O COMPLEXO DO AUTISMO: APARÊNCIA CLÍNICA E ESSÊNCIA
MERCANTIL 131

O AUTISMO COMO COMPLEXO ECONÔMICO 149

REIMAGINANDO O AUTISMO PELA PERSPECTIVA
POLÍTICO-CULTURAL... 183

O ESTIGMA E O AUTISMO 195

REIMAGINADO MAPAS NORMATIVOS A PARTIR DO CONCEITO
DE DEFICIÊNCIA 207

CONSIDERAÇÕES FINAIS: COMO O CONCEITO DE AUTISMO
PODE REORDENAR A EXPERIÊNCIA DA DEFICIÊNCIA E COMO
DEVEMOS REIMAGINAR O CONCEITO DE AUTISMO 225

REFERÊNCIAS 231

*"É a ingenuidade do vazio de conhecimento opor a esse saber de que no absoluto tudo é igual, o conhecimento diferenciado e pleno, ou que busca e exige plenitude, ou então fazer de conta que seu absoluto **é a noite, como se costuma dizer, em que 'todos os gatos são pardos'"***

Hegel

INTRODUÇÃO

Sei de antemão que este é um texto polêmico. Uma obra questionadora que versa sobre um tema complexo, ainda pouco elucidado, mas já bastante difundido na sociedade: o autismo. Mas, afinal, o que é o autismo? Por que tantos têm sido assim identificados nos últimos tempos? O que mudou em termos sintomáticos e nosológicos desde o ano de 1943 – quando Kanner, em estudo seminal, sistematizou as características do comportamento autista – em relação ao tempo presente? Estamos identificando melhor ou rotulando mais? Haverá algum interesse mercantil, cultural ou político na massificação do número de pessoas autistas na sociedade? Será que todas as crianças hoje identificadas como autistas são autistas? Será que todas as crianças autistas são deficientes? Haverá alguma relação entre o desenvolvimento do comportamento atualmente vaticinado de autístico e os novos modos de ser e se relacionar da contemporaneidade? Haverá uma indústria do autismo?

Essas são as indagações que guiarão as linhas deste pretensioso texto. Poderá o leitor se perguntar sobre o local de fala do autor e, consequentemente, da legitimidade das opiniões aqui demarcadas. Embora não acredite na necessidade de pertencimento identitário somático para se mostrar autorizado a emitir opinião sobre determinado assunto, sou daqueles casos de identificação de diagnóstico tardio de autismo vinculado a altas habilidades, uma marca que há alguns anos jamais teria sido aventada como plausível. Se é que hoje o é. E foi justamente a comunhão de meu trabalho em um ambiente repleto de crianças tidas como autistas – uma escola – conjuntamente a essa nova roupagem que me fora imposta a razão pela qual resolvi dialogar sobre este tema.

Contudo, a escrita aqui produzida procurou sair do lugar-comum ao materializar uma tese a contrapelo do saber convencional sobre o autismo, posto partir de uma perspectiva não limitada ao escopo de classificação médica, dialogando com outros campos de análise, como a Sociologia, a Política, a Educação, a Filosofia, a Religião, entre outras, na árdua tarefa de gerar contributos à compreensão do autismo e do próprio processo de formação humana.

Aliás, entender os seres humanos em relação e como estes se comportam socialmente tem sido o tema de minhas pesquisas desde minha tese de doutoramento, tendo na deficiência minha categoria dileta[2]. Uma categoria que tem guiado a forma pela qual procuro enxergar o mundo, os espaços, as instituições e as relações dialógicas. E não faço isso por tomar a deficiência como sinédoque da extranormatividade tal qual operacionalizou a Medicina desde os tempos modernos, mas, sim, por visualizar nessa condição uma experiência humana transversal que pode envolver qualquer ser humano, a qualquer tempo ou momento, desafiando presunções de identidades estáveis ao longo da vida.

Embora também configurada sob a perspectiva de grupo minoritário, a deficiência – ao contrário de categorias como raça e gênero, das quais só se pode entrar e sair muito raramente e com significativo esforço –, é a mais contingente dos marcadores humanos, posto que nenhum de nós estejamos complemente imunes às possibilidades de experiências incapacitantes. Esse fato torna tal vivência admirável sob a análise da ética e moralidade, do ponto de vista sociológico e antropológico, mas também sob perspectiva médica, religiosa, filosófica, política e educacional. Um fenômeno complexo por essência e que nos obriga a sermos radicais (no sentido de ir à raiz dos fatos) se quisermos o compreender em sua totalidade.

A complexidade da deficiência se dá pelo fato de esta ser naturalmente cultural e culturalmente biológica, posto que seu processo constitutivo mescle componentes das duas dimensões. É impossível compreender qualquer deficiência sem tomar em conta a dialética multifacetada entre a existência de comportamentos e corpos (quer por impedimentos físicos/sensoriais/psíquicos) tidos como desviantes vivendo em ambientes não preparados para o acolhimento dessas experiências ou mesmo promotores destas.

Se é fato que determinadas condições orgânicas causam dificuldades múltiplas àqueles que as manifestam e não podem ser compreendidas ou explicadas sem o suporte do saber clínico, não menos verdadeiro é a presunção de que a sociedade contemporânea, mediante um sistema econômico, ideológico e normativo cria e repele a diferença expressa

---

[2] Entendemos a deficiência como um fenômeno que tem sido associado há muito tempo à discriminação contra uma série de pessoas com impedimentos físicos, sensoriais e cognitivos. Reconhecemos que essa discriminação é muitas vezes também alargada às pessoas mais próximas das pessoas com deficiência, incluindo familiares, amigos e outros aliados – uma forma de distinção identificada pelo sociólogo Erving Goffman como "estigma de cortesia" (Goffman, 1980). A perspectiva que será aqui desenvolvida rejeita a percepção muitas vezes tida como certa da deficiência como uma falha ou falta individual. Nesse sentido, abraçamos a deficiência como uma oportunidade para desafiar a exclusão e a marginalização e com o potencial de perturbar a ordem atual.

pela deficiência, tornando a vida desses sujeitos muito mais árida do que poderia ser. Eventos como guerras, subnutrição/fome, trabalhos precários, ausência de serviços de saúde, violência, ausência de saneamento urbano e de serviços escolares são exemplares no sentido de como as relações sociais podem produzir condições de deficiência. Por outro lado, a preferência por escadas ao em vez de rampas, a ausência de transportes acessíveis, o não preparo dos ambientes educacionais e culturais no que se refere às práticas dialógicas e pedagógicas ali vivenciadas, entre outros, dificultam o acesso e a permanência das determinadas pessoas em variadas geografias sociais.

Somente quando consideramos a totalidade dessa conjuntura que envolve a experiência da deficiência podemos efetivamente dialogar sobre ela como uma construção social, tal qual tem sido bastante aventado pela academia. Do mais, a utilização da ideia de construção social perde força, carece de sentido e vira como que um amuleto ao qual nos agarramos para fugir das explicações devidas e necessárias. Aliás, acerca desse aspecto é preciso que fique claro que tratar um fenômeno como a deficiência sob a ótica da construção social não implica que o ele não possa também analisado pelo viés da Medicina, muito pelo contrário, significa tomar o saber médico como histórico e contraditório. Este é o desafio que nos propomos ao analisarmos o autismo. Um fenômeno complexo e multifacetado, naturalmente cultural e culturalmente biológico.

A CONSTRUÇÃO SOCIAL DO AUTISMO: ELEMENTOS CONTEXTUAIS DE SEU APARECIMENTO

A busca pelas supostas origens do autismo nos remete quase que instantaneamente à publicação do texto de Kanner "Autistic Disturbances of Affective Contact", publicado originariamente em 1943 e no qual ele descreve onze crianças que apresentam dificuldades em se relacionar com pares desde o início da vida, manifestando uma suposta propensão à solidão caracterizada pela desconsideração e exclusão de tudo o que é externo. Todavia, entendemos que para analisar o fenômeno do autismo de maneira histórica é preciso, inicialmente, perquirir o contexto e o jogo de relações sociais que possibilitou a Kanner desenvolver suas ideias.

Nesse sentido, não podemos esquecer, como ressalta Nadesan (2005), que o autismo se mostra resultado de diversas ocorrências práticas que somente se fizeram possíveis no século XX. Anteriormente a esse período, o autismo enquanto categoria diagnóstica era impensável, não existindo como conceito ou prática. Por isso, o questionamento sobre onde estavam as pessoas autistas nos séculos anteriores não faz o menor sentido. Não podemos olhar para o passado com os olhos marejados dos conceitos hoje existentes. É preciso olhar para além do binarismo entre Biologia e cultura como se estes fossem estruturas antagônicas.

No caso do autismo, tal suposição se escora nas discussões mais amplas sobre se o componente cultural de uma pressuposta deficiência é simplesmente construído sobre um componente biológico fundamental e determinante ou, inversamente, se ele é o construtor do fato biológico do impedimento. Será a cultura apenas a roupa dentro da qual aparece o corpo doente? Ou será que a cultura – por meio das suas práticas e de seus vocabulários e instituições – que produz deficiências e impedimentos na sua totalidade? Esta questão abrange um dilema do próprio pensar moderno, pois expõe binarismos aparentemente inevitáveis no pensamento ocidental entre mente e corpo, cultura e Biologia.

Propomos aqui que possamos pensar de maneira dual a esta lógica. Um pensar que entenda o processo social de uma deficiência não necessariamente a partir da negação da realidade biológica de algum impedimento, mas, sim, pela consideração de variados componentes em relação.

Isso significa não se contentar com a definição precisada pela literatura médica, que representa o autismo como uma facticidade biológica que deve ser explicado usando os métodos e as suposições positivistas das ciências naturais, as quais devem identificar alguma condição biogenética essencial que acabará por ser inequivocamente identificado e conhecido como uma anormalidade genética, neurológica ou química causadora dos comportamentos observados. É preciso pensar para além dessa lógica mecanicista e, sem desconsiderar esses elementos quando se mostrarem fiáveis, apontar para as condições sociais de possibilidade que permitiram a nomeação do autismo como um transtorno psiquiátrico distinto, assim como as razões que permitiram o aparecimento de métodos de interpretação da diferença como desvio e quais seus reais interesses. Isso posto, insurge a pergunta sobre como, afinal, definir a essência do autismo? Para Nadesan (2005, p. 9),

> Os esforços para definir a essência precisa do autismo escapam a melhor abordagem representacional de práticas de cientistas e médicos: consequentemente, mesmo no alvorecer do século XXI, não sabemos o que é o autismo. A natureza do autismo permanece ambígua e indescritível, o que parece estimular mais esforços para representá-lo de forma definitiva e concreta na pesquisa biomédica e em nosologias diagnósticas. No entanto, esses esforços representacionais parecem condenados ao fracasso se o sucesso for medido pela criação de uma teoria abrangente para as origens do transtorno. Talvez porque o autismo seja definido e delimitado em termos de falta de habilidades de comunicação normais definidas de maneira tão ampla que é tão difícil identificar uma etiologia definitiva e, ainda, por um conjunto definitivo de marcadores autistas comportamentais/expressivos. Talvez seja verdade que a etiologia do autismo resida numa infinidade de fatores biológicos e culturais/sociais mutuamente interligados, incluindo os próprios padrões de normalidade utilizados na determinação do transtorno. Colocando de outra forma, talvez o autismo não seja uma coisa, mas uma categoria nominal útil por agrupar pessoas heterogêneas, todas compartilhando práticas de comunicação que se desviam significativamente das expectativas de normalidade. Essas comunicações práticas estão se tornando, cada vez mais, padronizadas, codificadas e amplamente distribuídas. Tal abordagem do autismo não precisa rejeitar a ideia de que a

bioquímica das pessoas rotuladas como autistas impacta sua comunicação prática. Em vez disso, esta abordagem abre o espaço de oportunidades para explorar como os padrões de normalidade socialmente construídos e incorporados na cultura de valores e práticas não apenas moldam nossas interpretações do autismo, mas também contribuem para a produção e transformação de pessoas rotuladas com o transtorno.

Por conseguinte, a construção dessa epistemologia histórica aqui proposta deve abordar as condições e práticas sociais que permitiram que o autismo fosse identificado, rotulado e remediado no início século XX, bem como as condições que prevalecem hoje, as quais potencializam aumentos dramáticos em termos de identificação diagnóstica do autismo. Significa, em outros termos, analisar o próprio processo constitutivo da normalidade e anormalidade e as gramáticas de reconhecimento social da contemporaneidade. De acordo com Nadesan (2005), o autismo, como um distúrbio psicológico distinto, não poderia ter surgido no século XIX, porque dentro das categorias diagnósticas desse período (e anterior-mente) tal conceito se mostrava impensável, embora a autora admita a existência de pessoas ao longo da história que exibiram os sintomas que agora agrupamos e definimos como autismo. Assim, a história do autismo em todas as suas formas deve ser contextualizada dentro da evolução e transformação das práticas médicas e do desenvolvimento de profissões como a psiquiatria, psicologia, serviço social e educação especial, muitas dos quais surgidas ou profissionalizadas no início do século XX.

O entendimento do fenômeno nomeado como autismo passa, ine-gavelmente, pela exploração dos processos culturais envolvidos em sua produção, que, assim como qualquer deficiência, é determinante na sua representação imagética e na forma pela qual as pessoas se relacionam com essa categoria. Para tanto, é preciso se fazer duas análises: uma pro-jetiva (realizada temporalmente no momento de consolidação da ideia de autismo em diante) e outra retrospectiva, que tem função analisar a pré-história do conceito.

Qualquer análise projetiva partirá do texto clássico de Kanner e de sua ideia de solidão autista, manifestada desde o início da vida em determinadas crianças, as quais também apresentavam um "desejo ansiosamente obsessivo pela manutenção de mesmice" (1943, p. 44). Na sua luta para fornecer um rótulo adequado para essa síndrome, Kanner baseou-se na descrição clínica de Eugene Bleuler de demência precoce, uma categoria geral de sofrimento psiquiátrico vinculada a pacientes que apresentavam os sintomas que hoje associamos à esquizofrenia. Bleuler usou o termo autismo para se referir ao quadro de seus pacientes de se retirar do mundo real para um cenário fantasioso. Nadesan (2005) enfatiza que Kanner reconheceu que seu uso do termo autista diferia do de Bleuler, entretanto, sentiu-se incapaz de encontrar um termo com uma definição mais precisa para as situações que estava analisando. Como mostraremos mais adiante, a associação entre comportamento autista e esquizofrenia se mostrou uma constante desde a década de 1940, sendo que somente nos anos de 1980 observamos uma cisão entre essas categorias, com o autismo sendo levado como estrutura nosológica.

Contemporâneo de Kanner, Asperger analisou crianças que compartilhavam muitas das mesmas características descritas por Kanner (incluindo estereótipos de movimento, obsessão a apegos, falta de adaptabilidade, discurso monótono e tendência à solidão), mas com prognósticos melhores em virtude da preservação de níveis ótimos de inteligência e raciocínio abstrato, o que possibilitaria que esses sujeitos apresentassem sucesso em distintas áreas. Asperger teve seu trabalho popularizado por Lorna Wing, pertencendo a ela a criação do termo Síndrome de Asperger, categoria utilizada pela autora para descrever crianças e adultos que exibem intelectos normais, contudo, experimentam deficiências relativamente graves em suas habilidades de compreender e relacionar-se com os outros (incluindo falta de empatia, unilateralidade ou interação ingênua, dificuldade nos processos de formação de amizades, fala pedante e repetitiva, comunicação não verbal deficiente, preocupação intensa com certos assuntos e má coordenação motora grossa).

Para Wing (1981), existiam inúmeras semelhanças entre a psicopatia autista de Asperger e o autismo de Kanner. Em vista disso, Wing entendeu que a síndrome de Asperger não deveria ser vista como um transtorno de personalidade, mesmo reconhecendo que muitas pessoas que sofrem da síndrome de Asperger teriam anteriormente sido diagnosticadas como esquizoides. Alicerçada nesse entendimento, Wing sugeriu que a síndrome de Asperger e o autismo seriam, na verdade, recortes de um mesmo tecido, denotando um contínuo de distúrbios do desenvolvimento. Esse elemento fora chamado pela autora de espectro autista e caracterizado como "um continuum de deficiências do desenvolvimento da interação social, da comunicação e consequente comportamento rígido e repetitivo" (Wing,

1991, p. 111). Para Wing, o *continuum* autista abrange tanto pessoas com graves comprometimentos intelectuais como altamente inteligentes. A conjuntura desses fatos nos auxilia a entender parte do incremento massivo do número de diagnósticos de autismo, objeto que também será melhor detalhado posteriormente.

Dito isso, é preciso que fique claro que a emergência do autismo como categoria diagnóstica deve ser entendida em relação a uma matriz de profissionais e práticas parentais que marcam a transição cultural e econômica para o século XX, condições que não estavam presentes anteriormente. Logo, as possibilidades de diagnosticar alguém como autista estão, em última análise, menos enraizadas na Biologia de suas condições do que no conjunto social de um tempo histórico. De acordo com Nadesan (2005), anteriormente a esse período, os modelos para classificar indivíduos como desordenados eram muito menos matizados, uma vez que os padrões de normalidade se mostravam mais amplos e os mecanismos de vigilância social e individual que hoje tomamos como certos simplesmente não existiam. Na verdade, somente após os anos de 1930 é que foram criadas diretrizes de desenvolvimento e perfis cognitivos usados para monitorar a progressão do desenvolvimento das crianças. Antes disso, as crianças não teriam sido sujeitas a qualquer forma de exame desenvolvimentista ou psicológico, a menos que suas condições fossem particularmente graves ou seus pais privilegiados economicamente.

Ainda assim, nos tempos atuais o autismo continua a ser teorizado implícita e explicitamente como uma entidade cujas origens podem ser encontradas biológica ou geneticamente tal qual se existisse um centro visual-espacial-topológico que acabará por ser descoberto. Essa visão invoca um modelo clínico que toma o autismo como uma coisa em si, o que exaspera uma lógica que aproxima o autismo do conceito de doença, largamente difundida no senso comum. De acordo com Nadesan (2005), a maioria de nós visualiza a doença como causada por um agente cientificamente discernível, como um vírus ou bactéria, ou como proveniente de uma disfunção corporal localizada, sendo, portanto, vista como objetiva, disponível para representação visual e, em última análise, tratável.

Com efeito, a ideia de doença está representada no nosso cotidiano como possível de identificação, interpretação e intervenção. Essa compreensão enraíza-se, parcialmente, no pensamento positivista do século XIX, o qual sustenta que a humanidade pode identificar e compreender as leis da natureza mediante investigação empírica e, no caso da Medicina, compreender determinado quadro nosológico pela localização de enfermidades ou anormalidades no corpo biológico, presumindo que estas devem ser identificadas para poderem ser remediadas. Embora a Medicina, como área profissional, tenha rejeitado muitas das suposições positivistas sobre a natureza e origem desses fenômenos, os entendimentos populares e muitas das práticas clínicas continuam a invocar tais suposições como verdadeiras, o que interfere nas formas como diagnosticamos, tratamos e nos relacionamos com várias condições vistas como não normativas. Se observarmos o que ocorre com o autismo e a busca incessante para a descoberta de um agente causador desse transtorno, perceberemos como essa realidade continua a se refletir hodiernamente.

Ao analisar as mudanças nas práticas representacionais utilizadas para identificar, diagnosticar e curar, Armstrong (2002) argumenta que anteriormente ao século XVIII, a doença era entendida, majoritariamente, em termos de uma coleção mutável de sintomas sem localização espacial e suas origens buscadas no clima, no solo ou em vários aspectos do ambiente físico. No entanto, ao fim século XVIII e início do XIX principia um longo processo pelo qual a Medicina começa massivamente a localizar doenças na forma de lesão patológica e anormalidade específica de estrutura ou função, situando-as em algum lugar específico do espaço corporal. Não por acaso, de acordo com Armstrong (2002), enquanto os esforços sociais para conter moléstias até o século XIX centravam-se na instalação de barreiras sanitárias que regulavam o acesso de pessoas a determinadas zonas geográficas, as medidas presenciadas após esse período buscaram fundamentalmente identificar a natureza da doença/lesão a partir de sinais reveladores inscritos no corpo. Logo, a perspectiva sai do social para o individual. A partir de então, como nos faz rememorar a célebre passagem de Foucault (1987), os clérigos são substituídos por médicos, que se tornam guardiões morais e éticos desses fenômenos. Posteriormente, as próprias vozes médicas começam a ser contestadas por movimentos que objetivam conferir protagonismo àqueles definidos como pacientes, o que demarca uma nova representação na constituição das categorias definidas pela psiquiatria.

As mudanças nas concepções sobre a natureza e a origem das doenças, anormalidades e deficiência, bem como seus possíveis diagnósticos e tratamentos, destaca como as crenças sociais, os valores e as instituições influenciam as práticas e a própria definição desses elementos como componentes sociais. Para Nadesan (2005), o estudo do autismo no século

XX foi particularmente atormentado por esses dualismos. Derivado da esquizofrenia, o autismo foi inicialmente considerado de natureza orgânica. Posteriormente, com a ascendência do pensamento psicanalítico, o autismo começou a ser encarado como um distúrbio causado por relações paternas frígidas, especialmente por parte das mães. Essa orientação psicanalítica à interpretação da etiologia dos sintomas autistas levou ao planejamento de novas intervenções terapêuticas e reordenou a representação do fenômeno. Hoje, porém, o pêndulo oscilou novamente na direção das causas orgânicas e espaciais como explicativas da gênese autista, cuja orientação, inegavelmente, interfere no tratamento e nas pesquisas sobre o tema.

A localização espacial do autismo, de acordo com Nadesan (2005), pode ser emocionalmente reconfortante para pais desesperados e pesquisadores ávidos, mas acaba levando à frustração, pois os esforços para rastrear marcadores biológicos definidos e consistentes revelaram-se impossíveis de serem materializados até o presente momento, ademais, os esforços para remediar os sintomas por meio de agentes biológicos não são, na melhor das hipóteses, confiáveis. Embora pesquisas e terapias direcionadas ao autismo venham se desenvolvendo, é extremamente improvável que tenham sucesso na identificação de um conjunto definitivo de fatores biogenéticos que mecanicamente causem ou expliquem formas de autismo. Fox (1999) visualiza esse binarismo entre natureza e cultura como prejudicial ao entendimento dos fenômenos humanos, especialmente naqueles mais complexos, como o autismo e uma série de outras deficiências. Para Fox (1999), um caminho mais produtivo para entendermos esses acontecimentos deveria ser tracejado na visualização do biológico e do cultural como mutuamente constitutivos e inseparáveis na constituição da personalidade humana.

Hacking (1999), na obra *The construction of what?*, se propõe a demonstrar a interação da Biologia e cultura por meio de uma variedade de exemplos, incluindo esquizofrenia e autismo infantil. Sua análise principia pela demonstração da interação existente entre Biologia e cultura na esquizofrenia para depois versar sobre o autismo. De acordo com Hacking (1999), pessoas que compartilham o mesmo rótulo de esquizofrênicos, quando analisados pormenorizadamente, apresentam distinções notáveis, inclusive quanto a possível etiologia de sua manifestação. Todavia, para o referido autor, quando assim classificadas, estas serão moldadas e produzidas socialmente em relação ao esquema classificatório e a matriz de práticas e instituições a qual a esquizofrenia está incorporada, o que contribui para a construção de uma imagem especular uniforme, chamado pelo autor de loop. A partir dessa ideia esquemática, o saber clínico se vale de uma série de técnicas e métodos, especialmente pela ingestão de fármacos, os quais objetivam alterar sintomas da esquizofrenia e a própria experiência dos sujeitos assim identificados, processo definido pelo autor como biolooping.

Isso posto, não é surpreendente que os sintomas usados para identificar e diagnosticar a esquizofrenia mudaram significativamente ao longo do tempo, configurando-a como um tipo interativo[3] que evidencia efeitos de looping e biolooping.

No entender de Hacking (1999), o autismo, assim como a esquizofrenia, é uma experiência interativa que comunga efeitos de looping e biolooping, sendo este um interessante ponto de partida para análises mais rebuscadas. Entretanto, Nadesan (2005) assevera que embora os trabalhos de Hacking apontem para muitos caminhos atraentes de pesquisa para aqueles interessados em abordar o autismo a partir de uma perspectiva situada, mostrar-se-ia mais conveniente explorar os processos constitutivos do autismo no início do século XX, compondo aquilo que nominados de análise retrospectiva.

Tal qual acentuado por Armstrong (2002), o início do século XX engendrou uma nova abordagem de práticas e saberes centrados na higiene mental, na empiria corporal e na dinâmica de relações interpessoais, com destaque para o surgimento da criança como objeto de análise particular. Essa conjuntura reordenou as categorias clínicas ao reconfigurar a lógica do normal e do patológico. De acordo com Nadesan (2005), o autismo é um distúrbio do século XX porque está claramente ausente das nosologias diagnósticas da psiquiatria do século XIX, fato que nos leva a questionarmos por quais razões o autismo surgiu tão tarde na imaginação psiquiátrica? E ainda, quais foram as condições de possibilidade que permitiram sua identificação no início do século XX?

As histórias institucionais implicadas na criação do autismo como rótulo diagnóstico são complexas e se unem para formar uma tapeçaria

---

[3] Hacking (1999) contrasta a ideia de tipos interativos com tipos indiferentes para explicar a mediação de ideias socialmente construídas acerca da existência de certo fenômeno. Interativo é um conceito que se aplica não às pessoas em si, mas às classificações e aos tipos que podem influenciar o que é classificado. E porque os tipos podem interagir com o que é classificado, a classificação em si pode ser modificada ou substituída, sendo afetada por e produzida em relação às categorias e rótulos usados para descrevê-la.

de eventos que resiste à representação unicamente cronológica. São múltiplas as histórias e os eventos que contribuíram para a produção das condições específicas de possibilidade para o surgimento da categoria autismo no início do século XX. Nas palavras de Nadesan (2005, p. 30),

> Dos gregos em diante, os médicos ocidentais ficaram fascinados com as fronteiras entre normalidade e patologia no comportamento humano. Os esforços para identificar, categorizar e sistematizar as diferenças foram particularmente significativos no movimento iluminista europeu, que procurou durante os séculos XVII e XVIII forjar distinções claras entre a razão e a irracionalidade. No entanto, a natureza e as causas das diferenças de pensamento e comportamento resistiram a esquemas simples de identificação e explicação nas épocas anteriores ao século XIX. [...] No século XIX, os primeiros psiquiatras e neurologistas lutaram para realizar distinções mais refinadas e padronizadas entre classes de patologia. Por exemplo, a categoria doença mental foi qualitativamente distinguida da de retardo mental em meados do século XIX. Formas de psicoses eram um tanto esclarecidas e diferenciadas das classes de neuroses no final do século XIX. E as origens psicológicas dos transtornos mentais foram provisoriamente distinguidas das puramente orgânicas no início de século XX. Mas talvez uma das inovações mais significativas do século XIX em seus esforços psiquiátricos para dividir as populações humanas consistiu na sistemática inclusão de crianças em categorias de patologia recentemente formalizadas. Embora tenha surgido relativamente tarde, a vontade do século XIX de reconhecer doenças mentais em crianças abriu o caminho para a criação subsequente de novas categorias diagnósticas e a instituição de novas classes de profissionais. A idiotice infantil foi distinguida da loucura na infância. A loucura nos adultos era diferente da loucura nas crianças. E, em última análise, a loucura infantil foi distinguida de outras formas de irracionalidades, especialmente neuroses de personalidade.

Com base nesse conjunto de transformações materializadas fundamentalmente no fim do século XIX, novas classes de profissionais, como psicólogos, assistentes sociais, educadores especiais, psiquiatras, entre outros, se desenvolveram com o objetivo de identificar e controlar comportamentos infantis tidos como patológicos, consolidando uma proposta que terminaria em criar um campo específico para análise sintomatológica de manifestações infantis. O impulso para substituir antigas categorias de compreensão e de identidades profissionais por novas categorias foram motivados tanto por acontecimentos históricos quanto culturais. Analisemos mais detidamente esse cenário.

É fato inconteste que o século XIX engenhou novas estratégias para monitorar, dividir e atuar sobre as populações, a fim de promover e garantir a estabilidade social numa época de rápida urbanização e industrialização. Daí descende a criação de uma série de instituições (asilos, hospitais, hospícios e presídios) cuja finalidade residia em sequestrar e administrar indigentes e/ou populações problemáticas vistas como ameaçadoras para a segurança pública. À medida que o século XIX avançava, o Estado desenvolvia formas profissionais de vigilância e controle social que se estendiam cada vez mais pela vida social, institucionalizando novos parâmetros de normalidade e patologia. A partir de então, a vida privada passou a estar sujeita a regulamentações sobre populações consideradas desviantes e a vigilância sobre os primeiros anos da infância de uma pessoa, agora vista como período chave da formação psíquica (Nadesan, 2005).

Os esforços intensificados do século XIX para identificar e compreender categorias cada vez mais matizadas de diferença e patologia acabaram por dar origem a novas formas de psicopatologia. Em particular, formas de diferença que haviam escapado às categorias anteriores foram examinadas, identificadas e sistematizadas. Nesse novo universo, indivíduos que exibiam distúrbios de afeto, além de distúrbios de lógica, os quais anteriormente sequer eram percebidas sob a ótica clínica, foram também classificados. Entre as novas condições que emergiram, cabe citar, neste momento, o distúrbio denominado demência precoce, que se tornou um importante ponto de referência para as descrições de autismo feitas por Kanner e Asperger. Isso posto, cabe ressaltar que anteriormente ao século XIX, os padrões para avaliar supostas anormalidades psicológicas ou sociais eram bastante grosseiros em comparação com os atuais: "na verdade, muitas pessoas que hoje são consideradas como tendo um transtorno do desenvolvimento não teriam sido julgadas assim antes do século XIX. Além disso, no mundo pré-cartesiano nenhuma distinção ontológica foi feita entre doença física e mental" (Nadesan, 2005, p. 32). Tal fato inegavelmente reduzia o escopo de categorias clínicas existentes, assim como o consequente número de diagnósticos.

Stone (1997) relata que, ao bem da verdade, alguns alienistas do século XVIII estudaram distúrbios psicológicos, contudo, somente em suas formas mais profundas e incomuns, dependendo fortemente de taxonomias herdadas dos helênicos e daquelas existentes nos primórdios do Iluminismo, as quais incluíam, entre outras: melancolia, paranoia, idiotice, amnésia, epilepsia, demência e mania. Nenhuma dessas categorias se mostrava coerente à análise daquilo que se convencionou nominar posteriormente como autismo. Para Nadesan (2005), embora já houvessem elementos anteriores que apoiavam a tentativa de promoção do conhecimento psiquiátrico, a prática real para diagnosticar doenças mentais provavelmente dependia mais do conhecimento do senso comum do que da autoridade especializada. Não surpreende, portanto, que até essa época os processos judiciais para julgar a incapacidade mental contavam quase que exclusivamente com o testemunho de familiares e vizinhos e não de médicos. Essas testemunhas eram interrogadas sobre os hábitos e as estranhezas comportamentais da pessoa cujo estado estava sob determinação.

O desenvolvimento do hospício – e mais tarde do asilo – no século XVII iniciou um longo caminho para a subsequente profissionalização e sistematização do conhecimento psiquiátrico. Além de sequestrar aqueles considerados socialmente desviantes e permitir a observação psiquiátrica, o hospício/asilo desempenhou um papel central na criação de novas formas de controle social que ampliou a autoridade estatal e científica, particularmente em domínios considerados antes como privados. Singular, nesse sentido, se mostra a forma como as pessoas designadas como loucas ou desarrazoadas viviam nos limites de sua família ou eram autorizadas a vagar pelo campo sem restrições.

Possivelmente, o exemplo mais singular dessa forma de se relacionar com a loucura fora descrito por Foucault (1978), em seu clássico *História da Loucura*, para quem à medida que as ameaças medievais da lepra e peste diminuíram em meados do século XV, a loucura passou a ser vista como a principal ameaça ao bem-estar social. Em resposta a essa ameaça, aqueles que eram vistos como aflitos foram, por vezes, confinados a navios que navegavam sem destino, ao ermo, tendo por objetivo unicamente livrar a terra desses indesejáveis. A tarefa de isolar e confinar os loucos e aqueles definidos com fraquezas mentais adquiriram novas formas durante toda a modernidade, tendo sua configuração mais acabada quando do intenso confinamento da população desviante e da construção de um sistema analítico que teve por função criar divisões e dimensões de anormalidade e, por conseguinte, uma nova normalidade.

Como observado, a massificação do confinamento social proporcionou um espaço inédito para médicos e alienistas observarem os sujeitos tipificados como loucos e interpretarem variadas expressões de insanidade. A quantidade significativa de dados e a proliferação de diagnósticos, embora confusa, levaram, em última análise, aos esforços para padronizar e sistematizar as classificações psiquiátricas. Os esforços de Pinel em 1801 foram apenas o começo da grande revolução clínica do século XIX.

Somente com base nessas observações que presenciamos no século XIX a construção de uma estrutura epistemológica que busca separar psicose de neurose, fato que culminou na criação de classificações de transtornos de personalidade e caráter. Tais refinamentos psiquiátricos na compreensão da psicose levaram às articulações que produziriam mais tarde as categorias demência precoce, esquizofrenia e autismo, encontradas em Kanner. Todavia, existe um complexo trânsito até esse fato. Analisemos, resumidamente, esse trajeto.

À medida que crescia o interesse por tais transtornos, a psiquiatria desenvolveu novas estratégias para distinguir distúrbios caracterizados como psicose de distúrbios mais sutis como àqueles qualificados por anormalidades de afeto, relações sociais ou experiência subjetiva. Durante o fim do século XIX e início do século XX, a psicanálise freudiana reivindicava cada vez mais autoridade sobre este último território com a psiquiatria inclinando-se a refinar a compreensão das manifestações ligadas às alucinações e aos delírios. No entanto, as distinções entre psiquiatria e psicanálise tendiam a se confundir de várias maneiras. Quando Eugene Bleuler cunhou o termo esquizofrenia em 1908, ele combinou elementos de ambas as estruturas epistemológicas, ampliando assim a matriz explicativa da neurose à psicogênese da psicose. Além disso, no início do século XX, os esforços para identificar os precursores da doença mental e da criminalidade muitas vezes combinaram formulações da psique com a psiquiatria ao descrever os tipos constitucionais de indivíduos propensos à psicose e/ou neurose. Desse interesse surgiu o estudo dos tipos de caráter ligados à neurose, personalidade esquizóide, tipos esquizofrênicos e, em última análise, o surgimento de teorias de personalidade distintas.

De acordo com Nadesan (2005), esforços no século XIX para padronizar a compreensão da psicose no interior da psiquiatria biológica, particularmente formas generalizadas de psicose não relacionadas a outras formas de doença, são tipicamente atribuídos a Benedict Morel, cuja investigação sobre a loucura o levou a concluir que a insanidade caracterizada por delírios e/ou alucinações muitas vezes manifestava-se pela primeira vez anteriormente à entrada na idade adulta. Foi a partir da observação dessa situação que Morel cunha o termo demência precoce (categoria chave em Bleuler) para se referir à existência de mania ou estados delirantes no início da adolescência, assinalada por ele em termos de graves comprometimentos cognitivos e incompetência psicossocial. Posteriormente, Kraepelin redefine a categoria demência precoce como distúrbio caracterizado pela presença de demência paranoica, catatonia e desajustes sociais manifestados antes da idade adulta. A nível diagnóstico, Kraepelin viu a demência precoce como progressiva e incurável, tomando seus sintomas como devidos a distúrbios de associação de pensamento.

> O legado nosológico de Kraepelin permanece conosco até hoje, particularmente a distinção nosológica entre demência precoce (esquizofrenia) e insanidade maníaco-depressiva, embora o conceito de demência precoce fosse reformulado na obra de Bleuler. Em 1908 e novamente em 1911, Eugen Bleuler apropriou-se conceito de demência precoce de Kraepelin e ajudou a pavimentar o caminho para a reconceitualização do transtorno dentro de um contexto psicológico (em oposição a estrita estrutura orgânica). [...] Seguindo Kraepelin, Bleuler viu os estados psicóticos associados com demência precoce principalmente em termos de distúrbio de pensamento e associações afetivas. Assim, Bleuler descreveu este distúrbio como uma ruptura das funções mentais. Para captar o significado desta ruptura, Bleuler renomeou a demência precoce como esquizofrenia, conceito que refletiria o deslocamento das diversas funções psíquicas analisadas. Bleuler reconheceu que a esquizofrenia pode ser provocada por múltiplos agentes causais, tanto de origem orgânica como psicológica, identificando quatro problemas psicológicos primários que caracterizariam a esquizofrenia: afrouxamento de associações cognitivas, ambivalência comportamental, inadequação de afeto e autismo. Já as alucinações, delírios, catatonia e negativismo foram alçados por Bleuler à categoria de sintomas secundários que ele acreditava serem derivados dos elementos primários. [...] A rearticulação de Bleuler da demência precoce como esquizofrenia combinou elementos da psiquiatria biológica de Kraepelin com aspectos das abordagens psicanalíticas de Sigmund Freud e Carl Jung para a doença. A formulação de Bleuler da esquizofrenia forneceu o contexto a partir do qual Leo Kanner e Hans Asperger construíram suas

conceituações de autismo e psicopatia autista (Nadesan, 2005, p. 39).

A importância de Bleuler para o desenvolvimento posterior do autismo enquanto categoria nosológica é inegável, uma vez que coube a ele a criação do termo. Bleuler afirmava que o pensamento autista esquizofrênico é aleatório e ocorre independentemente da realidade concreta, incluindo a possibilidade de manifestação de devaneios e fantasia. Em seu entender, a ruptura que marcava o comportamento da pessoa autista[4] com a realidade, acompanhado de outras dissociações de afeto e pensamento, em última análise, levava à dissolução da personalidade, entendida como autoconsciência de si. Portanto, a esquizofrenia constituía uma ameaça fundamental à constituição do eu. Contudo, ao contrário de Kraepelin, Bleuler estava otimista de que o curso da esquizofrenia poderia ser influenciado favoravelmente se a ruptura com a realidade fosse combatida com intervenções terapêuticas que aumentassem a capacidade do esquizofrênico em se relacionar com o ambiente social. De acordo com Nadesan (2005, p. 40), a natureza do pensamento autista e sua relação com a esquizofrenia e outras formas de doenças mentais foram posteriormente debatidas de maneira intensa na década de 1920 e 1930 nos círculos psiquiátricos, sendo que

> Ernest Kretschmer, por exemplo, distingue entre autismo em que os pacientes suprimem estímulos externos, a fim de manifestar uma existência onírica, e autismo caracterizado pela falta de emoção e respostas afetivas ao ambiente. Em 1932, Hans Gruhle descreveu o autismo em termos da sensação de não se encaixar no mundo e de se posicionar fora dele. Como os significados do autismo se proliferaram, tornou-se cada vez mais possível discutir a presença do pensamento autista em indivíduos que não evidenciavam delírios e alucinações de psicose [...] A questão da relação entre formas de personalidade esquizofrênica e psicose nunca se mostrou totalmente resolvida, tampouco a psicogênese do pensamento autista, que foi interpretada tanto sob a ótica psicanalítica quanto sob a perspectiva da psiquiatria biológica, fato que forneceu relatos contrastantes de sua etiologia e expressões. Não é surpreendente, dado

---

[4] Sou sabedor dos conflitos que envolvem a utilização dos termos pessoa autista, pessoa com autismo ou, simplesmente, autista. Sei também que a linguagem não se trata de mera retórica. Em vista disso, por escrever de uma perspectiva que historicamente toma a categoria deficiência sob o verniz político, me valerei da terminologia que prioriza a questão da identidade: pessoa autista ou autista.

> este contexto, que Leo Kanner e Hans Asperger optaram por descrever seus pacientes em termos do conceito de autismo. O Autismo se configurava como um conceito com ampla aceitação e aplicabilidade, particularmente na psiquiatria alemã, com a qual Kanner e Asperger estavam familiarizados. Embora o autismo esquizofrênico significasse claramente uma ruptura com as atitudes comuns e a realidade, o termo autismo também abraçou interpretações diferenciadas permitindo assim ampla aplicabilidade.

A breve passagem citada acerca da história da psiquiatria testemunha como as crianças estiveram flagrantemente ausentes da história da loucura até o século XIX, condição que também deve ser entendida como cardeal na compreensão da lentidão na consolidação do autismo como entidade nosológica. Para Nadesan (2005), existem muitas razões para essa ausência de crianças em textos e instituições psiquiátricas anteriores ao século XIX. Primeiro, existia uma crença generalizada de que as crianças não eram suscetíveis à doença mental. As origens dessa crença estão enraizadas na falta geral de atenção pública dada às crianças como seres distintos, qualitativamente diferentes dos adultos, até algum momento no fim do século XVIII ou início no século XIX.

Além disso, como os asilos anteriores ao século XIX normalmente não admitiam crianças, os psiquiatras tiveram poucas oportunidades de observar sistematicamente as patologias infantis. Na verdade, tal fato não fora realizado até a expansão do ensino público e privado, os quais possibilitaram observação e controle sistemático desses sujeitos. Nesse sentido, é quase categórico que o comportamento desviante manifestado por crianças pequenas desencadeasse pouco interesse analítico, a menos que estes interferissem significativamente nos assuntos de família. Ademais, as alucinações e outros comportamentos aparentemente bizarros em crianças não foram necessariamente considerados como sinais invariáveis de loucura, especialmente se, acompanhados por manifestações religiosas de êxtase, tal qual pontua Stone (1973). Cabe ainda ressaltar que dadas as taxas incrivelmente elevadas de abandono infantil até o século XIX, parece bastante razoável imaginar que crianças abertamente vistas como anormais possam ter sido expostas e, muito provavelmente, não atingiram a idade adulta ou se dispersaram no coletivo. Essa situação se transformaria no início do século XIX à medida que os alienistas europeus passaram a se concentrar cada vez mais sobre a análise da psique das crianças, sendo que, no fim desse século, a invenção da psicanálise expandiu de forma tão alargada a ideia dos transtornos mentais infantis que se tornou possível concluir que crianças intelectualmente vistas como normais também podem sofrer de alguma patologia mental ou formas de desvio.

De acordo com Nadesan (2005), a matriz histórica de eventos, conhecimentos e identidades profissionais que emergiram do fim do século XIX preparou o cenário para a criação e a expansão de psiquiatria infantil do século XX e, em última análise, forneceu as condições de possibilidade de o autismo emergir como uma categoria diagnóstica. As crescentes formas de vigilância social sobre a infância impostas pela obrigatoriedade da educação levaram à preocupação pública a necessidade de investigar as crianças e suas patologias. Com efeito, os esforços para proteger uma suposta estabilidade social, juntamente a compreensões cada vez mais matizadas de normalidade e patologia na saúde mental, levaram à criação de serviços especiais para crianças recentemente reconhecidas como necessitando de avaliação psiquiátrica e suporte, assim como a uma série de profissões. Foi nesse contexto que um novo quadro de especialistas encontrou uma classe de crianças que escapavam dos parâmetros cada vez mais estreitos da normalidade, mas cujas patologias aparentes não poderiam ser satisfatoriamente explicadas pelas categorias psiquiátricas até então existentes.

Nesse sentido, resta evidente que os esforços para socializar as crianças operados pelo século XIX levaram, em última instância, a um novo interesse pelas crianças enquanto crianças, algo inexistente em tempos pretéritos. Datam desse esforço a criação do campo da psicologia educacional e o interesse no desenvolvimento infantil, com destaque inicial para a análise de seus diferentes estágios no intuito de criar padrões de normalidade. Tais estudos ficaram mundialmente reconhecidos em Gessel, sendo aplicados por variados pesquisadores da época, o que resultou na criação de uma série de diferenciações possíveis entre as crianças – diferenciações entre níveis de inteligência; entre normas de postura e locomoção; de vocabulário, compreensão e conversação; de hábitos pessoais, iniciativa e independência; assim como da realização de brincadeiras, também consideradas na avaliação e no diagnóstico. Embora esse processo de socialização tenha sido desigual, ele desempenhou um papel predominante na maneira como as crianças foram representadas socialmente.

Esses elementos demonstram como a infância não pode ser tratada como um acontecimento natural ou um fenômeno universal, na medida em que a identificação e o significado do conceito de criança dependem de condições historicamente específicas que incluem, para além de parâmetros biológicos, elementos sociais, econômicos, políticos e culturais. Talvez o autor mais citado sobre a história da infância seja Áries (1981), o qual, baseado na historiografia francesa, asseverou que a ideia de infância sequer existia na sociedade medieval, uma vez que até as crianças mais pequenas eram consideradas como adultos em miniatura. Em suas análises, o historiador francês destaca que tão logo as crianças se mostrassem minimamente independentes entrariam na idade adulta, engajando-se plenamente em formas adultas de trabalho e interação social. Por consequente, podemos afirmar que infância se trata de um conceito moderno por excelência. Embora os relatos de Áries tenham sofrido críticas por supostamente subestimar o grau de afeto que os pais medievais tinham por seus filhos, suas passagens refletem inegavelmente o fato histórico de que a infância, como a entendemos hoje, é historicamente específica e que as crianças receberam relativamente pouca estatura social ou consideração pública antes do século XIX.

A apresentação desses elementos é fundamental para compreendermos as circunstâncias que permitiram que o autismo pudesse se desenvolver enquanto categoria a partir dos estudos posteriores de Kanner e Asperger, circunstâncias estas que envolvem a identificação da infância como uma fase distinta da vida adulta (qualitativa e quantitativamente), o surgimento da medicina pediátrica, da psicologia infantil e psiquiatria, e a criação de novas formas de pensar sobre o desvio infantil no final século XIX e início do século XX.

Para Nadesan (2005), são essas as condições de nicho específicas e historicamente incorporadas que permitiram a identificação e emergência do autismo como um transtorno específico da infância, caracterizado inicialmente por prejuízos no afeto e nas relações interpessoais. É importante ter em mente que antes do início do século XX, os aparatos conceituais e institucionais para diagnosticar o autismo infantil não existiam. Crianças que hoje em dia seriam rotuladas com tais distúrbios teriam sido consideradas na maior parte do século XIX como débeis ou, quando as suas condições se mostrassem mais suaves, sequer seriam alvos do olhar clínico. Destarte, a matriz de instituições e práticas que geraram a identificação e exploração do autismo dependeu do surgimento de uma sociedade com as preocupações típicas do século XX e seu modelo de disciplina médica. Preocupações que objetivaram garantir adultos saudáveis e produtivos, assim como crianças ajustadas àquilo que se entendia como normativo. A nível institucional, tais preocupações também fomentaram a profusão de quadros crescentes de especialistas infantis, incluindo assistentes sociais, psicólogos educacionais, educadores especiais e psiquiatras infantis.

A popularização desses serviços e a criação de escolas especiais simultaneamente engenharam uma maior conscientização sobre problemas de saúde mental na infância, reduzindo o estigma associado a eles. O grande número de especialistas infantis clínicos, combinado a mudança na compreensão e na valorização dos recursos mentais em saúde resultou na explosão de diagnósticos psiquiátricos. E assim, na década de 1930, se produziram as condições de possibilidade para a confecção de diagnósticos psiquiátricos de formas graves e leves de comportamentos desviantes, particularmente em crianças, fornecendo condições para os escopos dentro do qual Leo Kanner e Hans Asperger desenvolveram seus estudos.

No entender de Nadesan (2005), Leo Kanner e Hans Asperger exigiram, cada um, um novo rótulo para classificação e compreensão das crianças que investigavam. Embora ambos tenham tomado a descrição de Bleuler sobre o autismo como útil para descrever a falta de envolvimento social, nenhum dos dois se sentiu inteiramente confortável com o modelo proposto por Bleuler de psicose adolescente. Em vista disso, cada um criou um novo rótulo, uma nova forma de entender uma população de crianças que nos séculos anteriores teriam sido consideradas dentro de diferentes estruturas de interpretação, o que faz com que a história do autismo esteja intrinsecamente ligada tanto à evolução sociológica do conceito de infância quanto à história da psicopatologia. Nesse sentido, os esforços para compreender o surgimento do autismo como um transtorno de personalidade da infância, sintomatizada por desajustes no afeto e nas relações interpessoais, embora deva ser contextualizada dentro de uma matriz complexa de práticas sociais, estruturas interpretativas e instituições específicas do início do século XX, também têm raízes complexas em períodos históricos anteriores.

Cabe citar que esses elementos, para além de permitir analisar as condições históricas que possibilitaram que o autismo pudesse ser identificado, rotulado e submetidos a práticas terapêuticas do século XX, nos auxilia a compreender as transformações pelas quais passaram o conceito até chegarmos aos dias atuais com altos índices de identificação dessa manifestação. Tais achados, de princípio, problematizam frontalmente a ideia de que o autismo é uma condição patológica homogênea e que pode ser representada sem contradições por cientistas e suas tecnologias representacionais. Não, não podem. E isso não significa negar uma suposta realidade biológica do autismo ou seu caráter científico, mas apenas situá-lo dentro de um arranjo complexo que o forma, informa e deforma. Um arranjo, por exemplo, que tornava impossível a identificação do autismo enquanto categoria em períodos antecedentes pelo fato de os modelos utilizados até então para classificar indivíduos como desajustados se mostrarem muito menos matizados que os atuais, uma vez que os mecanismos de vigilância social e individual que hoje tomamos como garantidos simplesmente não existissem. Só depois que os padrões de normalidade foram formalizados e estreitados e os modelos de triagem pediátrica estendidos aos primeiros anos de vida da criança é que as crianças puderam ser identificadas, rotuladas e tratadas, o que demandou o aparecimento de uma série de práticas e instituições como já destacamos.

O autismo não está fora do campo simbólico, aguardando alguma descoberta empírica da área médica. O autismo se inscreve e se produz também por meio do imagético e de uma investigação desses processos de inscrição que revelam desejos atuais, ansiedades e oportunidades para a análise da personalidade no século XXI. Por consequente, a análise do autismo diz mais sobre a sociedade do que sobre ele mesmo. Passemos agora à análise mais pormenorizada dessas transformações que moldaram o conceito de autismo como presenciamos atualmente.

A GENEALOGIA DO AUTISMO

Paul Eugen Bleuler nasceu na Suíça em 1857, tendo falecido no ano de 1939. Foi um notável psiquiatra que legou contribuições originais à compreensão da esquizofrenia, sendo o criador desse conceito, o qual se amoldou ao seu entendimento de que as pessoas acometidas por destacada situação apresentavam comportamentos contrastantes quando comparados e considerados em si, daí a utilização da palavra esquizofrenia, cujas raízes remontam ao grego *schizo* (dividido) e *phrene* (mente). Para Bleuler, ao contrário do anteriormente postulado, a manifestação característica daquilo que ele nominou como esquizofrenia não pertencia somente ao universo dos jovens, tampouco denotava uma demência propriamente dita, por isso, o conceito em voga de *dementia praecox* (demência precoce) se mostrava falho e deveria ser substituído. Em sua concepção, a esquizofrenia tratava-se de uma doença física marcada pelas constantes fases de exacerbações e remissões, podendo aparecer em qualquer etapa da vida. Não possuía cura e, inapelavelmente, causava déficits cognitivos, afetivos e ambivalência comportamental, termo este também cunhado pelo psiquiatra suíço.

Para além dessa contribuição original à época, pertence a Bleuler a utilização primeva do termo autismo, que ocorrera em 1911, para designar o estado de espírito de sujeitos psicóticos que se mostravam socialmente retraídos, vinculando-o a um distúrbio encontrado na esquizofrenia e caracterizando-o como um estado mental particular que produzia afastamento extremo da vida social (Bleuler, 1911).

Contudo, somente em 1913, quando da publicação de seu artigo intitulado "Autistic Thinking", no volume LXIX da aclamada revista *The American Journal of Insanity*, é que Bleuler descreverá de maneira mais sistemática essa condição. E é sobre esse texto, jamais traduzido ou publicado no Brasil – e que serviu como estopim aos estudos clássicos de Kanner, em 1943, e de Asperger, em 1944 –, que concentraremos nossa atenção neste primeiro momento, dada sua importância histórica e epistemológica.

Bleuler (1913) inicia seu texto seminal descrevendo o caso de um paciente esquizofrênico internado em um asilo e que não se relacionava socialmente com outras pessoas, mas esperava se casar com a Rainha da Holanda de forma a tornar-se Príncipe Consorte. O paciente camponês imagina algo absolutamente distante de sua realidade como um fato. De acordo com Bleuler, esse paciente, que em termos de aparência nada possui de diferente a outras pessoas, vive um conto de fadas em seu próprio universo, uma realidade paralela fechada em si mesmo.

Em seu entender, todos podemos apresentar tais devaneios e vivenciar situações em que o pensamento se divorcia da lógica e da realidade, entretanto, recobramos o sentido pela materialidade dos eventos que nos circundam, fato que não ocorre no caso desse paciente. A esta condição, o psiquiatra suíço batizou de *esquizofrenia autista*, palavra que incorpora o termo grego *autos* – que significa eu –, ao sufixo ismo, relacionado a um conjunto de ideias que designarão conceitos de ordem geral. A distinção da forma autista de comportamento se sintetizaria no afastamento do próprio ser da estrutura da vida social, tratando-se, por conseguinte, de um estado mental particular do sujeito.

Bleuler relata em seu texto de 1913 que a Psicologia até então estivera preocupada apenas em estudar a lógica das leis do pensamento e que, a contrapelo dessa corrente, ele, Le Bon, Freud e Jung (que foi seu aluno), se aventuraram a compreender outras formas e lógicas cognitivas, entre elas, o pensar autístico. Para Bleuler, o conhecimento desse tipo de pensamento é crucial para entendermos tanto manifestações dissonantes da realidade como a própria psique em seu estado normal. Essa compreensão "se não pode curar muitas psicoses como nós curamos um osso quebrado, nos permite melhorar a saúde destas pessoas, que são bastante capazes de viver em sociedade" (Bleuler, 1913, p. 875). Na senda dessa concepção, Bleuler ressalta que o que deveria nos guiar na análise do pensamento não são tanto os diagnósticos e a concepção sistêmica das doenças individuais, mas, sim, os mecanismos psicológicos subjetivos, dada sua centralidade na condução das ações ordinárias.

O psiquiatra suíço continua seu texto trazendo à baila diversos mitos e famosas histórias criadas imaginariamente que se tornaram mundialmente conhecidas, as quais têm como marca o divórcio com a realidade presente. Inserem-se nesse universo os gêneros literários épico, dramático e lírico, assim como o romance, o conto, o poema e a canção. Sabemos, por nossa própria experiência, que boa parte dessas histórias não possuem nenhum compromisso com a ocorrência material dos fatos, não por acaso, embora a apreciemos, não a vivemos como nossa vida efetiva. E é justamente nessa distinção que se estabeleceria a diferença entre um pensamento lógico e um pensamento autístico.

Para Bleuler, o pensamento lógico se constitui a partir das ocorrências do mundo exterior e de suas associações. Como exemplo, cita o fato de que o evento de ouvirmos o trovão após a visualização de um raio faz com que toda vez que vejamos um raio esperemos que ocorra o barulho do trovão. É assim, nas palavras do psiquiatra, que reproduzimos a realidade e nos inserimos na cadeia de acontecimentos dela. Quanto mais conhecimento possuímos, maior será a possibilidade de desenvolver o pensamento lógico. Já o pensamento autista transforma o imaginário em sua realidade literal. Nele, o absurdo pode tornar-se senso comum e os fatos mostram-se, em vários momentos, apenas acessórios e não determinantes na constituição do pensar desses sujeitos. A lógica autista cria suas próprias razões para referendar aquilo que ela opera, pouco importando a veracidade dos fatos (Bleuler, 1913).

O que manteria o autista pensando de modo saudável dentro de certos limites é a lógica formal do pensamento. Quando essa falha ou quando se rompe o equilíbrio entre afetividade e pensamento lógico temos uma sobreposição de ideias que não se sustentam pela empiria dos fatos. De acordo com Bleuler (1913), aquilo que ele chama de pensamento autista, Freud sentenciará como o inconsciente. Todavia, em seu entendimento, o pensamento autista pode ser tanto consciente como inconsciente, assumindo, nas situações patológicas, contornos massivamente inconscientes. Diz ele: "o inconsciente pode se manifestar logicamente ou de forma autista. Eu não quero, com isso, dizer que o inconsciente se manifesta com mais frequência de forma autista que de forma lógica, mas, para a patologia, o inconsciente autista tem particular significado no que diz respeito ao entendimento da lógica inconsciente" (Bleuler, 1913, p. 884).

Partindo desse suposto, Bleuler (1913) fez questão de criticar a associação entre o pensamento autista do esquizofrênico e o pensamento selvagem dos povos primitivos, ocorrência muito comum em sua época no campo acadêmico. Para o referido autor, imagens simbólicas não coerentes com fatos sabidamente verdadeiros no caso do pensamento selvagem se dá devido à impossibilidade de conhecer essa realidade de maneira mais acurada. Em outros termos, eles manifestam uma forma de pensar lógica dentro de suas possibilidades. No caso do pensar autista, temos uma distinção de origem, pois mesmo com ferramentas para entender determinado raciocínio como falso, este se sustenta quase que intacto.

Ademais, Bleuler (1913) refuta a suposta irracionalidade do pensar autista como se significasse um rebaixamento de humanidade. Em suas palavras, "a linha limite entre o pensamento racional e autista não pode ser disposta abaixo do intelecto humano. O que é inconcebível hoje poderia amanhã tornar-se fato; o que firmemente se acredita hoje poderia amanhã tornar-se falso. Portanto, uma humanidade sem o pensamento autista poderia não ter se desenvolvido" (Bleuler, 1913, p. 886).

De acordo com o psiquiatra suíço, a saúde individual e das nações demandam equilíbrio na proporção entre funções realistas e autistas. O realista deve controlar o autista, mas o pensamento autista é fonte de boa parte de nossas ideais. Em seu entender, o modo autista contido no pensamento religioso por milhares de anos tem dado forma à ética humana, ideias que seriam impossíveis de serem criadas por meio do pensamento lógico.

O texto de Bleuler (1913) e a forma pela qual ele define a situação de autismo, se lido com olhos contemporâneos, parece chocante. Causa espanto a associação do pensar autista como quase sinonímica da manifestação da loucura, fato revelado com seu exemplo inicial do pobre camponês que planejou se casar com a Rainha da Holanda. Destarte, a primeira reação que temos quando de sua leitura é a de descartar seu material como impróprio.

Ledo e duplo engano. O texto de Bleuler (1913) não pode ser separado do tempo em que foi produzido. Para além de cunhar o termo autismo, inexistente até então, o texto traz contribuições bastante originais à época na forma de compreender as manifestações tidas como não normativas.

Em primeiro lugar, Bleuler foi inovador ao propor que a análise do pensamento autista se mostra fundamental para entender não somente o desvio, mas também a normalidade, invertendo a corrente dominante da análise psicológica. Em outras palavras, Bleuler (1913) identificou no pensamento autista um recorte do mesmo tecido do pensar normativo. E é sobre esse aspecto que deve ser encarada igualmente a aproximação da manifestação autista à loucura, na medida em que sua caracterização descende da escolha por caminhos não lógicos de pensamento que transmutam o imaginário em realidade fática.

Em segundo lugar – e esta é uma contribuição que passa muitas vezes despercebida –, para Bleuler (1913), a irracionalidade contida no pensar autista jamais deveria ser encarada a partir da ideia de uma diminuição dos níveis de humanidade nesses sujeitos, muito pelo contrário, uma vez que a humanidade seria menos desenvolvida sem destacada manifestação cognitiva. Nessa perspectiva, o pensar autista é fonte de riqueza e não de pobreza intelectual.

Por fim, em terceiro lugar, é imperioso rememorar que Bleuler viu no autismo uma manifestação do comportamento esquizofrênico, um sintoma dessa enfermidade. Sendo assim, destacada categoria não se afigurava em termos nosológicos, posto se tratar de uma consequência dessa expressão. O pensar autista era consequência (da esquizofrenia) e não causa de algum fenômeno. Sem tomar em consideração essa premissa, toda análise da obra do psiquiatra suíço se mostra radicalmente prejudicada.

Entretanto, engana-se quem pensa que Bleuler foi o único a pensar dessa forma em sua época ou que esse entendimento era não usual. Muito pelo contrário, uma vez que a desvinculação do autismo da esquizofrenia somente ocorrera oficialmente em 1980 quando da publicação da 3ª Edição do Manual Diagnóstico de Transtornos Mentais (DSM-III), pela Associação Americana de Psiquiatria (APA).

Acerca desse aspecto, é fundamental ressaltar a trajetória analítica assumida pela categoria autismo após a descrição de Bleuler, vinculada inicialmente a um sintoma do comportamento esquizofrênico (síndrome autística da esquizofrenia) e ao retraimento do sujeito, passando posteriormente pelas definições de Kanner e Asperger, até sua configuração atual, descrita no DSM-5 e CID-11.

Como é sobejamente conhecido, coube a Kanner, um psiquiatra austríaco radicado nos Estados Unidos, a descrição sistemática e a construção diagnóstica do transtorno batizado por ele de distúrbios autísticos do contato afetivo mediante estudo clássico de um grupo de 11 crianças que manifestavam deficiência intelectual, problemas afetivos e significava dificuldade em se relacionar com as pessoas desde o início da vida (Kanner, 1943, 1973).

Antes de seu estudo seminal, Kanner publicara em 1935 um manual de Psiquiatria Infantil que articulou noções psicanalíticas com diagnósticos psiquiátricos na análise de casos clínicos infantis, contando com significativo apoio da comunidade acadêmica, fato que o tornou conhecido de seus pares. Nessa obra, Kanner abordou os sintomas autistas em relação à esquizofrenia infantil, que havia sido formalmente reconhecida em crianças pré-púberes nos Estados Unidos por Potter, em 1933. Tal fato se mostrou fundamental para a rápida popularização dos trabalhos posteriores de Kanner, entre eles, aquele que ficou mundialmente conhecido por descrever o autismo como construção diagnóstica e não somente um sintoma da esquizofrenia, qual seja: "Autistic disturbances of affective contact" (Kanner, 1943).

Em seu clássico texto, Kanner analisa 11 crianças (08 meninos e 03 meninas) com grande dificuldade em se relacionar de modo usual desde o início da vida e que apresentavam algumas respostas sociais consideradas incomuns em relação ao ambiente, incluindo estereotipias motoras, insistência na mesmice e alterações na linguagem, como inversão de pronomes e ecolalia. Para Kanner (1943), esses relatos se mostravam raros, mas possuíam, de fato, elementos comuns que os permitia enquadrá-los dentro de uma mesma nosologia. Kanner (*apud* Mas, 2018, p 17) destacou que

> A maioria dessas crianças foram trazidas à clínica com diagnóstico de intensa debilidade mental ou de deficiência auditiva. Os testes psicométricos registraram cocientes de inteligência muito baixos, e a falta de reação aos sons, ou resposta insuficiente a estes, confirmaram a hipótese de surdez; mas um exame meticuloso demonstrou que o transtorno básico encobria a capacidade cognitiva das crianças. Em todos os casos se estabeleceu que não havia deficiência auditiva. O denominador comum desses pacientes é sua impossibilidade de estabelecer desde o começo da vida conexões ordinárias com as pessoas e as situações. Os pais dizem que eles querem ser autônomos, que se recolhem, que estão contentes quando são deixados sozinhos, que agem como se as pessoas que os rodeiam não estivessem ali, que dão a impressão de sabedoria silenciosa. As histórias clínicas indicam que há, invariavelmente, desde o começo, uma extrema inclinação à solidão autista, afastando tudo o que do entorno tenta se aproximar deles.

Kanner (1943) asseverou o bom nível de inteligência dos pais das crianças por ele analisadas, mas certa frieza na relação destes com os filhos, fato que poderia acarretar alterações no desenvolvimento afetivo das crianças. Havia uma crença, por Kanner, acerca da existência de algum fator biológico que estivesse envolvido nas alterações comportamentais, hipótese que abriu espaço para o desenvolvimento de concepções organicistas na análise desses quadros. Ainda assim, somente esse fator também não se mostraria suficiente para o entendimento das manifestações comportamentais percebidas. Nesse sentido, a origem do autismo deveria ser buscada em um conjunto de razões que envolviam causas biológicas e ambientais.

Cabe pontuar que Kanner (1943) se posicionou contrariamente a associação dos sintomas do autismo como expressões da esquizofrenia infantil, identificando-o como um transtorno baseado fundamentalmente na comunicação e no afeto, e cujo quadro apresentava um prognóstico melhor no que diz respeito à normalização do comportamento. Em suas palavras,

> A combinação de autismo extremo, obsessão, estereotipia e a ecolalia relaciona o quadro geral do autismo com alguns dos fenômenos esquizofrênicos básicos. Algumas das crianças foram efetivamente diagnosticadas como sendo deste tipo em um momento ou outro. Mas apesar de semelhanças notáveis, a condição difere em muitos aspectos de todos outros casos conhecidos de esquizofrenia infantil. (Kanner, 1943, p. 49).

Em 1955, Kanner já havia analisado o caso de 120 crianças com sublinhadas características, as quais foram nominadas por ele como denotando o que seria chamado de autismo infantil, uma condição que, em suas palavras, era distinta da esquizofrenia devido à precocidade do aparecimento, mas que poderia ser considerada na linha das psicoses, ainda que os exames clínicos e laboratoriais não se mostrassem totalmente capazes de disponibilizar dados acerca de sua etiologia, e como essa condição se diferenciava dos quadros sensoriais deficitários clássicos, tais como aqueles ligados às oligofrenias (Kanner, 1968).

Se olharmos atentamente para o contexto da época, perceberemos que o autismo, tal qual pontuou Eyal (2010, 2013), foi a maneira pela qual Kanner procurou problematizar a distinção conceitual, institucional e jurisdicional predominante entre retardo mental e doença mental. A doença se opunha ao retardo como forma de incapacidade social temporária e corrigível. O tratamento da doença mental foi restaurador no sentido de que visava uma cura, isto é, uma restauração espontânea dos poderes nativos da pessoa doente e para o qual foram investidos recursos variados. Algo inverso ocorria em relação ao anteriormente chamado retardo mental. A condição era inata, portanto, não havia estado anterior a ser restaurado e, mais importante, não se considerava existir um bom potencial cognitivo.

Sendo assim, o tratamento não visa à cura, mas o mínimo necessário para uma custódia esclarecida.

De acordo com Eyal (2013), Kanner pensava que o autismo infantil estava subjacente a muitos dos casos de aparente debilidade mental. Na senda desse entendimento, criou a categoria de autismo como um elemento intermediário objetivando abrir um espaço entre a doença e o retardo, delineando um conjunto radicalmente novo de tarefas para a psiquiatria infantil que envolvia a vigilância de toda uma gama de doenças infantis, desde comportamentos problemáticos até doenças e debilidades mentais.

Convém ressaltar que os principais dados utilizados por Kanner para diagnosticar e descrever o autismo eram, na verdade, relatos dos pais das crianças que ele consultava. Nas palavras de Eyal (2013, p. 882)

> Kanner observou crianças durante suas visitas relativamente curtas ao seu consultório e improvisou alguns testes, mas a relevância destes sempre esteve em dúvida. Em última análise, os seus estudos de caso detalhados basearam-se fortemente sobre o que os pais relataram: por exemplo, um histórico detalhado digitado de 33 páginas fornecido por um pai, cartas mensais detalhadas ou notas copiosas fornecidas por algumas das mães. Poderíamos dizer, portanto, que a rede de atores que produz diagnósticos clínicos incluía, no mínimo, tanto o médico quanto os pais e que, pelo menos implicitamente, havia um problema de atribuição. Se ambos os lados fazem contribuições, a quem deve ser atribuído o diagnóstico?

Não menos importante se constitui o fato de que, em suas análises seminais realizadas em 1943, Kanner, na descrição de seus casos, usou a palavra obsessivo múltiplas vezes em relação aos pais e concluiu sugerindo existir uma possível ligação entre o autismo e um comportamento aparente de obsessão parental, criando uma vinculação "íntima entre a constituição psicológica dos pais e a dos filhos, uma ligação que poderia ser interpretada genética ou psicogenicamente, mas, em ambos os casos, impediu qualquer retorno direto ao longo da cadeia de transcrições aos relatórios dos pais". Nas palavras de Eyal (2013, p. 884),

> Por mais estranho que nos pareça hoje, culpar a mãe era simultaneamente um mecanismo para canalizar os fluxos de atribuição da rede ao clínico e uma forma de generosidade destinada a garantir a cooperação dos pais. Como o médico Jacques May disse - ele próprio pai de gêmeos autistas – a

culpabilização dos pais gozou de popularidade até mesmo entre os pais porque deu esperança de que uma cura é possível e removeu o estigma do defeito orgânico semelhante ao retardo. Além disso, a culpabilização dos pais é uma forma confessional de poder. Funciona estigmatizando os indivíduos como pecadores, mas também provocando a sua confissão e ensinando-os a se verem através das categorias ensinadas pelo confessor. Como May observou com perspicácia, o vínculo formado entre terapeuta e pais tem alguns aspectos profundos e prejudiciais. Séculos atrás, a maioria das religiões descobriu a importância da confissão e a considerável ajuda e elevação que poderia ser derivada de uma confissão pública ou catarse privada dos pecados de alguém. Por esta razão, a culpa da mãe jogou um papel crucial na formação da identidade distintiva dos pais do autismo, primeiro porque distinguiu o seu tipo de aflição como classe média, diferentemente do retardo, mas em segundo lugar e mais importante, porque foi através da resistência a este poder de confissão que os pais foram levados a reorganizar os relacionamentos dentro da rede de expertise clínica.

Infelizmente, a percepção de Kanner de que os sintomas autistas são causados por uma variedade de fatores ambientais, constitucionais e hereditários foi ofuscada pela ideia de que tanto o autismo infantil quanto a esquizofrenia infantil foram significativamente afetados pela situação social dinâmica das influências parentais, particularmente das influências maternas, hipótese que se difundiu de maneira bastante rápida. Posteriormente, destacaremos neste livro como a Psicanálise, especialmente por meio de Bettelhein, se apropriou dessa tese de Kanner e a transformou no principal elemento analítico do autismo.

Retornando aos ensaios de Kanner, vale frisar que ele entendia como inútil a busca por causas unicamente biológicas ou ambientais na explicação da manifestação autista, uma vez que

[...] há pouca probabilidade de que um único agente etiológico seja o único responsável pela patologia do comportamento. Argumentos que contrapõem hereditário versus ambiental como termos antitéticos estão fundamentalmente errados. Operacionalmente, são conceitos que se interpenetram. Os efeitos das aberrações cromossômicas podem ser mimetizados no fenótipo por patógenos ambientais, e fatores genéticos requerem para sua manifestação completa condições ambientais adequadas. (Kanner; Eisenberg, 1956, p. 563).

A existência de hipóteses da etiologia autista que vão desde incapacidade inata até a presença de fatores ambientais estressantes abrem espaços para concepções tanto organicistas como sociais na explicação desse comportamento. Esta será uma marca nos estudos posteriores do autismo, presente, inclusive, nos dias atuais. Nas palavras de Camargo e Bosa (2009, p. 68), "muitas reformulações nos mecanismos explicativos foram realizadas, sem, entretanto, chegar-se a conclusões consistentes. Isso pode ser observado nas diversas abordagens que historicamente tentaram estabelecer um lugar na dicotomia inato X ambiental de onde se possa definir o autismo". As autoras asseveram que as concepções mais presentes na explicação do autismo o conceituam como síndrome comportamental com vastas implicações no desenvolvimento global infantil.

Isso posto, temos que as análises de Kanner (1943), inegavelmente, exercem impacto até os dias atuais nas definições de autismo e são encontradas, ao menos em resquícios, em praticamente todos os manuais diagnósticos. Claro que muito se produziu sobre a temática nestes 81 anos que separam a construção primeva da nosologia autista até os dias de hoje, contudo, algumas provocações de Kanner (1943, 1949) sobre a dificuldade de se chegar à etiologia do autismo como se derivada de causas ambientais ou genéticas parece ainda muito viva, mesmo com todo o avanço tecnológico que experimentamos. A tendência de classificar atualmente o autismo como um transtorno do neurodesenvolvimento, com etiologias múltiplas e implicação no desenvolvimento humano, não ameniza as dúvidas levantadas há quase um século, aliás, acentuam-nas ainda mais.

Além de Bleuler e Kanner, outra figura fundamental para compreendermos o desenvolvimento e a transformação dos quadros caracterizados como autistas é, seguramente, Hans Asperger, um pediatra austríaco aficionado pelo tema do desenvolvimento infantil e particularmente interessado na chamada área da pedagogia corretiva, uma abordagem terapêutica que tinha por objetivo construir ferramentas para transformar o comportamento de crianças tidas como difíceis e desviantes.

As pesquisas de Asperger refletiram e ampliaram as investigações acadêmicas sobre crianças, as quais se tornaram bastante populares nos anos de 1930, tendo se concentrado na análise da personalidade, o que contrastava com as abordagens tradicionais que se detinham quase que exclusivamente na análise do intelecto, assim como das vertentes focadas na compreensão das chamadas psicoses. A emergência da personalidade como uma esfera distinta e legítima de investigação no início do século XX, um fenômeno em si, possui importância histórica para o surgimento e desenvolvimento da categoria autismo. Asperger viu o transtorno de personalidade em termos de relações interpessoais ou, como ele se refere, em termos de contato, o que seguramente marcava uma inovação conceitual semelhante àquela realizada por Kanner.

Contemporâneo de Kanner, Asperger publica seu clássico estudo em 1944 mediante análise de crianças que apresentavam severos transtornos na interação social, condição denominada inicialmente por ele de "Psicopatia Autística", cuja materialização sinalizava um desarranjo estável de personalidade caracterizado pelo isolamento social. Referido quadro restringia-se em termos de aparecimento majoritariamente ao sexo masculino, caracterizando-se por transtornos severos na interação sensorial, desajeitamento motor, comportamentos e interesses limitados, fala prolixa e imaginação pobre, todavia, tais sujeitos guardavam níveis normativos de curiosidade e inteligência, não possuíam prejuízos significativos na percepção da linguagem ou na linguagem falada, tampouco nas habilidades de autocuidado. Os pacientes detalhados por Asperger apresentavam ainda interesses circunscritos que ocupavam a quase totalidade de seu foco de atenção, propensão à fala em monólogo tendendo ao formalismo e à incoordenação motora (Asperger, 1944).

Em comparação com as crianças analisadas por Kanner (1943), os sujeitos de Asperger (1944) não se mostravam tão retraídos e, em alguns casos, utilizavam uma linguagem altamente correta em termos gramaticais, fato que dificultava a identificação destes nos primeiros anos de vida. Asperger (1944) também observou, nos casos por ele analisados, a existência de desvios em relação à entonação da voz, velocidade incomum da fala (em geral, muito acelerada), modulação pobre de volume (voz extremamente alta, mesmo quando muito perto ou o inverso) e desajustamento ao ambiente em termos do comportamento esperado.

Ademais, as investigações de Asperger assinalam que os sujeitos descritos com esse conjunto de características costumavam falar incessantemente sobre um assunto favorito, inclusive, quando da ausência de pessoa interessada em sua escuta ou envolvida em processo de conversação, sendo que quando o interlocutor tentava mudar o foco dessas conversas, raramente encontrava sucesso em sua empreitada.

A escolha pelo conceito de autismo por Asperger (1991, p. 37-38) se deu, em suas palavras, "num esforço para definir o transtorno básico que gera a estrutura anormal da personalidade das crianças que estamos preocupados aqui. O nome deriva do conceito de autismo em esquizofrenia. O autismo refere-se a um distúrbio fundamental de contato". Para Asperger (1991), ao contrário dos pacientes esquizofrênicos, seus sujeitos sofriam de transtornos de personalidade e não apresentavam traços psicóticos. Em seu entender, tais transtornos geraram certas particularidades intelectuais, incluindo interesses peculiares e uma escassez de movimentos expressivos agregados a deficiências no contato visual e na comunicação gestual.

De acordo com Nadesan (2005), Asperger entendia que a desintegração manifestada no autismo era qualitativamente diferente da psicose e não espelhava um traço sintomático de uma entidade propriamente patológica, muito pelo contrário, posto que essa conjuntura da personalidade poderia potencialmente permitir o surgimento de habilidades ou aptidões inovadoras. É sob esse aspecto que deve ser entendido o conceito de originalidade de experiência, com o qual Asperger (1991, p. 71) procurou enfatizar que "crianças autistas têm uma capacidade de ver coisas e eventos ao seu redor de um novo ponto de vista, que muitas vezes mostra uma maturidade surpreendente". Essa originalidade de experiência, juntamente dos interesses especializados em ciência ou arte, poderia levar ao desempenho de tarefas e funções bem-sucedidas sob qualquer perspectiva analisada.

As contribuições de Asperger e seu apego pela pedagogia corretiva nos permitem asseverar a emergência do autismo como um distúrbio distinto que exigiu que a infância fosse colocada em foco, um projeto que começou no início do século XIX, mas só atingiu o seu auge no século XX, com a expansão do ensino público e o reconhecimento emergente dentro da psiquiatria e pediatria de que as crianças podem sofrer de psicose e neurose e que as doenças da infância, tanto de origem biológica como psicológica, afetam o bem-estar dos adultos. Esses fatores contribuíram para a medicalização do desvio infantil no início do século XX, assim como com a concomitante proliferação de profissões (psicólogos infantis, psiquiatras, educadores especiais e assistentes sociais) dedicadas a identificar e remediar crianças problemáticas, fato que configurou um cenário ideal para o desenvolvimento de formas cada vez mais especializadas e situadas de conhecimento.

Asperger (1991) entendeu que a identificação do autismo como uma categoria distinta e única estava fundamentalmente ligada ao estudo dos aspectos afetivos e aos distúrbios da comunicação, o que marcava uma distinção de corte matricial com a psicose, ligada a distúrbios intelectuais e perceptivos. Tal conjectura se deve ao papel preponderante assumido pela personalidade nas análises de Asperger, embora Kanner também o tenha feito ainda que sob vernizes distintos. Acerca desse elemento, cabe citar que em Kanner o papel da personalidade foi enfatizado na produção de efeitos psicodinâmicos a partir da influência dos pais sobre a constituição psíquica da criança afetada. Para Kanner, o autismo não era puramente uma função da frígida maternidade, mas o desenvolvimento da criança autista se mostrava fundamentalmente afetado pelas peculiaridades da personalidade parental.

Ainda que com ambiguidades e ambivalências, parece justo asseverar que Kanner considerava o autismo como uma entidade de doença – em termos de sua semelhança com a esquizofrenia –, mas cujas manifestações e curso de desenvolvimento foram em grande parte sujeitos a influências ambientais. Em contraste, Asperger, ainda que também tenha adotado o conceito originalmente utilizado por Bleuler a fim de descrever os prejuízos afetivos e de comunicação de seus pacientes, rejeitou a ideia do autismo como uma estrutura ou entidade ligada à esquizofrenia, tomando-o como um tipo de transtorno de personalidade e enfatizando seus atributos originais, que é uma das marcas dos estudos do pediatra austríaco.

O trabalho de Asperger (1944) fora divulgado originalmente em alemão, tornando-se largamente conhecido no Ocidente apenas quando Lorna Wing publica uma sequência de casos com sintomatologia aparentemente semelhante[5]. Mais adiante abordaremos as contribuições de Wing sobre a análise do autismo, em virtude de sua importância inconteste no desenvolvimento da compreensão dessas manifestações comportamentais.

Importa, neste momento, ressaltar que Kanner e Asperger apresentaram contribuições originais e que se cruzam teórica e clinicamente em diversos sentidos, embora o façam a partir de perspectivas diferentes.

---

[5] Coube a Wing (1981) a nomeação dos quadros por ela descritos como Síndrome de Asperger, em homenagem ao pediatra austríaco. Todavia, é importante acentuar que Wing descreve seis histórias com pouco em comum com os quatro casos clássicos descritos por Asperger (1944). Quatro dos seis casos de Wing eram adultos, enquanto todos os casos de Asperger eram crianças; boa parte dos pacientes de Wing falaram tarde, enquanto a maioria dos casos de Asperger falaram precocemente; ademais, a maioria dos casos de Wing foi descrita como tendo pouca capacidade de pensamento analítico, enquanto os casos de Asperger se mostravam altamente analíticos.

Inegavelmente, seus achados impactaram a conformação da ciência psicológica e a maneira pela qual descrevemos essa experiência a qual hoje nominamos de Transtorno do Espectro Autista. Com Kanner e Asperger, o autismo entra em um terreno projetivo de construção como categoria nosológica, o que se mostrava revolucionário para uma condição até então entendida como derivada de sintomas vinculados quase que exclusivamente a esquizofrenia.

Cabe citar que após o texto seminal de Kanner, observou-se um predomínio nas explicações das manifestações autistas como se estas devessem ser explicadas pela psicanálise devido à compreensão desses comportamentos em termos de incorreções no estabelecimento de relações objetais precoces e da crença da existência de relação de conflitos familiares aparentes como originadores desses sintomas, raciocínio que se tornou hegemônico até os anos 1960 e pode ser percebido nas obras de Bruno Bettlehein, Francis Tustin, Margareth Mahler, entre outros.

Para entendermos o protagonismo exercido pela psicanálise na investigação do autismo é preciso pontuar, como assevera Richards (1996), que a psicologia e a psiquiatria, em meados do século XX, foram encaradas como arenas protagonistas nas quais se realizaram os debates sobre as preocupações da sociedade e as ansiedades em relação aos filhos. Suas vozes se mostraram as mais autorizadas a falar acerca da infância em razão de seus supostos conhecimentos, os quais permitiriam agir em relação às pessoas que consideramos crianças. Em particular, conhecimentos e práticas psicológicas e psiquiátricas funcionariam para delinear aos pais, educadores e profissionais médicos a distinção entre o caráter e o comportamento das crianças identificadas como normais e aqueles cujo aparente desvio levou à sua identificação como outros, quer delinquentes, neuróticos ou simplesmente atrasados no desenvolvimento.

De acordo com Nadesan (2005), esses paradigmas serviram como os principais aparatos conceituais e materiais que geraram as ideias predominantes sobre o autismo no século XX, uma influência não somente restrita aos textos e às práticas de especialistas, se expressando na linguagem popular e em artefatos culturais, como manuais de educação infantil e inventários de desenvolvimento.

Embora o paradigma psicológico psicanalítico disputasse a supremacia com o paradigma psicológico behaviorista na análise desses fenômenos no início e em meados do século XX, a primeira abordagem monopolizou as vertentes clínicas para a compreensão e o tratamento do autismo de

1940 até o início da década de 1960. As razões para a ascendência do paradigma psicanalítico e seu monopólio na análise das muitas formas de psicopatologia infantil são complexas e enraizadas em uma variedade de contingências históricas específicas da era pós-Segunda Guerra Mundial.

Enquadrada dentro de uma perspectiva psicanalítica, a maioria das formas de psicopatologia – incluindo psicoses e neuroses – são psicológicas em origem. Nesse diapasão, os transtornos mentais não são tipicamente vistos como entidades nosológicas, mas como manifestações de distúrbios de desenvolvimento, especialmente do ego. Em particular, a psicanálise localiza muitas formas de transtornos psicológicos na incapacidade expressa pelo bebê de desenvolver um comportamento diferenciado de si mesmo em relação à realidade externa, com destaque para a falha deste em se diferenciar da mãe e em desenvolver um ego coerente, o que teoricamente resulta na criação de mecanismos de defesa que afetam a consciência e o acesso da criança ao mundo social (Nadesan, 2005).

Em certo sentido, a psicanálise forneceu a metáfora dominante na representação do desenvolvimento infantil do período pós-guerra. Essa metáfora idealizou a criança como engajada, desde o nascimento, em uma luta feroz para a constituição do ego. A mãe da criança era vista como a força determinante no ambiente do bebê e cujo comportamento e ações permitiriam o sucesso da criança em dominar as forças da psicose e do estabelecimento de relações frutíferas com seu ambiente externo. Nesses termos, a aparente fragilidade do ego, assim como a suscetibilidade a danos psicológicos, estaria relacionada ao fato de as mães não conseguirem atender e responder às necessidades de seus bebês. Daí se deduzia que as lacunas na maternagem engendrariam transtornos, psicoses e neuroses. Nesse universo, a representação psicanalítica para compreender o desenvolvimento infantil exigiu que as mães procurassem especialistas para aconselhamento no intuito de maximizar o potencial de seus filhos para o desenvolvimento da personalidade considerada desejável.

Como destaque dessa forma de entendimento psíquico, Nadesan (2005) cita o texto clássico de Bowlby, a qual defende o cuidado materno consistente e em tempo integral como o preditor final do resultado de desenvolvimentos humanos bem-sucedidos. Já a falta de habilidade materna durante períodos delicados de desenvolvimento é vista como decisória na formação de um caráter sem afeto e de personalidade vulnerável à psicopatologia.

Para Nadesan (2005), a era do predomínio psicanalítico na explicação de fenômenos psicológicos chegou ao fim no início da década de 1970 com a construção de novas metáforas para a compreensão do surgimento da consciência, assim como do desenvolvimento de novas formas de tratamento em psicopatologia. No início da década de 1970, abordagens que enfatizam a consciência e a percepção, tal qual a psicanálise, perderam força acadêmica e popular, emergindo novos vocabulários e novas estruturas interpretativas, com destaque para a ascensão do paradigma cognitivo em psicologia, cuja materialização incrementa e acentua a forma pela qual a sociedade diferencia normalidade de anormalidade, especialmente mediante a patologização da diferença.

Essa mudança de paradigma denota também uma alteração nas paisagens de representação e intervenção clínica. Enquanto as abordagens psicanalíticas descreviam o autismo a partir de um conjunto mais unitário de imagens e representações, o paradigma cognitivista oferece muitas articulações diferentes a esse respeito, unidas principalmente por suas suposições subjacentes sobre a natureza da mente e sua relação com o cérebro. Mais isso é assunto que será tratado a posteriori neste texto.

Isso posto, é inegável que desde a psicanálise se operaram mudanças significativas na forma como as crianças com sintomas tidos como autistas passaram a ser tratadas. A partir de sua popularização, os pais ficaram mais atentos ao desenvolvimento dos filhos e se mostraram mais propensos a procurar aconselhamento especializado. Um diagnóstico psiquiátrico de autismo, então considerado como uma forma de psicose infantil, levou simultaneamente à culpabilização da mãe e a formas de intervenção jamais pensadas até então. Evidente que é difícil saber, retrospectivamente, até que ponto o tratamento psicanalítico foi realmente útil dada a ausência de dados confiáveis nesse sentido, contudo, é inegável que este exerceu interferência notável na maneira como a sociedade de então se relacionou com eventos entendidos como desvios e transtornos. Pese suas contradições nucleares, Nadesan (2005) assevera que o tratamento psicanalítico foi mais produtivo para ajudar a criança autista do que as práticas de negligência ou institucionalização características do século XIX.

Kanner e também Asperger (em menor extensão) foram expostos aos princípios terapêuticos psicanalíticos e utilizaram destes, embora de maneira modificada, no tratamento de seus pacientes autistas. É desse universo que depreende a expressão mães geladeiras (utilizadas por Kanner) ou fortalezas vazias, as quais se popularizaram a partir dos anos de 1950[6]. Dolnick (1998) afirma que de meados dos anos de 1940 até duas décadas depois presenciou-se uma larga onda de ataques aos pais de crianças que apresentavam sintomas compatíveis aos quadros autistas, o que impactou na mobilização de familiares na constituição de organizações de defesa dos direitos das pessoas autistas.

A hegemonia psicanalítica na explicação da etimologia do autismo somada ao prestígio gozado pelo campo médico desde a assunção da Idade Moderna fez com que os pais e familiares acabassem por absorver essas críticas tão devastadoras sobre eles como fatos concretos. Ao mesmo tempo, como bem lembra Dolnick (1998), ao ouvir e analisar o relato de pais de crianças autistas, tal perspectiva oferecia uma larga esperança aos pais de que os comportamentos de seus filhos considerados desajustados pudessem desaparecer, pois sua existência se relacionava à trama de interações familiares.

Referido elemento se encontra fortemente presente no livro *A fortaleza vazia*, de Bettelhein (1967 (1987)), quando sublinhado autor descreve o comportamento rígido de Joey – uma criança autista –, como uma espécie de defesa utilizada para se proteger de uma mãe fria, insensível e indiferente, sensação presenciada nos mais diversos atos de relação entre mãe e filho, inclusive nas trocas de fraldas que seriam protocolares e profissionais, logo, realizadas sem qualquer satisfação. Até o fim dos anos 1960 havia de fato um padrão disseminado de culpabilização parental, fundamentalmente materna, que correlacionava o parco desenvolvimento das crianças ao comportamento pouco carinhoso mostrado por suas mães.

A partir da década de 1970, a concepção psicanalítica começa a ser duramente criticada no campo da Medicina por ser visualizada como pouco científica, iniciando-se, assim, um gradual deslocamento dessas concepções na busca de explicações orgânicas das manifestações autistas, com destaque para as análises cerebrais e fisiológicas desse quadro. Nas palavras de Nadesan (2005, p. 148),

---

[6] No entender de Straus (2013), Bettelheim foi um intelectual público influente do seu tempo, falando e escrevendo amplamente sobre o tema do autismo, se tornando um especialista universalmente reconhecido. Sua publicação mais conhecida, nominada "A fortaleza vazia", descreve experiências com crianças que tratou em sua Escola Ortogênica, na Universidade de Chicago. Bettelheim se apropriou do termo "mãe geladeira", de Kanner, relacionando o autismo à suposta frigidez emocional e à quase total ausência de calor emocional na criação dos filhos, sentenciando o autismo como uma ausência genuína de calor materno ao descrever as mães de crianças autistas como distantes e frias. Mais tarde, Bettelhein repudiou esses argumentos em um discurso em 1969 para a recém-formada Sociedade Nacional para Crianças Autistas (agora a Sociedade de Autismo da América): "Com isto eu absolvo especialmente vocês como pais" (citado em Park, 2001, p. 11).

> Uma rejeição explícita da formulação psicanalítica do autismo como enraizado na relação mãe-filho motivou o projeto de definir o autismo estritamente como um distúrbio orgânico. Bernard Rimland, um PhD cujo filho é autista, ajudou a liderar este movimento nos Estados Unidos para compreender o transtorno de uma perspectiva biomédica. Neste quadro, o autismo é vagamente concebido como uma doença ou conjunto de doenças causada por erros genéticos subjacentes ou alelos variantes que geram uma variedade de condições neurológicas e/ou fisiológicas que se acredita causarem o desenvolvimento do autismo.

O avançar dessas perspectivas culminou no enquadramento do autismo no conjunto dos transtornos abrangentes de desenvolvimento, fato que representa um divisor de águas quanto ao aparecimento do autismo como categoria nosológica, cuja materialização ocorre quando da publicação do DSM-III. Como assevera Ortega (2008, p. 71), a partir de então, as compreensões neurológicas, cognitivistas e genéticas do transtorno passam a dominar o campo psiquiátrico. Em suas palavras,

> O deslocamento do modelo psicanalítico e a aproximação das neurociências possibilitou que os pais fossem desresponsabilizados e desimplicados dos destinos subjetivos dos filhos. Apesar das críticas do modelo psicanalítico a essa aparente "desimplicação" e da aproximação das neurociências, é precisamente devido ao deslocamento do paradigma psicanalítico que surgiram tanto os movimentos de pais e profissionais que buscam uma cura para o autismo e apoiam terapias comportamentais e psicofarmacológicas como os movimentos da neurodiversidade.

Desde então, percebemos um silencioso e crescente movimento pelo qual, como pontua Rosenberg (2002, p. 240), as "entidades patológicas se tornaram atores sociais indiscutíveis, reais na medida em que temos acreditado neles e agido individualmente e coletivamente a partir dessas crenças".

A materialização de supostas anomalias por lentes clínicas faz parte de um tortuoso, silencioso, mas muito extensivo processo pelo qual a modernidade tomou a diferença como desvio e algo a ser corrigido, disciplinado, normalizado. Esse discurso se enraizou em múltiplos recônditos sociais como fato natural. Não por acaso, Rosenberg (2002) pontua que uma das características definidoras dos tempos atuais reside no poder, na capilaridade e capacidade de penetração das entidades patológicas na vida cotidiana, as quais regulam nossas ações e relações tais quais estruturas neutras e universais. Mas essas construções são históricas e estão longe de se mostrarem como naturais. Como ressalta Ortega (2008, p. 481),

> Estamos nos acostumando, no decorrer das últimas décadas, a negociar em público o estatuto nosológico de numerosas doenças psiquiátricas, a maioria das quais possui uma natureza problemática. Talvez o caso mais gritante dos debates acerca da legitimidade epistemológica de uma categoria de doença psiquiátrica tenha acontecido no início dos anos 1970, quando a Associação de Psiquiatria Americana decidiu votar pela inclusão ou não da categoria de homossexualidade por ocasião de uma revisão do DSM.9 Trata-se de uma doença ou de uma escolha? E se é uma doença legitimada (com uma subsequente base biológica), como pode ser decidido por voto o seu estatuto ontológico?

Sobre este questionamento de Ortega (2008), é fundamental sinalizar que em 1973, a American Psychiatric Association (APA) entendeu por bem abandonar o entendimento da homossexualidade como transtorno psiquiátrico, retirando-o de seu conhecido Manual Diagnóstico e Estatístico dos Transtornos Mentais (DSM) (Silverstein, 2009). Desde então, a homossexualidade passou do campo das incorreções etiológicas às pradarias das diferenças humanas, e, do dia para noite, centenas de milhares de pessoas deixaram de ser consideradas deficientes. Mas não foi somente com a homossexualidade que podemos analisar o caráter móvel do posicionamento dos quadros nosológicos.

Algo análogo ocorrera no mesmo ano quando a American Association on Mental Disability desconsiderou a categoria retardo mental limítrofe de seu sistema de classificação de capacidade intelectual; com isso, a fronteira de divisa do diagnóstico de retardo mental foi de um patamar de QI de 85 para outro de 70 e, por um golpe de caneta, milhares de pessoas com deficiência retornaram à normalidade em um repente (Bray, 2003). Tais elementos destacam como as definições médicas também são, por excelência, históricas e estruturadas a partir de interferências políticas e sociais.

Expostas tais relações, resta evidente que a deficiência é produto da sociedade e somente assim pode ser compreendida. Mais que uma coisa, a deficiência é uma ideia que se transmuta a partir de dadas condições que são dinâmicas, contingentes e afetadas por compostos externos que flutuam ao longo do tempo. Por consequente, a descrição objetivista impetrada pelas lentes da Medicina não se mostra necessariamente a melhor maneira em compreendê-la, pois configurada a partir de um absoluto que somente existe no terreno das abstrações.

Todavia, o caráter histórico, contingente e móvel dessas definições não diminuem ou amenizam o impacto que tais classificações desempenham na prática. Tal qual pontua Rosenberg (2006), os embates acerca do estatuto ontológico e da legitimidade social de doenças e transtornos, assim como as deliberações sobre a etiologia, o diagnóstico e a terapêutica têm se mostrados endêmicos ao longo da histórica, o que exaspera a transitoriedade das definições nosológicas. Ainda assim, embora não exista consenso acerca da tipologia ou do tratamento de condições tidas como patológicas, é inegável que o fato de estas serem nominadas como doenças configura-se como um instrumento de poder e um mecanismo de controle social disciplinar. No entender de Rosenberg (2002), a inclusão de uma dada condição na CID ou no DSM acentua uma presumida existência de entidades patológicas ontologicamente reais e definidamente específicas, as quais interferem e organizam quais decisões clínicas particulares podem ser tomadas racionalmente.

Nesse sentido, a inclusão do autismo como entidade nosológica no DSM-III não deve ser visto como epifenômeno ou algo secundário, muito pelo contrário, posto indicar um caminho para o qual concorrerão as análises epistemológicas sobre essa categoria a partir de então. Evidentemente que o abarcamento do autismo sob a lógica da doença não ocorre sem reações, dado o campo de disputa em torno do qual gravitam os fenômenos assim batizados. Logo, não surpreende, como pontua Ortega (2008), o crescimento paralelo de grupos que contestam tal relação, entretanto, referida definição de fato exerce impacto na forma como encaramos as representações assim descritas.

Importa aqui assinalar a hegemonia assumida pelas posições organicistas na explicação do conjunto de situações definidas como autismo a partir da década de 1970. Claro que ainda podemos presenciar explicações fundadas em componentes psicanalíticos na análise do autismo, mas isso em nada apaga o que foi dito. O que está morto como fato permanece vivo na história. Por conseguinte, não deve causar espanto que ainda hoje muitos tentem a explicar a situação de deficiência recorrendo a práticas mágicas ou aspectos relacionados ao campo da interação mãe-filho, pois esses elementos se fizeram hegemônicos durante um largo período histórico em nossa sociedade, sendo assim, é natural que reapareçam no cenário cotidiano com certa naturalidade.

Como bem retrata Silverman (2012, p. 14), "a experiência do autismo no século XX e no início do século XXI é difícil, se não impossível, de se desembaraçar das ideias sobre a natureza de uma boa infância e das crenças sobre padrões normais de socialização, desenvolvimento e relacionamentos" dada a influência penetrante dessas ideias nas relações cotidianas. Em outras palavras, o legado da culpa ainda não se mostrou superado hodiernamente. Contudo, é fato que hoje o campo médico domina as explicações sobre o autismo, assim como uma série de outras condições que passaram a ser lapidadas pelo escrutínio da Medicina.

Antes de adentrarmos às análises mais específicas das transformações que ocorreram nas diferentes classificações estatísticas contidas nos manuais diagnósticos, é importante citar que foi somente a partir do desenvolvimento dos trabalhos de Wing, adicionado às ideias de Michael Rutter, que se consolidou academicamente a concepção de *continuum* ou espectro autista.

É de Rutter (1978) a proposição esquemática do comportamento autístico como caracterizado pela tríade: a) interação social prejudicada e perda da responsividade; b) atraso e alterações no desenvolvimento da linguagem, que vão desde a ausência da fala até sua utilização de maneira peculiar; c) padrões estereotipados de comportamento e insistência na mesmice, caracterizados pela resistência à mudança, jogo limitado e comportamentos ritualísticos. Os critérios utilizados por Rutter (1978), por conseguinte, incluíam perda do interesse social, alterações na linguagem e comportamentos estereotipados, além de jogo limitado. Nas palavras de Schmidt e Bosa (2003, p. 112),

> O comprometimento da interação social é caracterizado por alterações qualitativas das interações sociais recíprocas. Podem-se observar dificuldades na espontaneidade, imitação e jogos sociais, bem como uma inabilidade em desenvolver amizade com companheiros da mesma idade; comprometimento acentuado no uso de comportamentos verbais e não verbais, além da falta de reciprocidade social e emocional (Assumpção Jr., 1997; Bosa, 2002; Tanguay, 2000, Rutter & cols., 1996). Quanto ao comprometimento das modalidades de comunicação, é relatado atraso na aquisição da fala, uso estereotipado e repetitivo da linguagem e uma inabilidade em iniciar e manter uma conversação. Acrescentam-se ainda outras características como a inversão pronominal (falar sobre si na terceira pessoa), a

ecolalia imediata e a ecolalia diferida (Assumpção Jr., 1997; Baptista & Bosa, 2002; Rutter & cols., 1996). O terceiro item da tríade refere-se aos padrões restritos e repetitivos de comportamentos, interesses e atividades. Estes podem ser manifestados através da adesão inflexível a rotinas e rituais específicos, não funcionais, e pela preocupação persistente com partes de objetos, em detrimento do objeto como um todo. Além destes sintomas, observa-se insistência na mesmice, bem como a manifestação de sofrimento e resistência frente a mudanças.

Os conceitos e as definições de Rutter (1978) exerceram papel cardeal no reconhecimento do autismo em uma nova classe de transtornos, os transtornos invasivos do desenvolvimento (TID), termo selecionado em função de refletir o acometimento de múltiplas áreas de funcionamento no autismo.

Já Wing (1981, 1988), por meio de seus estudos, se constitui como a grande responsável pela construção da ideia de *continuum* ou de espectro autista (caracterizando esse transtorno a partir de um conjunto de prejuízos que variam de leve a grave nos domínios de interação social, comunicação e na existência de comportamentos repetitivos ou ritualísticos). É inegável que os esforços de Wing se mostraram fundamentais para a popularização da noção de espectro associado ao campo da psicopatologia em psiquiatria. A partir de seu debruçar sobre o caso da própria filha – que apresentava um quadro de autismo com moderadas limitações – e de sua luta contra a institucionalização produziu relatos vibrantes que em muito impactaram a análise sobre o autismo.

É de Wing (1981) a representação esquemática do autismo como materializada em déficits persistentes no conjunto usual de habilidades social de dar e receber; nas formas de se comunicar reciprocamente e no ato de realizar ou participar de brincadeiras de imaginação social. Tal simbologia imagética se mostrou decisiva para a diferenciação do autismo como um grupo de condições caracterizadas por algum grau de alteração do comportamento social, comunicação e linguagem, e por um repertório restrito, estereotipado e repetitivo de interesses e atividades. Uma definição relativamente persistente até os dias atuais.

Para Wing (1981, 1988), essas mudanças conceituais que envolvem o conceito de autismo refletiriam avanços em sua compreensão geral e o progresso da própria ciência, entretanto, entendemos que a alteração de valências psicanalíticas para cognitivas não necessariamente indicam uma compreensão mais verdadeira ou mais autêntica do autismo. As questões sobre a natureza e a expressão do autismo envolvem problemas profundamente filosóficos e teses sobre a natureza da mente e da consciência, assim como sobre os corpos humanos e as relações sociais. Também estão presentes nessas representações questões sobre normalidade e diferença dentro e entre indivíduos, e dentro e entre culturas. Com o tempo, as ideias construídas mudam em resposta às transformações nos arranjos institucionais e às novas formas e ritmos da vida cotidiana. Não há linearidade progressiva nesse processo. Por conseguinte, embora as ideias sobre o autismo tenham mudado ao longo do tempo, elas não necessariamente evoluem em direção a uma essência transcendental.

Acerca desse fenômeno, é importante ressaltar que a própria construção do conceito de autismo a partir de um *continuum* ou espectro não se trata de tema pacífico, tendo sido criticada em diversas frentes. Apenas para mencionar uma dessas críticas, Timimi, Garber e McCabe (2010) ressaltam que citada expansão de entendimento dos quadros de autismo não se originou de quaisquer novas descobertas científicas, mas, sim, como produto de novas ideologias. Para os autores, Wing e Rutter aglutinaram casos dissonantes sob uma mesma perspectiva, promovendo uma confusão que resultou no embaçamento das definições e classificações das manifestações autísticas, assim como no aumento da utilização de rótulos medicalizados; entretanto, tal fato também promoveu, de certa forma, a libertação da estigmatização psiquiátrica nos casos de autismo em virtude de seu entendimento como transtorno de desenvolvimento.

Isso posto, cabe citar a existência de um movimento no sentido de medicalização das características e dos comportamentos reconhecidos como vinculados à nosologia autista, manifestações estas que até o terceiro quartil do século XX eram equivocadamente diagnosticadas como esquizofrenia infantil (Silverman, 2012). Todavia, de acordo com Grinker e Cho (2013, p. 47), no último quartil do século XX o diagnóstico de esquizofrenia sofreu sucessivos abalos etimológicos e quase que caiu em desuso, fato que se deveu "não porque as formas de sofrimento das crianças mudaram, mas porque a ideia do que constituía a esquizofrenia e o autismo mudou". A partir de então, Silverman (2012) acentua que o uso do conceito Transtorno Invasivo de Desenvolvimento (TID) principiara a ser amplamente utilizado para cobrir um vasto número de transtornos, dentre eles aqueles característicos das manifestações autísticas, aparecendo de maneira inaugural no DSM-III, em 1980.

Nesse novo cenário, a interpretação do autismo passa a se escorar em estruturas majoritariamente biomédicas e psicológicas, confluindo para a definição hodierna dessa condição como um transtorno do neurodesenvolvimento no DSM-V, um texto de referência psiquiátrica que carrega capital social significativo e prestígio dentro da comunidade biomédica. A percepção do autismo como uma condição médica é de longe a visão mais popular do fenótipo nos dias atuais, situando-o nitidamente num modelo médico de deficiência, que o vaticina como uma limitação com origens biológicas ligadas de modo linear a uma anormalidade clinicamente identificável (Chavarria, 2022). Como salienta Mas (2018, p. 17),

> Passadas quase oito décadas, a descrição fenomenológica de Kanner deslizou de uma categoria de dentro da esquizofrenia para uma subcategoria dos transtornos do neurodesenvolvimento, denominado de transtorno do espectro autista, que, segundo o DSM-V, caracteriza-se por déficits persistentes na comunicação social e na interação social em múltiplos contextos, incluindo déficits na reciprocidade social, em comportamentos não verbais de comunicação usados para interação social e em habilidades para desenvolver, manter e compreender relacionamentos. Além dos déficits na comunicação social, o diagnóstico do transtorno do espectro autista requer a presença de padrões restritos e repetitivos de comportamento, interesses ou atividades.

Cabe ressaltar que desde o fortalecimento da posição médica como hegemônica nas formas de explicação do autismo foram várias as teorias neurobiológicas que versaram sobre a etiologia de sua manifestação e aparição, cujas hipóteses iam desde o crescimento excessivo de neurônios (Courchesne ., 2007) até um sistema disfuncional de neurônios-espelho (Dapretto ., 2006). Desde a base imunológica e de toxicidade ambiental (Maezawa ., 2011; Meltzer; Van De Water 2017; Silverman 2012) até a hipóteses sobre o papel potencial da microbiota intestinal no desenvolvimento do autismo e da sintomatologia gastrointestinal associada (Kelly *et al.*, 2017). Desde causas genéticas com suas respectivas cargas hereditárias até a problemas durante a gravidez pela utilização de substâncias como a talidomida, misoprostol, ácido valpróico, entre outras. Desde inflamações em células cerebrais, as quais acarretariam uma forma de desequilíbrio no sistema imune e na atuação neuronal até a idade paterna como fatores preditivos ao aparecimento de manifestações autísticas.

A quantidade e variedade dessas hipóteses leva o leitor a imaginar como é complexa a busca pela etiologia do autismo, inexistindo uma hipótese que possamos vaticinar como causal na explicação desse transtorno. Se definir a causa é complexo, não menos árido se mostra a invenção de um tratamento específico para essa manifestação, tomada como um fenômeno cuja intervenção médica e farmacêutica passaram a ser vistas como angulares no combate a seus sintomas, mesmo sem qualquer comprovação empírica. Com isso, não estamos argumentando contra as inovações médico/farmacêuticas que muitas vezes salvaram vidas, facilitaram o acesso à saúde e aumentaram a qualidade de vida de muitos, mas somente destacando como as condições sociais e políticas prepararam o cenário para que o autismo fosse incorporado ao vocabulário médico.

O foco nos déficits, inerentes ao modelo médico de explicação do autismo, é acompanhado por um impacto significativo na construção da identidade desses indivíduos como se suas experiências fossem definidas exclusivamente pelas falhas e desajustes percebidos. Para Bagatell (2007), o discurso centrado em torno da experiência autista como uma forma de desajuste pode agravar as dificuldades que muitos desses sujeitos enfrentam para encontrar seu lugar em um mundo e construir uma identidade fora de seu diagnóstico. Nas palavras de sublinhado autor, "talvez ao desviar a atenção dos défices para a participação social, os indivíduos com autismo possam estar melhores preparados para se envolverem no processo de construção da identidade, levando a uma vida plena e significativa" (Bagatell, 2007, p. 425).

Ademais, a conceptualização médica do autismo também pode funcionar para impactar negativamente a predisposição desses indivíduos para se envolverem em espaços e assuntos políticos. Em vista disso, Orsini (2012) assinala que as pessoas autistas, quando são o foco das políticas públicas, raramente são enquadradas como cidadãos que possuem direitos, esperanças ou aspirações, muito menos ideias sobre política. Eles são caracteristicamente dependentes da boa vontade ou benevolência dos outros.

Não causa estranheza, portanto, que Nicolaidis (2012), ao relatar sua experiência como mãe de uma criança autista assinale que, curiosamente, em nenhum momento de sua incursão inicial como mãe de uma pessoa autista alguém realmente sugeriu aprender com esses indivíduos sobre o espectro do autismo. Sob a lógica clínica, a diferença do autismo tem sido encarada majoritariamente como desvio e desajuste, algo a ser normalizado e corrigido. Em decorrência desses elementos, é compreensível que muitos pais de crianças autistas tenham herdado quase que um imperativo ético de serem tradutores e defensores dos seus filhos num mundo que muitas vezes carece de recursos para facilitar a sua participação social.

A discussão sobre as falhas e lacunas desse modelo de identificação da deficiência são bastante conhecidas, especialmente após a popularização do modelo social da deficiência, contudo, no caso da experiência do autismo, tal literatura ainda tem sido raramente utilizada como fundamento de análise epistemológica, uma tarefa certamente por se realizar.

Dito isso, resta como evidente que o diagnóstico da manifestação autista passou por várias transformações ao longo das épocas, mudanças estas também espelhadas nos manuais de categorização nosológica, tais como no Manual Diagnóstico e Estatístico de Transtornos Mentais (DSM) e na Classificação Internacional de Doenças e Problemas Relacionados à Saúde (CID), que são os dois mais conhecidos e utilizados desses instrumentos.

Nas palavras de Fernandes, Tomazelli e Girianelli (2020), esses manuais convergem nos pressupostos conceituais que embasaram a classificação nosológica, tendo por principal característica a "substituição da perspectiva psicanalítica da doença mental, cuja origem seria provocada por eventos traumáticos e fundamentada nos conceitos de personalidade, estrutura e psicodinâmica, pelo modelo biomédico com diagnóstico categórico (agrupamento de sintomas) e abordagem multiaxial".

Os impactos sociais, éticos e políticos dessa nova forma de diagnosticar o autismo, com base em seus deslizamentos taxonômicos, não se mostraram nada sutis. Por exemplo, o DSM-III de 1980 (primeiro manual a trazer o autismo como uma classificação psiquiátrica) afirmava estatisticamente existir uma variação de dois a quatro casos de autismo infantil a cada 10 mil crianças. Já atualmente, dados da OMS apontam a existência de 1 criança autista para cada 100 crianças, enquanto a Organização Pan-Americana de Saúde estima a existência de 1 criança autista para cada 160 crianças. Cabe ressaltar ainda os dados da norte-americana Centros de Controle e Prevenção de Doença (CDC), os quais projetam a quantidade de crianças com autismo em 1 para cada 36 crianças. Apresentado esses dados, temos que na menor das variantes consideradas, a da Opas, o número de crianças autistas cresceu vertiginosamente em uma porcentagem que supera, na menor das hipóteses, a marca de 1.562% em relação à estatística do DSM-III. Tais achados dão mostra da dimensão de crescimento da condição definida como autismo ao longo de um curto período de tempo.

Atentar para o crescimento exponencial de casos identificados como pertencendo ao universo do espectro autista nos leva a buscar as razões pelas quais temos presenciado essa verdadeira epidemia diagnóstica, o que nos obriga a realizar os seguintes questionamentos: por quais razões tantas crianças começaram a ser diagnosticadas como autistas em um espaço tão curto tempo? O que justificaria esse crescimento tão massivo? Para Mas (2018, p. 18-19),

> [...] a primeira hipótese que vem como tentativa de compreensão acerca da responsabilidade desse aumento estatístico seria uma real majoração de pessoas com autismo, o que nos levaria a questionar, por exemplo, o que é que pode estar favorecendo essa forma de constituição psíquica. Há clínicos enveredando seus estudos por esse caminho. O efeito das tecnologias nas formas de laços sociais desde a primeira infância e como elas estariam atravessando e modificando processos fundamentais, como a aquisição da fala em casos de crianças ou a substituição das relações pessoais pelas relações virtuais em casos de jovens e adolescentes, já estão sendo olhadas com cuidado. [...] A segunda hipótese, que não pode ser descartada na construção de uma compreensão mais ampla sobre o aumento estatístico do número de pessoas com autismo é que esse evento estaria relacionado à forma de diagnóstico praticada no âmbito da Saúde Pública.

Para além dos elementos apontados por Mas (2018), os quais se mostram verdadeiros e dignos de serem tomados em consideração, outras opções devem ser consideradas para tentarmos desvendar esse quadro que se apresenta. Nesse sentido, Klin (2006, p. S5) sinaliza que

> As possíveis razões para o grande aumento na prevalência estimada do autismo e das condições relacionadas são: 1) a adoção de definições mais amplas de autismo (como resultado do reconhecimento do autismo como um espectro de condições); 2) maior conscientização entre os clínicos e na comunidade mais ampla sobre as diferentes manifestações de autismo (e.g., graças à cobertura mais frequente da mídia); 3) melhor detecção de casos sem retardo mental (e.g., maior conscientização sobre o AAGF e a SA); 4) o incentivo para que se determine um diagnóstico devido

a elegibilidade para os serviços proporcionada por esse diagnóstico (e.g., nos EUA, como resultado das alterações na lei sobre educação especial); 5) a compreensão de que a identificação precoce (e a intervenção) maximizam um desfecho positivo (estimulando assim o diagnóstico de crianças jovens e encorajando a comunidade a não "perder" uma criança com autismo, que de outra forma não poderia obter os serviços necessários); e 6) a investigação com base populacional (que expandiu amostras clínicas referidas por meio do sistemático "pente-fino" na comunidade em geral à procura de crianças com autismo que de outra forma poderiam não ser identificadas). É importante enfatizar que o aumento nos índices de prevalência do autismo significa que mais indivíduos são identificados como tendo esta ou outras condições similares. Isso não significa que a incidência geral do autismo esteja aumentando. A crença de aumento na incidência levou à ideia que estava ocorrendo uma "epidemia" de autismo (i.e., que o número de indivíduos com autismo estava crescendo em números alarmantes). Até hoje, não existem evidências convincentes de que isso seja verdadeiro e os riscos ambientais potenciais que hipoteticamente seriam "ativadores" de tal epidemia (e.g., programas de vacinação) não receberam nenhuma validação empírica. Infelizmente, ainda é prevalente a crença entre algumas pessoas de que a vacinação (e.g., a vacina tríplice viral ou sarampo/caxumba/ rubéola), ou os conservantes utilizados em programas de imunização (e.g., timerosol), possam causar autismo. Essa crença levou muitos pais a retirar seus filhos dos programas de imunização. Como resultado disso, acumulam-se dados no Reino Unido e nos EUA sugerindo a perigosa reaparição dessas doenças graves, particularmente o sarampo, que pode levar ao retardo mental ou até à morte. Um achado interessante envolvendo tanto as amostras clínicas quanto as epidemiológicas foi o de que há uma maior incidência de autismo em meninos do que em meninas, com proporções médias relatadas de cerca de 3,5 a 4,0 meninos para cada menina. Essa proporção varia, no entanto, em função do grau de funcionamento intelectual.

Os questionamentos de Klin (2006), mesmo sendo produzidos há quase duas décadas, ainda se mostram atuais e inquietantes. De fato, existe uma nova forma de diagnosticar o autismo que ressignificou a dimensão dos comportamentos assim caracterizados anteriormente. Se olharmos para o texto seminal de Kanner (1943), perceberemos a existência de extensos prejuízos na interação social, modificações significativas nos padrões de comunicação e padrões estereotipados de comportamentos e interesses. Entretanto, em Kanner (1943) quase 70% dos sujeitos diagnosticados operavam em nível definido por ele como sendo de "retardo mental", assim como experimentavam prejuízos muito significativos nos campos comportamentais.

Destarte, ainda que o conjunto de sintomas se configure como similar, existem novos quadros diagnosticados como autistas que, muito provavelmente, não o seriam assim classificados sob os olhos de Kanner. Não estou fazendo nenhum juízo de valor aqui, e sim apenas exacerbando uma constatação fundamentada nas leituras do psiquiatra austríaco, de contribuições inegáveis, mas que também contém equívocos, dentre os quais cabe citar a hipótese de Kanner de que o autismo não estava associado a outras condições médicas, o que se revelou incorreto. Isso ajuda em parte a entender as razões pelas quais o autismo foi de um transtorno raro e pouco difundido a uma condição comum, heterogênea e popularizada, cuja razão de ser relaciona-se à sua concepção como espectro cujos prejuízos podem variar em intensidade.

Ainda que o Brasil não possua estatísticas oficiais acerca do número de pessoas autistas, transparece também como evidente o crescimento do número de diagnósticos vinculados às manifestações autistas. O Censo da Educação Básica, realizado pelo Instituto Nacional de Estudos e Pesquisas Anísio Teixeira (Inep), no ano de 2023, apontou o incremento do número de matrículas de crianças e adolescentes diagnosticados com TEA nas salas de aula regulares na ordem de 49,88%, quando comparado com o ano de 2022 (607.114 em 2023 ante 405.056 em 2022). Somente em 2023 tivemos um acréscimo de 202.058 matrículas de estudantes com autismo na rede regular de ensino, dado que fornece um quadro bastante representativo da situação acima aludida (Inep, 2022, 2023).

Se levarmos em consideração que em 2017 tínhamos matriculados 89.282 estudantes autistas na rede regular de ensino e que em 2023 esse número saltou para 607.114, nota-se um crescimento na ordem de matrículas de 680% em apenas 6 anos. Mais de 100% de crescimento médio ao ano. Já quando examinamos o número de estudantes autistas matriculados em classes especiais, também percebemos um aumento significativo entre os períodos considerados de 2017 a 2023 (12.749 em 2017 ante 29.058 em 2023), materializando um incremento de 228% no total de matrículas, número também deveras expressivo (Inep, 2017, 2023).

Poderá se objetar que tais alunos já estavam matriculados na rede escolar e somente foram diagnosticados a posteriori, que é, certamente, uma das explicações plausíveis que justificam tamanho crescimento epidemiológico. Se assim for, o crescimento do número de casos diagnosticados como autistas não significa de fato o aumento dessa incidência na sociedade ou que estejamos diante de uma epidemia de tais manifestações. Estaríamos somente diagnosticando mais e se mostrando mais atentos a uma condição que passava por vezes despercebida dos olhos clínicos. Contudo, inegavelmente precisamos olhar com bastante atenção para esses dados e nos questionarmos por quais razões tantas crianças passaram a ser diagnosticadas como autistas nesse curto espaço de tempo? Será mesmo que estamos diagnosticando melhor a condição autista ou somente produzindo mais diagnósticos?

Embora entendamos que ambas as sentenças devam ser encaradas como verdadeiras nessa nova composição sintomatológica da sociedade, é preciso analisar também a quais interesses determinadas classificações podem estar a operar. Não é escusado destacar que o crescimento exponencial do números de enfermidades descritos na CID e no DSM ocorreu justamente quando do avanço da indústria farmacêutica. Claro que atualmente os profissionais se mostram mais bem preparados para identificar manifestações autistas do que anteriormente, dada a própria popularização do tema. Evidente também que a consideração do autismo sob a perspectiva de espectro e suas múltiplas facetas alargaram as possibilidades dessa classificação. Ademais, não podemos esquecer que a classificação de um sujeito como pertencendo ao universo das pessoas com deficiência conferem a este uma série de direitos subjetivos e de serviços muitas vezes negado pela sociedade brasileira (Brasil, 2015). Todos esses fatores são verdadeiros e devem ser tomados em consideração na tentativa de entender o crescimento das manifestações autística no Brasil e também no mundo, entretanto, ainda assim urge lançarmos outros questionamentos sob distintas bases epistemológicas que sirvam como estopim para debates futuros na representação imagética desse quadro que nos circunda.

Haverá algum interesse mercantil ou político na massificação do número de pessoas autistas na sociedade? Não estaríamos presenciando um retorno da patologização da diferença operada pelo campo médico desde os auspícios da modernidade? Será que todas as crianças autistas são autistas? Será que todos aqueles identificados como autistas são mesmo pessoas com deficiência? Haverá alguma relação entre o desenvolvimento do comportamento atualmente vaticinado de autístico e os novos modos de ser e se relacionar da contemporaneidade? Será que a crescente utilização de tecnologia digitais – centradas no aprisionamento do eu pela mediação de uma tela – e a forma como estas interferem na configuração dos laços sociais não massificariam o aparecimento de sintomatologias características da condição autística? Será o comportamento autista o novo normal?

Tais perguntas não serão facilmente respondidas, entretanto, devem passar a fazer parte do rol de questionamentos das razões que estão levando a esse aumento exponencial de casos de autismo para além daquelas vinculadas ao campo médico, tais como as buscas genéticas e de alterações cromossômicas, as diferenciações cerebrais, a etiologia parental, os processos gestacionais, os exames de neuroimagem, a influência de vacinas, entre outros, iniciativas que possuem duas coisas em comum: todas se mostram vinculadas às práticas clínicas e nenhuma delas encontrou qualquer resultado conclusivo ou mesmo promissor nessa busca originária do autismo. Talvez estejamos procurando no local errado.

Isso posto, entendemos que para além de procurar outras paisagens, é chegada a hora de também ter um novo olhar sobre o autismo. Um olhar que não busque a normalidade métrica em termos de comportamentos e que valorize a riqueza das variadas formas de expressão e existência da humanidade. Um olhar que permita que aqueles que necessitem de suporte tenham todos os mecanismos adicionais necessários para seu desenvolvimento, quer clínicos, financeiros, educacionais, arquitetônicos, comunicativos, pessoais ou legais. Um olhar que não deixe ninguém à deriva. Um olhar comprometido com a promoção da justiça social e redução das desigualdades. Esse mesmo olhar deve diferenciar direito de privilégio e entender que a massificação indevida de um quadro nosológico produz efeitos perversos para todos, reduzindo as possibilidades de desenvolvimento de uns por escassez de recursos e de outros por intervenção indesejada e excessiva.

Antes de contribuirmos para a resposta dessas complexas perguntas, que se compõem como o principal objetivo deste livro, entendemos como fundamental pontuar que o diagnóstico de determinado quadro não pode ser visto como uma sentença final, pois como pontua Dunker (2011), o diagnóstico é, sobretudo, uma hipótese operativa, uma regra de ação, estando sujeita à correção, verificação e reformulação permanentes, posto supor a eficácia e não a certeza como critério de legitimação. Esse fato implica certo grau probabilístico e expõe o diagnóstico ao caráter de uma decisão. Com base nesses descritores, um diagnóstico de primeira ordem pode ser indefinidamente desdobrado em estratos mais elementares, que são correlativos da decomposição a que o signo está sujeito em traço, letra, fonema, significante e significado. Logo, o diagnóstico não se trata de um fenômeno eterno e imodificável, na medida em que os próprios signos que os compõe se modificam ao longo da história.

Apresentado esses elementos, se mostra como fundamental pontuar que o diagnóstico de autismo experimentou uma gama de mudanças ao longo dos últimos 80 anos desde a definição primeva de Kanner em 1943. Tais transformações podem ser percebidas nos manuais de caracterização nosológica, especialmente no Manual Diagnóstico e Estatístico de Transtornos Mentais (DSM) e na Classificação Internacional de Doenças e Problemas Relacionados à Saúde (CID). De acordo com Fernandes, Tomazelli e Girianelli (2020, p. 1), "estes manuais apresentam diferenças nas nomenclaturas, características e códigos utilizados para fins de diagnóstico, mas convergem nos pressupostos conceituais que embasaram a classificação nosológica, hegemônicos no período em que foram publicados".

Dito isso, mostra-se como fundamental entendermos as transformações pelas quais passaram esses manuais de modo a compreender a própria a construção social e médica do autismo enquanto categoria nosológica e etimológica, que é o assunto do próximo capítulo.

O AUTISMO NOS MANUAIS DIAGNÓSTICOS: ENTENDENDO SUA EPIDEMIOLOGIA

A primeira versão do DSM, publicada em 1952, desenvolveu-se lastreada a partir das coletas de recenseamento de hospitais psiquiátricos e das próprias estatísticas oficiais do Exército norte-americano, utilizadas para seleção e acompanhamento dos recrutas. A feitura dessa primeira edição do Manual foi claramente influenciada pelo esquema diagnóstico de Adolf Meyer e seu sistema de oposição entre neurose e psicose. Nesse manual inaugural, o autismo foi categorizado como Reação Esquizofrênica tipo Infantil (APA, 1952), quadro nosológico que compreende:

> [...] as reações esquizofrênicas que ocorrem antes da puberdade. O cenário clínico pode se diferenciar das reações esquizofrênicas de outras faixas etárias, em função da imaturidade e da plasticidade do paciente no momento de início da reação. Reações psicóticas em criança, que manifestam primeiramente autismo, serão classificadas aqui. Podem ser adicionadas ao diagnóstico manifestações sintomatológicas especiais (APA, 1952, p. 28).

A consideração das manifestações autistas como sintomas do comportamento esquizofrênico também se mostra presente na Classificação Internacional das Doenças (CID), que desde 1950, em sua sexta edição, passa a ser coordenada pela Organização Mundial da Saúde. De acordo com Fernandes, Tomazelli e Girianelli (2020), na sexta edição da CID o total de categorias foi ampliado de modo a incluir doenças não fatais, contando ainda com uma seção exclusiva para classificar os transtornos mentais. Naquela classificação, o autismo foi incorporado na categoria "Perturbações esquizofrênicas", permanecendo associado à esquizofrenia até a nona edição da CID, publicada em 1979 com a nomenclatura "Psicose Infantil" ou "Síndrome de Kanner".

O DSM-II não trouxe alterações significativas em relação ao tratamento conferido às manifestações autistas, continuando a nominá-las como "Esquizofrenia tipo Infantil" (APA, 1968), entendendo-a como aplicável

> [...] para casos nos quais sintomas esquizofrênicos aparecem antes da puberdade. Essa condição pode se manifestar por

> comportamentos autista, atípico e retraído e caracteriza-se pela falha no desenvolvimento de uma identidade separada da mãe, além de descontinuidade, imaturidade evidente e inadequação no desenvolvimento. Esses déficits de desenvolvimento podem resultar em retardo mental, o qual também deve ser diagnosticado. (APA, 1968, p. 35).

De acordo com Rosen, Lord e Volkmar (2021), vários desenvolvimentos importantes ocorreram na segunda metade da década de 1960 e durante os anos de 1970 relacionados à definição e ao diagnóstico do autismo, com destaque para o trabalho de Rimland, que criou a primeira lista de verificação de sintomas sugestivos de autismo.

Em 1964, Rimland publica seu clássico "Infantile Autism: The Syndrome and Its Implications for a Neural Theory of Behavior", obra que revolucionou o campo dos estudos sobre o autismo ao fornecer à comunidade científica orientações necessárias sobre como compreender e tratar os indivíduos assim diagnosticados. Rimland (1964) realinhou o campo de estudos sobre o autismo de uma perspectiva psicodinâmica de culpabilização dos pais para um curso de ação científico e fisiológico, desafiando a hipótese psicogênica, sendo hoje amplamente reconhecido como um precursor da investigação moderna sobre o autismo.

Ao fim de seu livro clássico, e este é, sem dúvida alguma, seu aspecto mais original, Rimland (164) propôs uma lista de verificação para analisar as possíveis manifestações autistas, as quais poderiam ser preenchidas pelos pais e enviadas de volta para que o próprio Rimland examinasse caso a caso. De acordo com Eyal (2013, p. 885),

> Uma semana após a publicação, Rimland começou a receber listas de verificação preenchidas pelos pais contendo histórias individuais detalhadas de seus filhos, descrições dos sintomas e o momento de seu aparecimento. Ele encontrou uma forma, em suma, de redirecionar o fluxo de informações que até então era monopolizada pelos médicos para que fluísse até ele. Rimland pontuaria o formulário e devolveria o resultado, junto com uma análise da criança, aos pais. A cadeia de transcrições, portanto, pode ser rastreada de trás para frente, à medida que Rimland conversava longamente com os pais por telefone, explicando-lhes os resultados.

De posse de um quantitativo considerável de dados, Rimland (1964), ainda inseguro sobre o que faria com tais elementos, procura Ole Ivar Lovaas – psicólogo comportamental que estava desenvolvendo um método para o tratamento de crianças autistas – a fim de mostrar os dados coletados mediante sua lista de verificações. Rimland, em seguida, apresenta Lovaas aos pais das crianças identificadas por ele como autistas para que conhecessem seu método de terapia comportamental, que ficou mundialmente conhecido como Análise do Comportamento Aplicada (ABA).

Com base nos achados de Rimland (1964), Rutter (1978) propõe uma nova definição de autismo que incluía capacidades sociais e linguísticas desviantes para além do nível geral de desenvolvimento, bem como interesses restritos e comportamentos repetitivos – todos com início precoce na vida. Essa definição revelou-se altamente influente nas linhas descritivas do DSM-III. Na mesma época, a Sociedade Nacional Americana para Crianças Autistas (NSAC) também propôs uma definição que incluía taxas e sequências incomuns de desenvolvimento (que se sobrepunham até certo ponto a Rutter), entretanto, também enfatizava a hipo e hipersensibilidade ao meio ambiente como sintomatologias autistas. Embora menos influentes para o DSM-III, as sensibilidades sensoriais no autismo têm sido reconhecidas há muito tempo e, quase 50 anos depois, foram, enfim, incluídas no DSM-5 (Rosen; Lord; Volkmar, 2021).

Dito isso, importa asseverar que várias linhas de pesquisa ajudaram a estabelecer a validade do autismo como um conceito diagnóstico. Parte dessas pesquisas deixaram claro que o autismo e a esquizofrenia eram conceitos distintos, e que crianças com autismo pareciam responder melhor a abordagens de ensino estruturadas do que à psicoterapia não estruturada, massivamente usada no tratamento da esquizofrenia nas décadas de 1950 e 1960.

É a partir desse contexto que se repetia em outras manifestações clínicas, que a APA, responsável pela produção do DSM, encomendou no ano de 1977 um grupo de trabalho sob a liderança de Robert Spitzer, tendo por objetivo definir critérios e diretrizes descritivas a partir de sintomas observáveis ancorados naquilo que se convencionou chamar de medicina por evidências, tal qual pontua Dunker (2014). Escorado nesse trabalho, algumas mudanças na compreensão de determinadas condições nosológicas merecem ser destacadas, dentre elas, a substituição do termo "doença" por "desordem nos distúrbios comportamentais e de desenvolvimento". Essa mudança possui grande relevância na forma pela qual concebíamos uma série de condições clínicas (entre elas, o autismo), na medida em que denota a materialização efetiva do rompimento do paradigma psicanalítico na análise de fenômenos tidos como patológicos.

O conjunto dessas produções acarretaram a feitura do DSM-III no ano de 1980. Nele, o autismo, pela primeira vez em um manual diagnóstico, ganha uma designação caracterológica específica, não sendo mais interpretado como reações generalizadas do comportamento esquizofrênico. Nesse compilado estatístico, presenciamos o desaparecimento da categoria "Esquizofrenia tipo infantil", considerada rara na infância, e, como consequência, as manifestações anteriormente por ela abarcadas são inseridas no interior dos distúrbios manifestados na primeira infância, quais sejam: Retardamento Mental, Distúrbios Específicos de Desenvolvimento e Distúrbios Globais de Desenvolvimento (DGD), categoria que engloba aquilo que vem a ser chamado de Distúrbio Autista, agora elevado à condição de entidade nosográfica. O DSM-III classifica os Distúrbios Globais de Desenvolvimento (APA, 1980, p. 36) como aqueles

> [...] caracterizados pelo comprometimento qualitativo do desenvolvimento da interação social recíproca, do desenvolvimento das habilidades de comunicação verbal e não-verbal e da atividade imaginativa. Muitas vezes há um repertório de atividades e interesses, marcadamente restritos, que frequentemente são estereotipados e repetitivos. A gravidade e a expressão deste comprometimento variam grandemente de criança para criança. Vários termos diagnósticos, incluindo Desenvolvimento atípico, Psicose Simbiótica, Psicose Infantil, Esquizofrenia Infantil e outros, foram usados para descrever estes distúrbios no passado. Contudo, as descrições clínicas têm sobreposições típicas; e excluindo o Distúrbio Autista, subtipos geralmente reconhecidos não têm emergido. Embora algumas investigações sugerissem que estes distúrbios eram contínuos com as psicoses adultas (por exemplo, a Esquizofrenia), pesquisas substanciais sugerem que elas não estão relacionadas com as psicoses adultas. Por esta razão, e pelas dificuldades de avaliar a psicose na infância, o termo psicose não foi usado aqui para rotular este grupo de distúrbios. Distúrbios Globais do Desenvolvimento é usado porque ele descreve precisamente a essência clínica da perturbação, na qual muitas áreas básicas do desenvolvimento psicológico são afetadas ao mesmo tempo e em níveis graves. Esta classificação reconhece somente um subgrupo da categoria geral Distúrbios Globais do Desenvolvimento: Distúrbio Autista, também conhecido como Autismo Infantil, e Síndrome de Kanner.

Essa passagem deixa evidente que o autismo, anteriormente visto apenas como um sintoma da esquizofrenia, fora alçado a uma manifestação clínica específica e, de acordo com Mas (2018, p. 74), "reconhecido como único integrante de um subgrupo inteiro dentro dos distúrbios que habitualmente se manifestam na infância e adolescência, e que esse aparecimento é justificado ao mesmo tempo que se apresenta o desaparecimento do termo psicose".

Nessa mesma linha de análise, Rosen, Lord e Volkmar (2021) também afirmam que somente com o DSM-III, o Autismo Infantil apareceria como um diagnóstico separado da esquizofrenia. Foram necessários seis critérios diagnósticos para sua definição, incluindo aparição antes dos 30 meses de idade, distorções grosseiras ou déficits no desenvolvimento da linguagem e apegos peculiares, às vezes rígidos, a objetos. O autismo foi incluído no DSM-III em uma classe inteiramente nova de condições e seus descritores apontavam para uma falta generalizada de capacidade de resposta social, consistente com a primeira descrição feita por Kanner. Contudo, também ficou claro que os indivíduos com autismo mudaram ao longo do tempo, nem sempre continuando a exibir essa forma mais clássica do transtorno; em vista disso, um termo diagnóstico adicional, "autismo infantil residual", foi incluído para casos que escapavam a essas definições.

Apesar da inegável vantagem que o DSM-III ofereceu ao fornecer o reconhecimento oficial do autismo infantil, seus problemas rapidamente se tornaram claros. A definição em si era monotética e seus critérios pouco flexíveis. Outrossim, a falta de uma orientação de desenvolvimento para o diagnóstico se mostrou crítica e os problemas dos adultos com autismo não receberam representação adequada. Além disso, a própria terminologia "Distúrbios de Desenvolvimento" guardava uma série de contradições que começaram a se acentuar conforme novos estudos sobre o autismo surgiam. Todavia, pese as limitações primevas do DSM-III, é inegável sua contribuição no reconhecimento do autismo enquanto categoria nosológica, assim como na popularização e expansão dos estudos sobre esse quadro, o que não significa pouca coisa para a época. A composição do diagnóstico, para além de clínica, permite a projeção de um lugar identitário que possibilitou o desenvolvimento de uma série de ações posteriores, inclusive aquelas de cunho ativista. Para Almeida e Neves (2020, p. 7),

> [...] a separação do autismo do grupo das psicoses infantis e a inclusão nos Transtornos Invasivos do Desenvolvimento permitiram apagar a hipótese de uma psicogênese e, consequentemente, desimplicar pais e mães da causa do transtorno do filho. O deslocamento do modelo psicanalítico, preponderante nas explicações etiológicas até então, foi em direção às explicações orgânicas, especialmente cerebrais. Afinal, "o cérebro responde cada vez mais por tudo aquilo que outrora nos acostumamos a atribuir à pessoa, ao indivíduo, ao sujeito" (**Ortega, 2008**, p. 490). Segundo o autor, esse afastamento da psicanálise e consequente aproximação de um paradigma cerebralista foi um dos fatores que permitiu ao autismo ser considerado como pertencente ao campo das deficiências. A partir desse paradigma cerebral e cognitivo, estabelece-se outro posicionamento na compreensão do autismo. O rompimento com as concepções psicanalíticas direcionou as discussões para o seu estatuto orgânico, o que possibilitou que ele pudesse fincar seu *locus* na deficiência. Diante da ausência de implicação dos pais na gênese do autismo dos filhos, abriram-se as portas para que esses se reunissem em associações que buscam lutar pelos direitos desses indivíduos. No Brasil, essa luta ocorre no campo da deficiência, lugar de assistência que o autismo ocupou historicamente no país.

Para Rosen, Lord e Volkmar (2021), embora o reconhecimento explícito do autismo como um transtorno tenha sido um grande avanço, os problemas do DSM-III rapidamente se tornaram aparentes, em vista disso, uma série de mudanças foram implantadas e consideradas na revisão de 1987 do DSM – o DSM-III-R (APA 1987). Uma dessas mudanças conceituais residiu na alteração do termo "autismo infantil" para "transtorno autista", ressignificação empreendida como derivativo da consciência da necessidade de uma abordagem clínica mais flexível e que pudesse ser útil em todas as idades e níveis de desenvolvimento, refletindo as recomendações de Wing para uma visão mais ampla do conceito diagnóstico de autismo (Wing, 1991).

A partir desse cenário, o DSM-III-R reorganiza os critérios que se configuraram como os principais domínios classificatórios do que fora nominado como autismo, os quais compreendiam: prejuízos qualitativos na interação social recíproca, prejuízos na comunicação e interesses restritos/resistência à mudança com presença de movimentos repetitivos/estereotipados. Nesse novo cenário, as manifestações autistas passam a ser definidas como "Transtorno Autista" (um termo com a vantagem de não possuir história anterior), tendo seus critérios refletidos, inicialmente, a partir do conjunto de proposições de Kanner, assim como de Rutter, que expandiu as análises do primeiro. A versão revisada do DSM-III afrouxou os critérios do autismo para reconhecer variações em três áreas principais do comportamento: (1) interação social recíproca, (2) comunicação (verbal e não verbal) e (3) comportamento repetitivo, estereotipado ou ritualístico, fato que permitiu que crianças com sintomas mais sutis fossem diagnosticadas com autismo e transtornos relacionados, aumentando, assim, os diagnósticos associados a esse quadro. A concepção inaugurada no DSM-III e DSM-III-R aparecerá posteriormente na CID-10, publicada em 1989.

Acerca desse aspecto, cabe ressaltar que a Classificação Internacional de Doenças da Organização Mundial da Saúde, em sua 10ª edição, adotou uma abordagem abrangente que reconheceu explicitamente outros transtornos, incluindo a síndrome de Asperger, o transtorno de Rett e o transtorno desintegrativo infantil no rol dos transtornos globais de desenvolvimento sob o código F.84. De acordo com a Organização Mundial da Saúde (OMS, 1998), os Transtornos Globais de Desenvolvimento são caracterizados como um grupo de transtornos caracterizados por alterações qualitativas das interações sociais recíprocas e modalidades de comunicação e por um repertório de interesses e atividades restrito, estereotipado e repetitivo.

Já o Autismo infantil, o Autismo atípico e a Síndrome de Asperger apresentados respectivamente pela OMS (1998, p. 76-78) com a seguinte descrição:

> Autismo Infantil: Transtorno global do desenvolvimento caracterizado por a) um desenvolvimento anormal ou alterado, manifestado antes da idade de três anos, e b) apresentando uma perturbação característica do funcionamento em cada um dos três domínios seguintes: interações sociais, comunicação, comportamento focalizado e repetitivo. Além disso, o transtorno se acompanha comumente de numerosas outras manifestações inespecíficas, por exemplo, fobias, perturbações de sono ou de alimentação, crises de birra ou agressividade (autoagressividade).

> Autismo Atípico: Transtorno global do desenvolvimento, ocorrendo após a idade de três anos ou que não responde a todos os três grupos de critérios diagnósticos do autismo

infantil. Esta categoria deve ser utilizada para classificar um desenvolvimento anormal ou alterado, aparecendo após a idade de três anos, e não apresentando manifestações patológicas suficientes em um ou dois dos três domínios patológicos (interações sociais recíprocas, comunicação, comportamentos limitados, estereotipados ou repetitivos) implicados no autismo infantil; existem sempre anomalias características em um ou em vários destes domínios. O autismo atípico ocorre habitualmente em crianças que apresentam um retardo mental profundo ou um transtorno específico grave do desenvolvimento de linguagem do tipo receptivo.

Síndrome de Asperger: Transtorno de validade nosológica incerta, caracterizado por uma alteração qualitativa das interações sociais recíprocas, semelhantes à observada no autismo, com um repertório de interesses e atividades restrito, estereotipado e repetitivo. Ele se diferencia do autismo essencialmente pelo fato de que não se acompanha de um retardo ou de uma deficiência de linguagem ou do desenvolvimento cognitivo. Os sujeitos que apresentam este transtorno são em geral muito desajeitados. As anomalias persistem frequentemente na adolescência e na idade adulta. O transtorno se acompanha por vezes de episódios psicóticos no início da idade adulta.

A CID-10 inclui em seus elementos componentes a categoria Síndrome de Asperger, inexistente no DSM-III e DSM-III-R, uma vez que a APA somente adotaria referido conceito no DSM-IV, publicado em 1994, mediante novo processo revisional. Logo, se é fato que o DSM-III e o DSM-III-R influenciou a estrutura da CID-10, também o é que esta exerceu impacto formativo na configuração do DSM-IV.

Para Rosen, Lord e Volkmar (2021), o processo de elaboração do DSM-IV foi mais bem concebido do que nas versões anteriores. Isso porque ele incluiu uma série de grupos de trabalho focados em uma variedade de tópicos com vasta revisão de literatura e reanálises de dados em conjunto com o grupo de trabalho da CID-10. As reanálises de dados sugeriram que, em comparação com os critérios preliminares da CID-10, a abordagem do DSM-III-R se mostrava excessivamente ampla. Em contrapartida, entendeu-se que a inclusão de novas categorias na CID-10, particularmente o transtorno de Asperger, era controversa e complexa. Tanto o é que presenciamos o surgimento de um grande número de abordagens díspares para o diagnóstico dessa condição, não havendo consenso sobre tal categorização diagnóstica. Ainda assim, optou-se pela manutenção descritiva da Síndrome de Asperger, posto que sua utilização na CID-10 tinha um impacto global que não poderia mais ser descartado.

É no DSM-IV que a palavra distúrbio foi substituída de maneira generalizada pelo termo "transtorno", a nova gramática de reconhecimento de comportamentos tidos como desajustados. O DSM-IV objetivou apresentar uma linguagem clara, baseada em evidências científicas e que dialogava com os princípios norteadores da CID-10. Nele, o autismo mantém-se como entidade nosográfica vinculada aos transtornos globais de desenvolvimento diagnosticados, via de regra, na infância, embora possa aparecer em outras fases da vida.

A versão revisada da quarta edição do manual, DSM-IV-TR (APA, 2000), define o Transtorno Autista como manifestado a partir de um desenvolvimento comprometido e acentuadamente anormal da interação social e da comunicação, assim como de um repertório muito restrito de atividades e interesses, o que não traz grandes inovações da versão anterior. De acordo com o DSM-IV-TR, "as manifestações do transtorno variam imensamente, dependendo do nível de desenvolvimento e da idade cronológica do indivíduo. O transtorno autista é chamado, ocasionalmente, de autismo infantil precoce, autismo da infância ou autismo de Kanner" (APA, 2000, p. 99). Nas palavras de Mas (2018, p. 76-77),

> Aqui deparamos novamente com o comprometimento da interação social recíproca, com o comprometimento do uso de múltiplos comportamentos não verbais (p. ex., contato visual direto, expressão fácil, posturas e linguagem corporal) que regulam a interação social e a comunicação; com o comprometimento da comunicação, que também seria acentuado e persistente, e que afetaria tanto as habilidades verbais quanto as não verbais, podendo haver, inclusive, atraso ou ausência total do desenvolvimento da linguagem falada; e, por último, com os padrões restritos, repetitivos e estereotipados de comportamento, interesses e atividades, como possibilidade de preocupação diagnóstica acerca de sua anormalidade, intensidade ou foco, já que estes trariam consigo uma adesão inflexível a rotinas ou rituais específicos e não funcionais, maneirismos motores estereotipados e repetitivos ou uma preocupação persistente com partes de objetos.

Essa edição do DSM apontou uma prevalência do Transtorno Autista nas análises epidemiológicas na casa de 15 casos para cada 10.000 indivíduos analisados (APA, 2000), número bastante superior ao apontado pelo DSM-III, mas ainda muito distante do cenário epidemiológico que presenciamos atualmente. Entretanto, não se faz escusado destacar que a própria APA revelou que era impossível saber se o crescimento observado estaria relacionado à nova metodologia adotada na caraterização do autismo, às novas categorias insurgentes, ou se representava, de fato, um aumento na frequência do aparecimento desse transtorno na sociedade.

De acordo com Serpa Júnior (2003, p. 121), é perceptível uma clara tendência da expansão do número de categorias diagnósticas quando da publicação da CID-10 e do DSM-IV. Para o referido autor

> A CID-10 incluía 100 categorias contra 30 na CID-9 (1978), enquanto o DSM-IV incluía 297, contra 292 no DSM-III-R (1987), 265 no DSM-III (1980) e – o maior salto - 180 no DSM II (1968). E o que pudemos notar, a medida em que aquelas novas edições entraram em uso, foi que esta explosão de diagnósticos se fez às expensas de um processo de patologização do normal. Este movimento de extensão de um índice de patologia ao universo do normal já seria, em si, suficientemente rico para ser tomado como objeto de exame. Que forças e interesses estão em jogo neste processo? Como articular este movimento com as transformações pelas quais passa o mundo ocidental na modernidade tardia? Como relacionar esta pulverização do patológico com as formas contemporâneas de subjetivação? (Serpa Júnior, 2003, p. 121).

As alegações de Serpa Júnior (2003) se mostram de grande importância no sentido de questionarmos a chamada base empírica invocada tanto pela CID-10 quanto pelo DSM-IV para justificar a construção de novas categorias nosológicas. Nesse sentido, resta evidente que tal processo não pode ser visto de maneira unicamente objetiva, pois guarda ressonâncias de um processo de escolha epistemológica que o é da própria lógica moderna, o qual historicamente tem tratado a diferença como desvio, assim como do modelo hegemônico biomédico que atende a interesses tanto da saúde quanto do mercado. Com isso, não estamos negando a relevância da existência de categorias nosológicas que permitam a compreensão de determinados fenômenos, tal qual o autismo, mas somente frisando que a feitura categorial implica posições que em última instância não deixam de ser subjetivas. Como bem pontua Mas (2018, p. 80), faz-se imperioso questionarmos o que a persistência desses sinais diagnósticos clínicos, como "comportamentos repetitivos, interesses restritos, comprometimentos e particularidade nas formas de comunicação e interação social querem dizer? De onde eles vieram? E, por fim, o que eles revelam da forma de realizar diagnósticos em psiquiatria mediante o DSM?". Dito isso, passemos agora à explanação de como o autismo foi desenhado no DSM-V.

Para Rosen, Lord e Volkmar (2021), o DSM-V – estruturado a partir de análises minuciosas do DSM-IV, DSM-IV-R e de décadas de pesquisas – marca uma mudança na conceituação do autismo, que passa a ser encarado não mais como um sistema de diagnóstico multicategórico, e sim como um diagnóstico único baseado em múltiplas dimensões.

Essa mudança segue uma história de tentativas amplamente malsucedidas de categorizar a heterogeneidade do autismo em subcategorias definidas empiricamente. As subcategorias diagnósticas do DSM--IV (transtorno autista, transtorno de Asperger, transtorno invasivo do desenvolvimento sem outra especificação, transtorno de Rett e transtorno desintegrativo da infância) foram localizadas dentro da classificação dos Transtornos Globais do Desenvolvimento a partir de um vasto conjunto de estudos que mostraram variabilidade no número e gravidade dos sintomas de TEA dentro e entre subgrupos com perfis de sintomas centrais semelhantes; fraco poder preditivo das subcategorias sobre resultados posteriores; pouca clareza diagnóstica, resultando em confiabilidade limitada na atribuição de diagnósticos de subcategorias; e restrições à elegibilidade e cobertura do tratamento com base em subtipos. Não por acaso, a eliminação de subcategorias promovida pelo DSM-V foi controversa por vários motivos, incluindo preocupações sobre a remoção de uma parte importante da identidade e da comunidade de um indivíduo, especificamente relacionada ao transtorno de Asperger, bem como preocupações sobre a perda de serviços públicos essenciais devido ao fato de um indivíduo não atender aos requisitos mais rigorosos do critério diagnóstico.

A quinta edição do DSM passa a considerar o autismo como um transtorno do neurodesenvolvimento, nominando-o como Transtorno do Espectro Autista (TEA). Para Fernandes, Tomazelli e Girianelli (2020, p. 2), essa categoria absorve em um único diagnóstico os outros transtornos invasivos de desenvolvimento, fazendo apenas distinção quanto ao nível de gravidade em relação à interação e comunicação[7], intuindo a construção de um diagnóstico clínico "[...] feito por indicadores, por meio de observações comportamentais e relatos quanto ao histórico do desenvolvimento, guiado por critérios universais e descritivos com base em teorias do desenvolvimento e das neurociências".

De acordo com Almeida e Neves (2020, p. 5), "a mudança para uma concepção de espectro, oficializada com a publicação do DSM-5, amplia a imprecisão dos critérios de inclusão" ao englobar quadros bastante heterogêneos no plano clínico, psicopatológico e etiopatogênico. O caráter extensivo adotado pelo DSM-V, a partir do alargamento da condição de espectro, para Touati, Mercier e Tuil (2016), traz a necessidade em se problematizar os elementos acessórios dessa nova sintomatologia diagnóstica.

Ganha sentido, sob esse escopo teórico, a ideia de looping de Ian Hacking (1999), o qual sugere que as classificações e categorias que usamos para definir as populações transformam tanto as categorias quanto as populações assim definidas. Em suas palavras:

> Nós estamos especialmente preocupados com classificações que, quando conhecidas por pessoas que as receberam ou por pessoas próximas destas, ou quando colocadas para circular institucionalmente, interferem no modo de ser dos indivíduos que as experienciam – de diferentes maneiras, essas classificações levam estas pessoas a se envolverem com suas emoções e seus comportamentos muito porque elas são classificadas de determinada forma. (Hacking, 1999, p. 114, tradução nossa).

Não é escusado destacar, neste momento, que o rotulo psiquiátrico do autismo influencia os sujeitos assim classificados e suas famílias, assim como a inclusão de novas sintomatologias no espectro autista modifica a maneira pela qual a sociedade se relaciona com destacada condição. Talvez o exemplo mais singular quanto a esse aspecto se encontra na remoção da Síndrome de Asperger do DSM-V e sua incorporação ao universo autista, o que tem profundas implicações na vida de milhares de pessoas e na formatação de políticas públicas coletivas.

---

[7] Cabe frisar que o Transtorno de Rett foi retirado dos TEA. Isso porque foi publicada a descoberta de que o gene MECP2 é o responsável pela causa do transtorno, o que o tornou a única categoria entre os TGD com etiologia definida. Além disso, suas características se apresentam de maneira análoga ao autismo apenas em um breve período do desenvolvimento da infância (Amir, 1999).

É inegável que a noção de espectro e de *continuum* acabou por permitir a extensão do diagnóstico do TEA para outros sujeitos, inclusive adultos, desde que o aparecimento do quadro sintomatológico esteja presente na infância. Outra mudança bastante significativa introduzia pelo DSM-V consiste na redução dos campos de desvantagens experimentados no autismo de três para dois. Quanto a essa questão, vale lembrar que a condição autista foi formalizada como categoria diagnóstica em 1980, na terceira edição do DSM (APA 1980), sendo definida pela apresentação de prejuízo nas relações sociais, déficits de linguagem e comunicação, e comportamentos e interesses repetitivos e restritos. Essa tríade foi mantida no DSM-IV (APA 1994), sendo alterada somente no DSM-V, o qual reduziu os campos definidores do Transtorno do Espectro Autista em comunicação social e comportamentos e interesses restritos/repetitivos, fato relacionado ao entendimento de que a comunicação e interação social são indissociáveis, separadas anteriormente por meras questões didáticas. A junção no déficit nas interações sociais e na comunicação em um único campo (comunicação social) é uma consequência da dificuldade concreta em se distinguir entre déficits nas interações sociais e déficits na comunicação e linguagem, uma queixa bastante presente nos manuais anteriores.

Uma mudança percebida no DSM-V refere-se ao desaparecimento dos subdomínios falta de criatividade e ausência de brincadeira de faz de conta como traços característicos do comportamento autista, os quais estavam presentes na CID-10 e no DSM-IV-TR. Uma hipótese plausível desse desaparecimento é que estes tenham migrado, de maneira implícita, para o domínio padrão restrito e repetitivo de comportamento em virtude de representar inflexibilidade comportamental, contudo, referida manifestação, tida por Kanner e Wing como centrais na análise do comportamento autista, não fora debatida com o rigor que se fazia necessário. Esse fato se torna ainda mais problemático se tomarmos como verdadeiro o apontamento de Schmidt (2017, s/p), em relevante texto sobre a etimologia do TEA de que nos casos de autismo "O desenvolvimento e a manutenção de relacionamentos tendem a ser falhos, especialmente com crianças do mesmo nível de desenvolvimento, o que é mais facilmente observado no contexto escolar" e que existe uma inegável "[...] propensão para atividades solitárias, preterindo a participação de pares por dificuldades na partilha de brincadeiras, em particular, aquelas que exigem mais complexidade das habilidades cognitivas e imaginativas, como faz de conta ou representações simbólicas"[8].

Cabe ainda citar que, dentre as características destacadas no DSM-V como preditora diagnóstica do TEA se encontram a hiper ou hiporreatividade a estímulos do ambiente, podendo ocorrer em qualquer modalidade dos sentidos, elemento não presente nas outras versões dos manuais. Nas palavras esclarecedoras de Schmdit (2017, s/p),

> Dentre as características relatadas no DSM-5, destaca-se uma delas que, apesar de ser descrita historicamente em diversas autobiografias e filmes sobre o autismo, apenas na última versão do manual é que passou a ser considerada como critério diagnóstico. Trata-se das alterações sensoriais que se manifestam como hiper ou hiporreatividade a estímulos do ambiente e que podem ocorrer em quaisquer modalidades dos sentidos, seja tátil, visual, olfativa ou auditiva (Baranek et al., 2014). Apesar de cerca de 97% das crianças autistas apresentarem comportamentos sensoriais atípicos, estes não são exclusivos do autismo, pois estão presentes em quase 70% das crianças com outras deficiências).

---

[8] Bagarollo, Ribeiro e Panhoca (2013, p. 108-109) ressaltam que "dentre as diretrizes utilizadas pela Organização Mundial de Saúde (1993) para o diagnóstico do autismo estão "comprometimento em brincadeiras de faz de conta e jogos sociais de imitação e uma relativa ausência de criatividade e fantasia nos processos de pensamento" (p. 247-248). [...] Partindo de referenciais histórico-culturais, tem-se que o desenvolvimento de todas as funções tipicamente humanas, inclusive o brincar, se dá nas relações sociais mediadas pelos outros, pelos instrumentos, e pela linguagem. [...] As alterações biológicas que comprometem a constituição desta atividade passam a não ser vistas como determinantes desta limitação. Entende-se a brincadeira como alto grau de plasticidade, que se reorganiza em função das transformações do meio social; das transformações histórico-culturais. Acredita-se que o fato de as crianças autistas normalmente não brincarem possa estar fortemente vinculado à falta de experiências com brinquedos e brincadeiras, e não apenas devido a fatores orgânicos [...]. Vygotski, ao discutir a defectologia, aponta que as características apresentadas pelos sujeitos deficientes não são causadas apenas pelos déficits do substrato neurológico, mas também, por uma insuficiência no desenvolvimento cultural. Nesse sentido, o componente social é visto como determinante no processo de desenvolvimento de indivíduos com alguma deficiência, podendo favorecer ou empobrecer esse funcionamento, de acordo com as experiências que lhes são proporcionadas, não sendo, então, o déficit orgânico o único responsável pelo destino da criança. [...] Considerando isso, afirma-se que as crianças autistas, assim como todas as outras, podem desenvolver capacidade para a atividade lúdica, no entanto isto ocorre na dependência de imersão desta no meio cultural, na vida social, nas experiências com outras crianças, brinquedos e brincadeiras". Tal afirmação se configura como de suma importância no sentido de reordenar o entendimento da etiologia do autismo, complexificando uma relação que os saberes clínicos, invariavelmente, têm tentado tornar simples em demasia. Se considerarmos o papel cardeal atribuído pela Psicologia Histórico-Cultural à brincadeira e aos jogos protagonizado, uma vez que possibilitam a criança se apropriar da cultura e das relações do mundo em que vive (com suas regras, valores e códigos de conduta) perceberemos a centralidade deste posicionamento descrito, o qual deve fazer parte da análise das manifestações tidas como características do autismo.

Por fim, outra problemática intrigante diz respeito ao componente comportamentos e interesses repetitivos e restritos. Isso porque quando da confecção triádica do autismo, a inclusão dos comportamentos e interesses repetitivos/restritos baseou-se em grande parte nos trabalhos de Wing e Gould (1979). Posteriormente, Wing (1981) caracterizou esse terceiro elemento como um déficit da imaginação social, o qual poderia manifestar-se em comportamentos repetitivos ou interesses restritos.

Contudo, Wing, Gould e Gilberg (2011) afirmaram recentemente que o comprometimento da imaginação social é algo bem diferente daquilo que foi descrito como sinal de comportamentos e interesses repetitivos/restritos, uma vez que se configura não somente como movimentos mecânicos, e sim como a diminuição da capacidade de pensar e prever as consequências das próprias ações para si e para outras pessoas. "Em vez disso, o DSM introduziu padrões de comportamentos repetitivos, e não a imaginação social prejudicada, como a última etapa da tríade". (Wing; Gould; Gillberg, 2011, p. 769; grifo nosso). De acordo com as autoras, isso não deveria ter sido ignorado pelos criadores do DSM-IV e do DSM-V (assim como CID-10), por produzir distorções significativas na ideia originalmente concebida da caracterização das manifestações autísticas.

O Transtorno do Espectro Autista (TEA) organiza-se em torno da ideia de espectro, introduzida por Wing. Nas palavras de Schmdit (2017, s/p),

> A noção de autismo como um espectro implica entender que suas características podem se manifestar de formas extremamente variadas em cada sujeito. Uma determinada criança pode apresentar sérias dificuldades na área socio-comunicativa, como a ausência de linguagem e resistência à aproximação de outras crianças, ao mesmo tempo em que podem não estar presentes estereotipias motoras, sendo o comportamento mais adaptativo e flexível a mudanças. Entretanto, outra criança com o mesmo diagnóstico pode apresentar uma linguagem verbal desenvolvida, que facilite a comunicação, concomitante ao uso de expressões faciais adequadas ao contexto, porém acompanhadas por comportamentos extremamente rígidos, com reações negativas às mudanças no ambiente. Estes exemplos mostram que a heterogeneidade sintomatológica pode se manifestar nas áreas da comunicação e comportamentos de forma independente. Por essa razão, o DSM-5 estimula os clínicos a utilizarem uma tabela com três níveis de severidade para

> pontuar o grau de apoio necessário em cada área. Esta avaliação complementar torna possível a indicação de que não apenas o sujeito avaliado se encontra no espectro do autismo, mas que aspectos em geral merecem mais atenção nas dimensões da comunicação e comportamentos.

Foi com base nesses supostos que se promoveu a condensação dos transtornos globais de desenvolvimento em uma única categoria, concluindo-se, nas palavras de Schmdit (2017, s/p), "[...] que a classificação no formato categórico era inapropriada, sendo preferível a abordagem como um espectro único, cujas características variam ao longo de um *continuum*. De acordo com o DSM-V (APA, 2013, p. 31-32),

> No diagnóstico do transtorno do espectro autista, as características clínicas individuais são registradas por meio do uso de especificadores (com ou sem comprometimento intelectual concomitante; com ou sem comprometimento da linguagem concomitante; associado a alguma condição médica ou genética conhecida ou a fator ambiental), bem como especificadores que descrevem os sintomas autistas (idade da primeira preocupação; com ou sem perda de habilidades estabelecidas; gravidade). Tais especificadores oportunizam aos clínicos a individualização do diagnóstico e a comunicação de uma descrição clínica mais rica dos indivíduos afetados. Por exemplo, muitos indivíduos anteriormente diagnosticados com transtorno de Asperger atualmente receberiam um diagnóstico de transtorno do espectro autista sem comprometimento linguístico ou intelectual.

O DSM-V distingue o autismo a partir de um conjunto de condições manifestadas, geralmente de maneira precoce no ciclo da vida das pessoas, caracterizando-se pela materialização de déficits no desenvolvimento que acarretam prejuízos no funcionamento pessoal, social, acadêmico ou profissional.

> Os déficits de desenvolvimento variam desde limitações muito específicas na aprendizagem ou no controle de funções executivas até prejuízos globais em habilidades sociais ou inteligência. É frequente a ocorrência de mais de um transtorno do neurodesenvolvimento; por exemplo, indivíduos com transtorno do espectro autista frequentemente apresentam deficiência intelectual (transtorno do desenvolvimento intelectual), e muitas crianças com

transtorno de déficit de atenção/hiperatividade (TDAH) apresentam também um transtorno específico da aprendizagem. No caso de alguns transtornos, a apresentação clínica inclui sintomas tanto de excesso quanto de déficits e atrasos em atingir os marcos esperados. Por exemplo, o transtorno do espectro autista somente é diagnosticado quando os déficits característicos de comunicação social são acompanhados por comportamentos excessivamente repetitivos, interesses restritos e insistência nas mesmas coisas (APA, 2013, p. 31).

A fusão de uma série de transtornos a partir de um único espectro, o autista, parte do princípio da existência de um *continuum* de desvantagens que vão de leve à severa nos domínios de comunicação social e de comportamentos repetitivos/restritos, e que, portanto, não havia sentido em se adotar nosologias distintas para referidas situações. A quinta edição do manual estatístico da APA alega que citada mudança produziria uma melhora significativa na sensibilidade e especificidade na definição dos critérios diagnósticos, além de facilitar a construção de políticas públicas para a melhoria de vida desses sujeitos. Todavia, entendemos que há uma série de ressalvas sobre a ideia de *continuum* adotada pelo DSM-V, na medida em que, tal qual pontua MAS (2018, p. 42), é preciso questionar de forma urgente

[...] de que forma se pretende fazer que um diagnóstico se torne mais sensível e mais específico, se o agrupamento de categorias diagnósticas antes englobadas pelos transtornos globais do desenvolvimento e pelos transtornos globais do desenvolvimento sem outra especificação gera apenas uma categoria – o TEA? Não seria o contrário? Não estamos diante de uma classificação tão generalista em sua descrição, que é capaz de englobar a maior parte de sinais problemáticos vindos de crianças – relacionamentos e interesses restritos, fala ausente ou precária, comunicação não verbal deficitária – sob uma só classificação?

Os argumentos de Mas (2018) nos parecem bastante sugestivos no sentido de entender como o DSM-V aglutinou uma série de condições que podem ter muito pouca coisa em comum. Embora exista vantagens nessa forma de categorização nosológica corre-se, concomitantemente, o risco de descaracterizar o fenômeno, popularizando-o de uma tal forma que ele seja tudo e nada ao mesmo tempo. Quanto à gravidade dos comportamentos autistas apresentados, estes devem se basear em prejuízos na comunicação social e em padrões restritos ou repetitivos de comportamento. De acordo com o DSM-V, tais

> [...] sintomas devem estar presentes precocemente no período do desenvolvimento (mas podem não se tornar plenamente manifestos até que as demandas sociais excedam as capacidades limitadas ou podem ser mascarados por estratégias aprendidas mais tarde na vida). Os sintomas causam prejuízo clinicamente significativo no funcionamento social, profissional ou em outras áreas importantes da vida do indivíduo no presente. (APA, 2015, p. 50, grifos nossos). As características essenciais do transtorno do espectro autista são prejuízo persistente na comunicação social recíproca e na interação social (Critério A) e padrões restritos e repetitivos de comportamento, interesses ou atividades (Critério B). Esses sintomas estão presentes desde o início da infância e limitam ou prejudicam o funcionamento diário. (APA, 2013, p. 53).

No que se refere aos prejuízos na comunicação e interação social e nos padrões restritivos de comportamento, o DSM-V (APA, 2013, p. 54-56) destaca que os prejuízos

> [...] especificados no Critério A são pervasivos e sustentados. [...] Déficits verbais e não verbais na comunicação social têm manifestações variadas, dependendo da idade, do nível intelectual e da capacidade linguística do indivíduo, bem como de outros fatores, como história de tratamento e apoio atual. Muitos indivíduos têm déficits de linguagem, as quais variam de ausência total da fala, passando por atrasos na linguagem, compreensão reduzida da fala, fala em eco até linguagem explicitamente literal ou afetada. [...] Déficits na reciprocidade socioemocional (i.e., capacidade de envolvimento com outros e compartilhamento de ideias e sentimentos) estão claramente evidentes em crianças pequenas com o transtorno, que podem apresentar pequena ou nenhuma capacidade de iniciar interações sociais e de compartilhar emoções, além de imitação reduzida ou ausente do comportamento de outros. Havendo linguagem, costuma ser unilateral, sem reciprocidade social, usada mais para solicitar ou rotular do que para comentar, compartilhar sentimentos ou conversar. Nos adultos sem deficiência intelectual ou atrasos de linguagem, os déficits na reciprocidade socioemocional podem aparecer mais em dificuldades de processamento e resposta a pistas sociais

complexas (p. ex., quando e como entrar em uma conversa, o que não dizer). Adultos que desenvolveram estratégias compensatórias para alguns desafios sociais ainda enfrentam dificuldades em situações novas ou sem apoio, sofrendo com o esforço e a ansiedade para, de forma consciente, calcular o que é socialmente intuitivo para a maioria dos indivíduos. Déficits em comportamentos de comunicação não verbal usados para interações sociais são expressos por uso reduzido, ausente ou atípico de contato visual (relativo a normas culturais), gestos, expressões faciais, orientação corporal ou entonação da fala. Um aspecto precoce do transtorno do espectro autista é a atenção compartilhada prejudicada, conforme manifestado por falta do gesto de apontar, mostrar ou trazer objetos para compartilhar o interesse com outros ou dificuldade para seguir o gesto de apontar ou o olhar indicador de outras pessoas. Os indivíduos podem aprender alguns poucos gestos funcionais, mas seu repertório é menor do que o de outros e costumam fracassar no uso de gestos expressivos com espontaneidade na comunicação. Entre adultos com linguagem fluente, a dificuldade para coordenar a comunicação não verbal com a fala pode passar a impressão de "linguagem corporal" estranha, rígida ou exagerada durante as interações. O prejuízo pode ser relativamente sutil em áreas individuais (p. ex., alguém pode ter contato visual relativamente bom ao falar), mas perceptível na integração insatisfatória entre contato visual, gestos, postura corporal, prosódia e expressão facial para a comunicação social. Déficits para desenvolver, manter e compreender as relações devem ser julgados em relação aos padrões relativos a idade, gênero e cultura. Pode haver interesse social ausente, reduzido ou atípico, manifestado por rejeição de outros, passividade ou abordagens inadequadas que pareçam agressivas ou disruptivas. Essas dificuldades são particularmente evidentes em crianças pequenas, em quem costuma existir uma falta de jogo social e imaginação compartilhados (p. ex., brincar de fingir de forma flexível e adequada à idade) e, posteriormente, insistência em brincar seguindo regras muito fixas. Indivíduos mais velhos podem relutar para entender qual o comportamento considerado apropriado em uma situação e não em outra (p. ex., comportamento casual durante uma entrevista de emprego) ou as diversas formas de uso da linguagem para a comunicação (p. ex., ironia, mentirinhas). Pode existir aparente preferência por atividades solitárias ou por interações com pessoas muito mais jovens ou mais velhas. Com frequência, há desejo de estabelecer amizades sem uma ideia completa ou realista do que isso significa (p. ex., amizades unilaterais ou baseadas unicamente em interesses especiais compartilhados). Também é importante considerar o relacionamento com irmãos, colegas de trabalho e cuidadores (em termos de reciprocidade). O transtorno do espectro autista também é definido por padrões restritos e repetitivos de comportamento, interesses ou atividades (conforme especificado no Critério B) que mostram uma gama de manifestações de acordo com a idade e a capacidade, intervenções e apoios atuais. Comportamentos estereotipados ou repetitivos incluem estereotipias motoras simples (p. ex., abanar as mãos, estalar os dedos), uso repetitivo de objetos (p. ex., girar moedas, enfileirar objetos) e fala repetitiva (p. ex., ecolalia, repetição atrasada ou imediata de palavras ouvidas, uso de "tu" ao referir-se a si mesmo, uso estereotipado de palavras, frases ou padrões de prosódia). Adesão excessiva a rotinas e padrões restritos de comportamento podem ser manifestados por resistência a mudanças (p. ex., sofrimento relativo a mudanças aparentemente pequenas, como embalagem de um alimento favorito; insistência em aderir a regras; rigidez de pensamento) ou por padrões ritualizados de comportamento verbal ou não verbal (p. ex., perguntas repetitivas, percorrer um perímetro). Interesses altamente limitados e fixos, no transtorno do espectro autista, tendem a ser anormais em intensidade ou foco (p. ex., criança pequena muito apegada a uma panela; criança preocupada com aspiradores de pó; adulto que gasta horas escrevendo tabelas com horário). Alguns encantamentos e rotinas podem estar relacionados a uma aparente hiper ou hiporreatividade a estímulos sensoriais, manifestada por meio de respostas extremadas a sons e texturas específicos, cheirar ou tocar objetos de forma excessiva, encantamento por luzes ou objetos giratórios e, algumas vezes, aparente indiferença a dor, calor ou frio. Reações extremas ou rituais envolvendo gosto, cheiro, textura ou aparência da comida ou excesso de restrições alimentares são comuns, podendo constituir a forma de apresentação do transtorno do espectro autista. Muitos adultos com transtorno do espectro autista sem deficiência intelectual ou linguística aprendem a suprimir comportamentos repetitivos em público. Interesses especiais podem constituir fonte de prazer e motivação, propiciando vias de educação e emprego mais tarde na vida. Os critérios diagnósticos podem ser satisfeitos

> quando padrões limitados e repetitivos de comportamento, interesses ou atividades estiverem claramente presentes na infância ou em algum momento do passado mesmo que os sintomas não estejam mais presentes.

Para além da definição da gravidade e dos prejuízos decorrentes do Transtorno do Espectro Autista, o DSM-V pontua os níveis de suporte relacionados à gravidade dos casos, os quais são classificados em três níveis (I, II e III), variando quanto à necessidade de apoio ou suporte, "sendo que quanto menor o grau de comprometimento do nível, melhor tende a ser o prognóstico do paciente" (Fernandes; Tomazelli; Girianelli, 2020, p. 4). Entretanto, cabe pontuar que o DSM-V, ainda que detalhe os níveis de apoio, pouco discorre sobre quais são os suportes e benefícios necessários no trabalho com essa população. Tal contradição é captada por Rios (2017, p. 214), para quem

> [...] embora o manual descreva detalhadamente os diferentes tipos de déficits e dificuldades inerentes a esses transtornos, não há qualquer discussão sobre o que seria esse suporte e que tipo de benefício ele ofereceria à pessoa autista. Se, na esfera das deficiências físicas, a noção de suporte materializa-se em objetos (tais como próteses mecânicas, cadeiras de rodas, bengalas etc.), ou acomodações no ambiente físico (tais como rampas de acesso, tradutores de libras etc.), no autismo ela sugere a agência e a ingerência de sujeitos humanos. Afinal, os principais "déficits" atribuídos ao autismo situam-se no âmbito das relações com outros sujeitos humanos e das regras sociais que regem tais relações. Por outro lado, seria ingênuo supor que tais relações e regras sociais se desenrolam unicamente na esfera supostamente desencarnada da agência humana. A comunicação e a interação humana dependem da materialidade dos corpos que articulam enunciados significativos, e também de objetos que estendem o potencial de relação e interação desses corpos para além do aqui e agora. Objetos como telefone, computador, ou mesmo cartas e bilhetes, entre outros, também participam nesses processos de interação e comunicação.

Fizemos questão de apresentar de maneira detalhada a composição diagnóstica, assim como a sintomatologia e as desvantagens consideradas na materialização do Transtorno do Espectro Autista a partir DSM-V, pois este é o documento que norteia boa parte dos diagnósticos de autismo produzidos na atualidade, uma vez que embora citado manual tenha sido revisado em 2022, seu conteúdo pouco se alterou em termos fáticos.

O conjunto dos elementos aqui apontados dão uma dimensão da complexidade dessa caracterização cada vez mais comum, mas, nem por isso, simples de se fazer. Isso porque, embora o DSM-V tenha efetivamente rompido com o modelo multiaxial característico dos manuais anteriores, ele ainda sustentou a recomendação em ponderar e avaliar os fatores psicossociais e ambientais como parte do processo diagnóstico. Por isso, enfatizamos a necessidade de atenção para que os quadros definidos como autistas considerem os prejuízos clinicamente significativo no funcionamento social, profissional ou em outras áreas importantes da vida do indivíduo, condição que parece passar despercebida na confecção de alguns diagnósticos.

Embora a CID-11 tenha adotado o TEA como termo abrangente, ela manteve um sistema multicategórico para diferenciar indivíduos ao longo do espectro com níveis variados de história e habilidades intelectuais e linguísticas. A CID-11 contém oito subcategorias de diagnósticos de TEA, cada uma descrevendo um perfil de déficits de TEA semelhantes, acompanhados por combinações variáveis de deficiências intelectuais e de linguagem. Semelhante ao DSM-5, a CID-11 também fornece especificações para condições médicas e psiquiátricas concomitantes não relacionadas ao TEA.

A evolução do DSM-IV e CID-10 para DSM-5 e CID11 foi impulsionada por uma série de descobertas que apoiam um único fator de comunicação social e a bidimensionalidade sintomatológica. Para Rosen, Lord e Volkmar (2021), as abordagens dimensionais para o diagnóstico e a classificação do autismo podem ser rastreadas há décadas. Anos antes de o autismo ser formalmente reconhecido no DSM-III como um transtorno distinto da esquizofrenia, pesquisadores tentaram quantificar os perfis de sintomas que demonstravam padrões incomuns de comportamento descritos por Leo Kanner.

À medida que a investigação e a prática clínica nesse campo avançavam, também cresciam as medidas de diagnóstico destinadas a captar referido quadro sintomatológico. Contudo, quase 60 anos após a introdução das primeiras ferramentas de diagnóstico do autismo, as atuais práticas padrão-ouro mantêm em grande parte muitos dos componentes das versões anteriores, embora com transformações em seu sentido, significado e amplitude. Transformações estas que, nas palavras de Fernandes, Tomazelli e Girianelli (2020, p.), podem gerar

> [...] alterações na sensibilidade diagnóstica, especialmente para diagnósticos que não eram enquadrados como autismo, mas que apresentavam prejuízos na comunicação e interação social, como a síndrome de Asperger e os transtornos invasivos do desenvolvimento sem outra especificação. É importante identificar o impacto dessas mudanças no diagnóstico. [...] Nota-se, ainda, que o domínio de padrões repetitivos é o que menos apresenta alterações ao longo do desenvolvimento dos manuais, provavelmente por ser um componente mais consistente no diagnóstico e no próprio constructo cognitivo associado, no que diz respeito aos padrões inflexíveis do pensamento e da ação.

Rosen, Lord e Volkmar (2021) afirmam que a abordagem dimensional do DSM-V busca capturar uma homogeneidade dos principais sintomas do TEA, ao mesmo tempo em que permite a heterogeneidade na quantidade e qualidade desses sintomas. Por exemplo, embora os indivíduos devam cumprir princípios gerais dentro dos campos destacados para receber um diagnóstico de TEA, estes variam na gravidade considerada. Essa flexibilidade foi melhorada mediante adição de respostas/interesses sensoriais incomuns como um princípio dentro do domínio dos comportamentos repetitivos, apoiado por pesquisas sobre sua prevalência e utilidade em diferenciar o TEA de outros transtornos. Consequentemente, o DSM-5 e a CID-11 permitem que um indivíduo atenda aos critérios de sintomas de autismo dentro de cada domínio ou por histórico pretérito, o que supostamente refletiria a natureza geral do desenvolvimento do TEA.

Distintamente aos relatos de Kanner, o corpo diagnóstico do DSM-V permite demonstrar que os indivíduos com TEA podem variar amplamente nas habilidades cognitivas, manifestando desde deficiência intelectual grave até altos níveis de inteligência. Para Rosen, Lord e Volkmar (2021), a relação entre o nível de inteligência e a gravidade dos sintomas na maioria das medidas observacionais e de relatos é geralmente alta, sendo que, via de regra, indivíduos não verbais e com deficiência intelectual, em comparação com aqueles com maiores habilidades cognitivas, apresentam também aumento de comportamentos repetitivos e maiores dificuldades de comunicação social.

Expresso esse elemento, cabe citar que o comprometimento da linguagem não é específico nem universal para o TEA, embora muitas crianças com referido diagnóstico apresentem atrasos e/ou déficits nessa área. Os padrões de desenvolvimento da linguagem no TEA são variáveis, de modo que muitas crianças com atrasos de linguagem durante a primeira infância tornam-se falantes fluentes durante os anos escolares, enquanto outras crianças demonstram muita dificuldade em adquirir uma linguagem expressiva.

A partir dos dados do DSM-V pode-se também inferir que indivíduos com TEA possuem forte tendência de apresentar outras condições psíquicas ou médicas concomitantes, sendo as mais comuns os transtornos de ansiedade, transtornos de déficit de atenção/hiperatividade (TDAH), transtornos depressivos e transtornos de oposição e conduta, assim como problemas gastrointestinais, dificuldades de sono e convulsões. Os critérios do DSM-5 e da CID-11 apoiam a inclusão de especificadores para denotar a presença desses diagnósticos clínicos concomitantes porque a interação do TEA com sublinhadas condições influencia as trajetórias de desenvolvimento, planejamento, de tratamento e resultados, achados estes que contrariam os dados clássicos de Kanner (1943), posto este entender que sua análise desvirtuaria o quadro por ele descrito.

Para além desses elementos, o contexto cultural também se mostra crucial no processo de classificação do TEA, interferindo tanto na avaliação desse quadro quanto na compreensão das implicações do diagnóstico propriamente dito. Embora, de acordo com Rosen, Lord e Volkmar (2021), os instrumentos padronizados permitam diagnósticos fiáveis de TEA em diversos países e populações, essas ferramentas devem interpretar os resultados obtidos dentro do quadro cultural dos indivíduos que avaliam. Em algumas culturas asiáticas, por exemplo, apontar o dedo indicador para expressar interesse não é um comportamento comum e, portanto, a ausência dessa habilidade durante uma avaliação de autismo deve agregar outros significados que aqueles comumente considerados no ocidente.

Outro fator que impacta favoravelmente na identificação de TEA diz respeito à necessidade do diagnóstico para o acesso aos serviços de saúde, assim como a benefícios sociais. Tais elementos têm o poder de maximizar a busca por laudos e não deve ser desconsiderado na análise do crescimento exponencial dos casos de TEA. Contudo, o extremo oposto também deve ser considerado (embora menos perceptível), na medida em que diversas culturas estigmatizam a deficiência de modo tão brutal que muitos refutam toda e qualquer possibilidade que possa se aproximar dessa condição, negando assim a busca por serviços necessários.

Quanto à prevalência do TEA, "a distribuição do autismo por sexo mostra a prevalência em pessoas do sexo masculino, sendo 1:42 (23,7:1.000) em homens e 1:189 (5,3:1.000) mulheres, ou seja, uma menina para cada quatro meninos afetados" (Schmdit, 2017, s/p). Já em relação à classe social, Baio *et al.* (2018) relatam a prevalência de TEA entre as famílias com status socioeconômico mais elevado nos EUA, razão muito provavelmente ligada à possibilidade de acesso aos serviços de saúde e outros sistemas de suporte. Não por acaso, Maenner *et al.* (2020) apontam que as crianças negras, hispânicas e asiáticas têm maior probabilidade de receber um diagnóstico mais tarde do que as crianças brancas. Constantino *et al.* (2020) assinalam que as crianças negras sofrem atrasos no diagnóstico médio de TEA de 42,3 meses entre as primeiras preocupações manifestadas pelos pais e a idade da feitura do laudo da criança, o que é um dado bastante significativo e preocupante.

Expressos esses elementos, podemos asseverar que a manifestação autista caracterizada no escopo da quinta versão do manual diagnóstica da APA é realmente distinta da condição descrita de modo inaugural por Kanner em 1943, embora mantenha categorias e sintomatologias similares. Quando comparamos os universos imagéticos criados por Kanner e pelo DSM-V, existe a sensação de que o quadro de Kanner se assemelha a uma entidade estável, enquanto o DSM-5 se mostra mais móvel, descontínuo e até confuso em determinados momentos, dado o agrupamento de características tão distintas sob a mesma nosologia.

O DSM-V sofreu uma revisão no ano de 2022 (algo que também ocorrera com o DSM-III e DSM-IV), com a publicação do DSM-V-TR. Neste, especialmente no que diz respeito à gravidade da condição autista, o Manual Diagnóstico reafirma que os sintomas devem estar presentes precocemente no período do desenvolvimento e devem causar prejuízo clinicamente significativo no funcionamento social, profissional ou em outras áreas importantes da vida do indivíduo no tempo presente. Vale frisar que o DSM V-TR fora publicado com comentários de Michael First – psiquiatra americano que se concentra na elaboração de critérios para o diagnóstico de transtornos mentais –, o qual assinalou que um dos objetivos da revisão do DSM-5 intuiu tornar os critérios diagnósticos mais conservadores, especialmente na tentativa de evitar um sobrediagnóstico e a banalização do autismo (APA, 2022). Sublinhada ponderação no corpo da apresentação de um Manual Estatístico indica a existência de uma possível massificação abusiva nos diagnósticos de autismo, tema que será objeto de nossa análise.

Posteriormente ao DSM-V, tivemos ainda a publicação da CID-11, no ano de 2019 (WHO, 2019), classificação diagnóstica que manteve a terminologia TEA, assim como boa parte das mudanças realizadas no DSM-V, embora tenha reduzido os subdomínios que fundamentam o diagnóstico com o objetivo de evitar erros, simplificar a codificação e promover melhor acesso aos serviços de saúde.

Por consequente, temos que o século XXI produziu cinco versões dos mais conhecidos manuais diagnósticos que versam sobre o autismo: DSM-IV-TR, DSM-V, DSM-TR, coordenados pela Associação de Psicologia Americana (APA), e CID-10 e CID-11, elaborados pela Organização Mundial de Saúde (OMS). Essas publicações modificaram as formas pelas quais a sociedade compreende o autismo, transformando, inclusive, a prevalência de sua manifestação com casos têm sido relatados em todos os grupos étnicos, raciais e socioeconômicos.

A explicação do aumento na produção de diagnósticos de TEA, para além de melhores conhecimentos acerca da etiologia do quadro, não pode ser dissociada de um processo de medicalização operado desde a modernidade e que capturou todos os corpos pelas lentes clínicas. A patologização da diferença é uma das consequências mais drásticas desse processo, a qual certamente reverbera sobre parte significativa dos diagnósticos atualmente elaborados por corpos clínicos.

Cabe-nos, neste momento, afirmar que a massificação diagnóstica de TEA não encontrou marcadores biológicos ou exames específicos que identificassem clinicamente a manifestação autista. Tentou-se de diversas maneiras buscar tais variantes clínicas, mas, ao menos por ora, nenhum avanço significativo restou demonstrado. Exames de cariótipo, eletroencefalograma, testes genéticos, ressonâncias magnéticas, testes metabólicos, sorologias, testes neuropsicológicos, entre outros, foram utilizados de diversas maneiras para tentar o desvendar o fio de Ariadne do TEA, entretanto, o que temos até agora são no máximo frágeis suposições, poucas convicções e quase nenhuma certeza.

Poder-se-á objetar que a dificuldade no encontro desse princípio explicativo se deva às variadas formas de sintomatologia e manifestação do TEA, contanto, embora verdadeiro, isso não resolve a questão. O fato objetivo é que os diagnósticos se produzem mediante análise da falta de fala, fala ecolálica, indiferença afetiva, falta de empatia emocional, isolamento ou comportamento social impróprio, déficit de atenção, existência de rotinas fixas, pobre contato visual, presença de movimentos estereotipados, dificuldade de participar das atividades em grupo, entre outros, sendo que todos eles devem causar prejuízos nas dimensões da vida social, logo, materializam questões que são, em si, comportamentais e sujeitas a interpretações diversas.

Em vista disso, como pontua Schmdit (2017, s/p), existe uma tendência bastante sólida em não se considerar

> [...] como definitiva a determinação de agentes puramente ambientais nem genéticos sobre a etiologia do autismo. Uma combinação complexa entre fatores de risco genéticos e não genéticos tem sido o foco das investigações recentes (Lai, Lombardo, & BaronCohen, 2014). Dentre os achados, estudos têm apontado para a idade materna ou paterna avançada, as complicações no parto e o uso de ácido valproico durante a gestação. Além disso, a ocorrência do transtorno é mais frequente em associação com condições genéticas ou cromossômicas conhecidas, como a síndrome do X-Frágil ou Esclerose Tuberosa (Christensen et al., 2016). No que se refere aos fatores genéticos, os irmãos têm praticamente 7% mais chances de ter autismo que qualquer outra pessoa. A gestação parece desempenhar uma influência importante, pois entre meios-irmãos por parte de mãe a taxa é de 2,4%, e por parte de pai, 1,5% (Lai et al., 2014). Pesquisas genéticas mostram que o autismo não é uma condição atrelada a um único gene, mas um transtorno complexo resultante de variações genéticas simultâneas em múltiplos genes, associado a uma interação genética, epigenética e fatores ambientais (Lai et al., 2014). Portanto, a grande variabilidade comportamental e cognitiva presente nas pessoas com autismo se deve, possivelmente, a diferentes causas, apontando para a importância do estudo de endofenótipos no autismo.

A fala de Schmdit (2017) é esclarecedora do quão nebulosa e árdua tem se mostrado a batalha pela descoberta das causas do autismo. As perspectivas mais animadoras parecem ser as genéticas, todavia, seus principais argumentos se apresentam como frágeis e genéricos. Talvez as perguntas sobre o complexo do TEA, alicerçadas em bases quase que exclusivamente clínicas, estejam equivocadas, posto que não se é mais permitido justificar a ausência de respostas efetivas no entendimento de sua etiologia em virtude de pouco tempo de pesquisa. Muito pelo contrário. Alegar que diversos tratamentos foram produzidos para o autismo não melhora a situação, uma vez que estes não são exclusivos para o autismo, se aplicando a diversas outras situações. Se o autismo fosse mesmo um problema exclusivamente do campo médico, esperar-se-ia que sua análise gerasse indicações de etiologia ou tratamentos apropriados, o que não é o caso.

Mesmo com o DSM-V asseverando que a realização do diagnóstico de autismo é feito por meio de indicadores clínicos, com base em critérios universais alicerçados na neurociência e em teorias do desenvolvimento, Barbaro (2009) assinala que a imensa maioria das classificações de sujeitos como pertencendo ao espectro autista ainda se constitui quase que exclusivamente com base na análise comportamental subjetiva, o que, convenhamos, não se mostra muito diferente das ferramentas utilizadas por Kanner no longínquo 1943, ou seja, há 81 anos.

Nesse sentido, não é exagerado dizer que o fenômeno do autismo progrediu mais em termos de prevalência do que na compreensão de sua etiologia e genealogia, o que acaba por gerar a ausência de uma teoria com bases objetivas clínicas robustas sobre o fenômeno.

Fato análogo ocorre no que diz respeito à inexistência de uma teoria psicológica abrangente que compreenda as manifestações autísticas em suas múltiplas dimensões. De acordo com Nadesan (2005), o fracasso de tais teorias provavelmente deveria gerar pouca surpresa, tendo em vista as mudanças regulares feitas nos critérios diagnósticos do autismo ao longo dos anos e, particularmente, o alargamento do autismo clássico para a versão de espectro. Com a complexidade desse universo, qualquer teoria bem-sucedida teria muito trabalho explicativo a se fazer.

É claro que pode haver um avanço científico no futuro, mas há agora uma crença crescente entre os especialistas em autismo de que as perspectivas de uma explicação neurológica ou genética única para o autismo são escassas, assim como as perspectivas de uma explicação psicológica clara e unificadora (LORD e JONES, 2012).

Não por acaso, Hacking (1999) afirma que os ativistas e as organizações de defesa de pessoas com autismo tiveram uma grande influência na formação da categoria autismo em comparação com o papel relativamente menor desempenhado pela ciência médica, apesar da enorme quantidade de investigação realizada ao longo das últimas décadas sobre a natureza do autismo. O que isso sugere é que o autismo como conceito tem estado em fluxo contínuo[9]. Esse elemento é retratado por Nunes e Ortega (2016, p. 967-970), para quem

> [...] o empoderamento de sujeitos na obtenção de direitos, benefícios e tratamentos específicos se deu a partir da necessidade de reconhecimento médico-jurídico-identitário de determinadas condições. A partir das décadas de 1960 e 1970, no contexto euroamericano, surgiram os chamados "novos" movimentos sociais em saúde (Brown; Zavestoski, 2004; Landzelius, 2006; Brown et al., 2010), para os quais as experiências compartilhadas de doenças e deficiências desafiam a hegemonia dos saberes científico e tecnocrático nas tomadas de decisões políticas. No Brasil, ao longo da década de 1980, consolidaram-se movimentos sociais no campo da saúde, visando a ideais de cidadania, autonomia e subjetividade dos "novos sujeitos de direito", tais como os "loucos" e as pessoas com deficiência, cujas respectivas

---

[9] Os elementos aqui destacados podem ser encontrados de maneira exemplar na constituição das políticas públicas sobre o autismo no Brasil. De acordo com Oliveira *et al.* (2017, p. 710) foi mediante mobilização dos familiares que se arquitetou a aprovação de uma lei federal específica para o autismo, a Lei n. 12.764, que "Institui a Política Nacional de Proteção dos Direitos da Pessoa com Transtorno do Espectro Autista" (Brasil, 2012). Esse instrumento legal, além de reconhecer a pessoa com transtorno do espectro autista (TEA) como pessoa com deficiência, para todos os efeitos legais dessa consideração, produz incidências em diversos campos, como na esfera assistencial, político/gestora, científico/acadêmica, educacional/pedagógica, bem como no campo dos direitos básicos. "Para os ativistas, a Lei representou um marco histórico na luta pelos direitos dos autistas, de maneira que tal inclusão no campo das deficiências viabiliza politicamente o acesso a direitos previstos na legislação já existente para pessoas com deficiência no país, como benefícios financeiros, garantia à educação em escolas regulares e de ingresso no mercado de trabalho, entre outros. Além disso, consideram que esse veículo jurídico representa a condição de acesso a atendimentos em serviços de saúde especializados, em oposição aos ofertados pela rede de saúde mental". Para Oliveira *et al.* (2017, p. 710), embora o texto da Lei não se refira a modalidades específicas de tratamento – apenas sugere diretrizes, como a da atenção integral às necessidades de saúde da pessoa com TEA, o diagnóstico precoce, o atendimento de caráter multiprofissional, bem como o acesso a medicamentos e nutrientes (Brasil, 2012) – uma série de debates em torno das formas como esta população deve ser contemplada no rol de ações e serviços disponíveis no SUS para além da assistência que vinha sendo provida, foi engenhado desde então. Oliveira *et al.* (2017) enfatizam que a Lei n. 12.764 destaca a intersetorialidade no desenvolvimento das ações, políticas e serviços para as pessoas com autismo, enfatizando a participação comunitária na formulação, no controle e na avaliação de políticas públicas; a atenção integral às necessidades de saúde, objetivando o diagnóstico precoce, o atendimento multiprofissional e o acesso a medicamentos e nutrientes; assim como estímulo à inserção no mercado de trabalho e à pesquisa científica, priorizando estudos epidemiológicos que dimensionem e caracterizem o transtorno do espectro autista no país. Em suas palavras, "o ineditismo dessa legislação está em reconhecer o autista como pessoa com deficiência, caracterizando, assim, novos rumos da "luta por direitos" previstos na legislação. Precedente à sanção da Lei n. 12.764/2012, a Convenção sobre os Direitos das Pessoas com Deficiência (Brasil, 2009) já exercia a função de principal instrumento legal de garantia dos direitos civis dos autistas no país. Adotada pela Organização das Nações Unidas (ONU) em 2006, a CDPD foi ratificada com status de emenda constitucional no Brasil somente em 2008 (Brasil, 2009). Ao incluir as chamadas deficiências psicossociais ("de natureza mental", na qual se encontram os autistas) como categoria a ser contemplada pelas políticas públicas relacionadas às demais deficiências, a escrita deste documento envolveu a aproximação entre os campos da deficiência e da saúde mental".

> trajetórias atravessaram extensa tradição de acolhimento em instituições filantrópicas, religiosas e educacionais (Musse, 2008; Lanna Junior, 2010; Soalheiro, 2012). [...] Nesse ponto, é notória a tomada da "deficiência" como categoria e instrumento de "luta" de ambos os grupos. A "deficiência", então, torna-se premissa não apenas para o reconhecimento de direitos, mas também configura determinado arranjo de poder que legitimará as demandas por certo modelo de serviço, em detrimento de outros.

Em vista disso, algumas das organizações e movimentos têm procurado construir e moldar o entendimento do autismo a partir do prisma da identidade. No entanto, na medida em que tem havido uma suposição subjacente dominante sobre o autismo como se essa condição fosse algum tipo natural (cuja essência ainda precisa ser elucidada), apesar da ausência de quaisquer marcadores biológicos consistentes para essa condição, não é de se surpreender que isso se reflita na visão comum do autismo como um fenômeno clínico, uma visão de que os próprios profissionais da área da saúde popularizam a exaustão, o que demonstra o enorme poder exercido pelo corpo médico sobre o indivíduo avaliado, incluindo a autoridade de determinar a rede de serviços de apoio que determinadas pessoas necessitam receber.

De acordo com Hassal (2016), os profissionais envolvidos no diagnóstico de autismo têm o poder, inclusive, de afetar a forma como os indivíduos são percebidos a longo prazo, tanto pelos outros como por eles próprios, na medida em que os tratamentos propostos penetram nas individualidades e na configuração psíquica do ser. Esses tratamentos se encontram cobertos pelo rol de intervenções terapêuticas que convencionalmente foram definidas como reabilitação, as quais carregam a ideia da necessidade de restituir um conjunto de habilidades perdidas ou desabilitadas desses sujeitos.

Tal conceito se fez muito presente, desde a Segunda Guerra Mundial, na terapêutica de outras deficiências, especialmente as de ordem físicas, e se sustentam na possibilidade do primado do reestabelecimento de prejuízos ou déficits ocasionados por uma lesão. Nesse sentido, entende-se que a pessoa com deficiência possui uma lesão de origem funcional/biológica que estreita as possibilidades de participação e fruição social e, por isso, precisa receber intervenções, daí a necessidade de busca incessante por diagnósticos para que se possa planejar uma intervenção adequada, a fim de recobrar uma espécie de estágio ou condição perdida. Mas qual seria a consequência dessa busca exacerbada por diagnósticos clínicos na formação psíquica desses sujeitos?

Para Hassal (2016), tem havido pouca investigação sistemática sobre as consequências pessoais do diagnóstico de autismo para as pessoas envolvidas por essa condição, além do mais, existe pouca compreensão da extensão de qualquer estigma associado a tal conjuntura. Essa questão foi debatida por Timini *et al.* (2010) no livro The *Myth of Autism*, obra em que os autores asseveram como evidentes a constatação de relações estigmatizantes vivenciadas por aqueles rotulados como tendo TEA, dada a consideração desses sujeitos como essencialmente diferentes e anormais, o que encoraja a profusão de uma série de estigmas.

Nesse sentido, a busca pelo diagnóstico de autismo situa-se em um pântano ainda não atravessado em sua completude, o que torna esse ato incerto e duvidoso quanto à sua validade. A imensa maioria dos textos indica que uma boa razão para a busca do diagnóstico precoce residiria no fato de esse processo conduzir de modo mais fiável a intervenções bem-sucedidas. Contudo, de acordo com Timimi *et al.* (2010), ainda não existem evidências concretas para apoiar essa conjectura. Ao bem da verdade, Charman e Baird (2002), há mais de duas décadas, questionavam o quão preciso e estável se mostravam os diagnósticos de TEA, uma vez que vários estudos destacavam que boa parte das crianças tidas como autistas, após se tornarem adultas, não preenchia mais os critérios de TEA. No entender de Hassal (2016), estudos mais recentes corroboram com os achados da Baird.

Fein *et al.* (2013) analisaram 34 jovens diagnosticados com autismo quando crianças (confirmados por meio do exame dos seus registos médicos iniciais) que deixaram de cumprir os critérios do autismo em idade posterior. Anderson, Liang e Lord (2014) concluíram que 9% das crianças identificadas com autismo melhoraram seu quadro comportamental ao ponto de já não preencherem os critérios desse diagnóstico. Já Farley *et al.* (2009) examinaram o resultado de 41 pessoas adultas (idade média de 32,5 anos) diagnosticadas com autismo na primeira infância, descobrindo que metade desses sujeitos não apresentavam mais resultados que os pudessem caracterizá-los nesse estrato. Embora com números distintos, Hofvander *et al.* (2019), em estudo realizado com 120 indivíduos diagnosticados pela primeira vez com autismo na idade adulta, descobriram que 25% dessas pessoas tinha um diploma universitário e cerca de metade viviam de modo independente, sem qualquer restrição aparente. Infelizmente, no Brasil ainda não temos pesquisas sistemáticas acerca desse quadro analítico, dada a juventude do tema, uma tarefa certamente ainda por explorar.

Em razão desses dados, a manutenção da crença de que o autismo é uma deficiência/distúrbio vitalício simplesmente não é apoiada em fatos, o que golpeia pela raiz a ideia de que os laudos que apontam diagnósticos de autismo devam ser permanentes. Poderá aqui se objetar que a transformação da condição desses sujeitos se deve justamente ao processo de intervenção terapêutica, mas esse fato reforçaria tal tese. Contudo, é imperioso destacar que, ao contrário do que se possa imaginar, de acordo com Russel (2016), há pouco suporte encontrado em estudos sistemáticos de que melhores resultados no tratamento do autismo se deveram a resultados de intervenção precoce, o que lança ainda mais dúvidas sobre a validade de sua aplicação para toda e qualquer situação, uma afirmação desconcertante que merece ser analisada mais detidamente.

Sobre a centralidade da intervenção terapêutica no tratamento do autismo, Koegel e LaZebnik (2005, p. 38) afirmam que não conseguem

> [...] enfatizar com força suficiente a importância de entrar em ação imediatamente. Todos os especialistas na área concordam que a intervenção precoce é essencial e crítica. A abordagem de "esperar para ver" é prejudicial para o seu filho. As crianças com autismo tendem a evitar coisas que são difíceis e a comunicação é difícil para elas, por isso evitam situações em que se espera que se comuniquem. Como resultado, tornam-se mais isolados e retraídos. Portanto, é fundamental que você inicie um programa da maneira certa.

Zanon, Backes e Bosa (2014, p. 26) também corroboram com a tese da importância da intervenção precoce ao enfatizarem que

> Diversos estudos destacam a intervenção precoce como fator fundamental para a melhora do quadro clínico do autismo, gerando ganhos significativos e duradouros no desenvolvimento da criança (Howlin, Magiati & Charman 2009; Reichow, 2011). Devido à plasticidade cerebral, a precocidade do início da intervenção desempenha papel importante, potencializando os efeitos positivos da mesma. Ademais, estudos indicam que os ganhos decorrentes da intervenção precoce podem reduzir consideravelmente

os gastos dos familiares no tratamento das crianças com TEA, bem como os dos sistemas de saúde pública, quando se analisa os resultados em longo prazo (Järbrink & Knapp, 2001; Mandell, Novak & Zubristsky 2005). Inúmeros aspectos podem retardar a intervenção, como é o caso da demora na detecção das primeiras dificuldades no comportamento da criança, na busca pela ajuda profissional e na realização do diagnóstico. De fato, alguns estudos têm demonstrado que crianças com TEA dificilmente recebem esse diagnóstico antes dos 5 anos (Daley, 2004; Howlin & Asgharian, 1999; Mandell, Listerud, Levy & Pinto-Martin, 2002), sendo que algumas são diagnosticadas apenas quando atingem idade escolar (Noterdaeme & Hutzelmeyer-Nickels, 2010; Yeargin-Allsopp et al., 2003). Além disso, disparidades na idade média da realização do diagnóstico foram observadas quando considerados os diferentes grupos raciais e étnicos. Mandell et al. (2002) demonstraram, por exemplo, que crianças brancas são diagnosticadas aos 6,3 anos enquanto que as afro americanas o são aos 7,9 anos, em média. Essas diferenças raciais e étnicas na idade da realização do diagnóstico podem estar relacionadas a fatores institucionais, como dificuldades no acesso das famílias aos serviços de saúde (Mandell et al., 2009). Siklos e Kerns (2007) ressaltam quatro fatores que podem influenciar no atraso na realização do diagnóstico precoce: 1) a variabilidade na expressão dos sintomas do TEA; 2) as limitações da própria avaliação de pré-escolares, uma vez que essa população demanda instrumentos específicos e sensíveis aos comportamentos sociais mais sutis e próprios dessa faixa etária; 3) a falta de profissionais treinados/habilitados para reconhecer as manifestações precoces do transtorno; e 4) a escassez de serviços especializados. Até o momento, uma importante limitação do diagnóstico precoce refere-se ao fato de que muitas das características comportamentais do TEA, tal como constam nos manuais de classificação e de critérios diagnósticos, baseiam-se principalmente em sintomas que são comuns em crianças e adultos, mas que dificilmente são vistos em bebês (Gray & Tonge, 2001; Johnson, 2008), como por exemplo, a interação com os pares. A mesma limitação aparece quando se analisam dificuldades no desenvolvimento da linguagem em crianças que ainda não falam, uma vez que o reconhecimento dos comprometimentos na área não-verbal (e.g., comunicação através dos gestos e expressões faciais/posturais), ainda é um desafio (Bosa, 2009; Johnson, 2008). Além disso, os comportamentos e interesses repetitivos e/ou rituais, dificilmente se manifestam antes dos 18 meses e tendem a se tornar mais aparentes aproximadamente entre os 3 e 4 anos (Gray & Tonge, 2001; Turner, 1999), período em que a identificação do referido transtorno também é menos ambígua. Em vista disso, geralmente o encaminhamento das crianças com suspeita de TEA só ocorre quando se percebe um atraso importante na "fala", ainda que desvios no desenvolvimento da sociabilidade possam ser observados mais cedo (Bosa, 2009; 2002b). Quanto à natureza dos primeiros sintomas observados, verificou-se que, consistentes com outros estudos retrospectivos, a maioria das preocupações relatadas referiu-se ao desenvolvimento da linguagem, sobretudo em relação ao desenvolvimento da fala, seguido pelos problemas no comportamento social e nos comportamentos repetitivos e estereotipados (Chakrabarti, 2009; Chawarska et al., 2007; Coonrod & Stone, 2004). Entretanto, investigações baseadas em vídeos domésticos ou pesquisas prospectivas mostram que os comprometimentos sociais são os sinais que mais frequentemente aparecem, sendo anteriores ao desenvolvimento da linguagem oral (Saint-Goerges et al., 2010; Ozonoff et al., 2010). Nessas circunstâncias, depreende-se do presente estudo que há uma sincronia desenvolvimental importante entre as interações sociais iniciais e o desenvolvimento sóciocomunicativo posterior. Com isso, pensa-se, inclusive, que o atraso na fala, observado por grande parte dos pais entre o primeiro e o segundo ano da criança, ainda na etapa das holófrases (i.e., quando uma palavra, usada sozinha, é capaz de corresponder a uma frase) (Tomasello, 1999/2003), pode ter decorrido de comprometimentos mais precoces na interação social que, por se tratarem de comportamentos sutis, podem não ter sido identificados pelos pais no momento em que surgiram.

Por conseguinte, são muitos os teóricos que colocaram a identificação precoce do autismo como um objetivo central, cuja razão de ser está ligada ao conceito de plasticidade do desenvolvimento. A ideia de plasticidade parte do princípio de que existe um estágio de desenvolvimento limitado pela idade ao qual a criança tem a capacidade de adquirir uma série de habilidades de maneira mais efetiva. O conceito de plasticidade sugere que as crianças estão sintonizadas com o universo de aprendizagem, e, de um modo geral, possuem melhores perspectivas de conquistas no desenvolvimento se comparadas à população adulta.

Todavia, para Hassal (2016), tais proposituras não resistem ao terreno da crítica, dada a falta de comprovação empírica destas. Em vista disso, o referido autor entende que o diagnóstico e a intervenção precoce do autismo são acriticamente equiparados como melhor do que o diagnóstico tardio e nenhuma intervenção, entretanto, inexiste uma discussão mais aprofundada sobre essa sentença. É importante destacar que embora a justificativa para a intervenção precoce se vincule à busca de melhores resultados no tratamento, a literatura sobre a eficácia dessa intervenção, ao menos no caso do autismo, está longe de ser conclusiva. Alguns métodos parecem funcionar para certas crianças somente por determinado tempo e depois perdem sua eficácia. Finalmente, tanto a comunidade do autismo quanto o establishment científico denunciaram por vezes intervenções anteriores como inadequadas e prejudiciais.

O paradigma do diagnóstico/intervenção precoce, conforme destacamos, se escora na noção de que existem períodos sensíveis de desenvolvimento cerebral no início da vida de uma criança, e é importante a realização de intervenções antes que destacadas janelas se fechem, o que é uma verdade. A suposição implícita por trás dessa defesa ampara-se na ideia de que quanto mais cedo for feito o diagnóstico de autismo e quanto antes receber tratamento, melhor, posto que maiores são as chances de minorar o desenvolvimento de sintomas característicos do autismo. Tratamentos estes que assumem a forma, na maioria das vezes, de programas comportamentais como Análise do Comportamento Aplicada (ABA), Sistema de Comunicação por Troca de Imagens (PECS), Comunicação Alternativa e Aumentativa, Terapia de Integração Sensorial e Tratamento e Educação escolar de autistas (TEACCH). A crença inaudita acerca desses procedimentos é que com a realização dessas terapias, maiores serão as chances de sucesso na normalização da trajetória de desenvolvimento de uma criança.

Esta agenda de normalização pode se manifestar implícita ou explicitamente no tratamento de pessoas com autismo e se escora na suposta estabilidade das normas sociais e dos valores dominantes, sendo o desvio a esses componentes vistos como patológicos. Nesse sentido, sublinhada estrutura simbólica raramente questiona a incapacidade da sociedade em se transformar para atender a corpos e funções que não se encaixam aos componentes arbitrários da norma. A pressuposição por trás de tal arcabouço reside na adoção de um verniz funcionalista de que as pessoas se mostram mais saudáveis quando normalizadas, daí a necessidade de intervenções o quanto antes, a fim de recobrar o estado desejado.

Com base nesses elementos, presenciamos nos últimos anos a redução da idade em que o diagnóstico de autismo tem sido realizado. Um estudo nos EUA mostrou que a prevalência do autismo aumentou rapidamente entre 1997 e 2003, com uma queda simultânea na idade média do diagnóstico de autismo nas crianças. Não é incomum que crianças a partir dos 18 meses de idade recebam um diagnóstico de autismo nos EUA (Hertz-Picciotto; Delwiche, 2009). Teitelbaum *et al.* (1998) afirmam que os comportamentos precoces indicadores de autismo estão presentes desde o nascimento e podem ser usados para diagnosticar o autismo nos primeiros meses de vida, o que, supostamente, indicaria a necessidade do desenvolvimento de métodos de terapia a serem aplicados nessa etapa de vida. Todavia, esta é uma posição dentre outras possíveis.

De acordo com Russel (2016), a justificativa para a busca do diagnóstico precoce de qualquer distúrbio do desenvolvimento infantil pressupõe que, uma vez que as crianças sejam corretamente identificadas com um distúrbio subjacente, intervenções apropriadas podem ser implementadas para tratar os sintomas desse transtorno. Do ponto de vista médico, os objetivos do tratamento do autismo envolvem a busca por melhorar o estado funcional geral da criança, promovendo o desenvolvimento de habilidades comunicativas, sociais, adaptativas, comportamentais e acadêmicas.

É isso ao menos o que se espera de resultados práticos com a intervenção precoce nos quadros de autismo. Entretanto, Warren *et al.* (2011) assinalam que a literatura disponível tem frisado que muitas crianças autistas que recebem intervenção precoce intensiva não demonstraram ganhos dramáticos no funcionamento social, cognitivo, adaptativo e educacional.

Os elementos destacados contestam o caráter irrefletido da validade dos tratamentos e diagnósticos precoces no caso do autismo, o que nos leva a indagar, a contrapelo da lógica clínica, se existe possibilidade de melhoria nas manifestações características do TEA sem intervenção dirigida. Russel (2016) analisa perfis de algumas pessoas identificados com TEA na vida adulta e que não receberam tratamento quando crianças ou jovens, concluindo que estas apresentaram bons desempenhos em uma série de habilidades em múltiplos campos. Em suas palavras, nos casos analisados (não descritos quanto ao nível de comprometimento), esperar para ver pareceu ser a melhor estratégia. Claro que não podemos tomar um ensaio preliminar sobre o comportamento de poucos sujeitos como regra. Evidente também que existem argumentos favoráveis para a intervenção precoce na literatura acadêmica, inclusive, com apoio de familiares de pessoas com autismo, o que nos parece bastante relevante.

Também entendemos como meridiano que algumas situações, seja de TEA ou outros transtornos, necessitam de intervenção o quanto antes com vistas a possibilitar mecanismos que garantam a participação social de maneira plena. Afinal, é disso que se trata os anseios de uma cultura inclusiva. Contudo, e este é o ponto que queremos frisar, a intervenção clínica não pode ser vista como uma bala de prata para toda e qualquer situação tida como não normativa. O processo de constituição e desenvolvimento humano não obedece a uma lógica linear, logo, a construção de um conjunto de práticas apenas pela métrica esperada de marcadores biológicos e comportamentais pode incorrer em um grande erro.

Por fim, é preciso que fique claro que intervenções desnecessárias exercem impacto negativo nas pessoas, não passando despercebidas na construção da subjetividade de cada um de nós. Isso posto, é preciso questionar se o diagnóstico precoce poderia influenciar o desenvolvimento de crianças de maneira negativa. Essa pergunta envolve um debruçar sobre elementos que se vinculam a um conjunto de relações sociais que se mostram complexos e não facilmente percebidos.

Russel (2016) assinala que quase toda a enorme quantidade de literatura no campo da deficiência foi escriturada a partir da perspectiva de médicos, fisioterapeutas, assistentes sociais, psiquiatras, psicólogos e outros especialistas clínicos. Nessas circunstâncias, as pessoas com deficiência só são conhecidas em termos de seus impedimentos ou anormalidades, o que interfere decisoriamente na forma como tais pessoas são percebidas e tratadas, levando à objetificação destas. Inobstante, Russel (2016) afirma que existem potenciais efeitos iatrogênicos e outras implicações negativas decorrentes da anexação de rótulos de diagnóstico de autismo que podem afetar mais a criança do que a própria extensão dos impedimentos constatados, na medida em que estreitam situações e vínculos sociais e, por consequente, margeiam potencialidades de desenvolvimento.

O caráter opressivo desempenhado por rótulos e estereótipos negativos é relativamente bem conhecido academicamente e fez parte do desenvolvimento de uma vasta produção no campo dos estudos sobre raça, gênero, entre outros. Acerca dessa questão não há como não lembrar do influente, mas altamente criticado estudo de Rosenthal e Jacobson (1966), intitulado "Pigmalião". Nesse estudo, os investigadores fizeram-se passar por psicólogos educacionais, foram a uma escola e testaram uma turma de alunos. Disseram então ao professor que 20% desses alunos eram "intelectuais florescentes": potencialmente mais brilhantes do que os outros, apesar de esses 20% terem sido selecionados de maneira bastante aleatória. Quando as crianças foram testadas novamente, um ano depois, os alunos rotulados como florescentes intelectualmente, de fato, saíram-se melhor nos testes de inteligência. Uma vez estabelecida uma expectativa, argumentaram os autores, mesmo que não seja precisa, as pessoas tendem a agir de modo consistente com essa expectativa. O resultado é que a expectativa se concretiza. Poderíamos chamar essa projeção de profecia autorrealizadora.

Com base nesses elementos, Russell (2016) sugere que o tratamento de crianças com diagnóstico de autismo pelos profissionais de saúde é influenciado por sua classificação nosológica, o que pode, por sua vez, influenciar nos resultados esperados e obtidos. Com isso, a autora afirma que, muito embora os efeitos adversos da rotulagem do diagnóstico do autismo ainda não sejam comprovados, estes também não são refutados. Tal fato valeria, inclusive, para a ideia de plasticidade, assumida como elemento angular da necessidade de diagnóstico e tratamento precoce nos casos de TEA, uma vez que se o autismo é a lente através da qual uma criança é vista desde tenra idade, o período em que a criança é particularmente sensível à intervenção também significará que ela pode ser igualmente sensível aos potenciais impactos negativos da rotulagem, interferindo em seu desenvolvimento. Não é escusado destacar que, como pontuam Almeida e Neves (2020), observar um fenômeno sem as devidas considerações críticas gera o risco de se cair no previamente comentado,

> [...] isto é, práticas baseadas em uma normatização que podem incorrer na medicalização e exclusão do sujeito de seu próprio sofrimento. Em conformidade com o observado nesta investigação, Alfredo **Jerusalinsky (2015)** afirma que é neste ponto que se faz necessário pensar na subjetividade. Afinal, sem considerar o sujeito, estamos inclinados "a tomar os seres humanos como meros instrumentos de um projeto de produção do ideal". Essa é uma posição semelhante também à de Julieta **Jerusalinsky (2015)**. Segundo a autora, ao promover uma "patologização precoce", corre-se o risco de olhar a criança somente pela perspectiva

do adoecimento. A partir de então, a referência do que se espera dela será apenas o prognóstico da doença. "Desse modo, o diagnóstico assume o valor preditivo do destino de um sujeito que amalgama o quadro nosográfico à dimensão ôntica do ser".

No entender de Russel (2016), raramente a literatura tem questionado o benefício do diagnóstico e das intervenções precoces, o que precisa ser feito urgentemente. Em suas palavras,

"Quanto mais cedo a intervenção puder começar, melhor será o resultado" (Woods e Wetherby 2003, p. 180) é típico dos pressupostos encontrados tanto na literatura acadêmica como na literatura leiga. Esta afirmação de benefício parece-me basear-se em evidências bastante frágeis. As metodologias para avaliar a eficácia das intervenções precoces são frequentemente falhas. Não existem dados robustos que favoreçam uma abordagem em detrimento de outras. [...] Eu diria que "o imperativo do diagnóstico precoce" tornou-se uma forma de dogma na investigação sobre intervenção no autismo e, até certo ponto, nas políticas e na prática. À medida que o tempo passa, mais e mais crianças são diagnosticadas com autismo e a idade para o diagnóstico do autismo continua a diminuir. Quando os efeitos das intervenções intensivas e precoces não são conclusivamente conhecidos, e quando os efeitos iatrogênicos da rotulagem não são refutados, na minha opinião, os benefícios do diagnóstico/intervenção precoce para o autismo devem ser examinados mais profundamente antes de se tornarem uma prática aceita. (Russel, 2016, p. 253-265).

Para que fique bem claro, com isso, não estamos duvidando da existência do TEA ou de como este pode exercer interferência no desenvolvimento humano. Também não estamos questionando a necessidade do desenvolvimento de técnicas que estimulem o desenvolvimento social e comunicativo, aprimorem a capacidade de solucionar problemas, encorajem a manifestação de habilidades imaginativas, diminuam comportamentos que interfiram negativamente na aprendizagem ou que ajudem as famílias a lidarem com tais situações. O que estamos asseverando aqui é que existe uma complexidade de fatores poderosos, os quais podem interferir nas matrizes de comportamento esperadas e na produção de interações problemáticas que não necessariamente se vinculam a componentes biológicos ou a manifestações autistas. O ser humano não nasce pronto e acabado, se constituindo na própria feitura de seu processo de imersão ao mundo que o cerca, nesse sentido, transformações na forma pela qual essa realidade se estrutura também promoverá mudanças nas maneiras de se comportar das pessoas. Corroboramos, nesse sentido, com a posição de Almeida e Neves (2020, p. 6), para quem

> Como transtorno característico da primeira infância, o autismo é circunscrito em um momento análogo de maturação cerebral, do organismo e de constituição psíquica. Não se trata aqui de expurgar o diagnóstico, mas admitir seus caminhos e descaminhos. Por um lado, o diagnóstico feito a tempo pode beneficiar a intervenção precoce. Por outro, há o risco de, se feito de modo fechado, beneficiar a colagem à patologia. Isso pode induzir que se estabeleça a criança em uma posição estática, fixada a traços patológicos, sem conceder espaço para a intervenção que analisa as possibilidades da construção subjetiva. Essas são nuances de diagnósticos norteados por manuais psiquiátricos que ousam abordar os fenômenos humanos sem implicar a complexidade própria que essa condição nos impõe. A instabilidade, fruto desse sistema pragmático, foi exposta por meio da questão homossexual, de acordo com Pereira (2000). Em 1970, diversos militantes gays invadiram a reunião da Associação Psiquiátrica Americana (APA) para lutar contra a patologização da homossexualidade. O combate político continuou, até que o termo "homossexualismo" é retirado do manual e passa a não ser mais considerado como categoria diagnóstica. A partir desse acontecimento, "as classificações supostamente científicas mostram sua grande vulnerabilidade face questões de poder, de interesses econômicos, de formação de grupos de pressão e de influência da mídia" (Pereira, 2000, p. 9). Sobre esta fenda aberta na APA pela influência política dos militantes gays, Ortega (2008) aponta que no decorrer das últimas décadas, o estatuto nosológico de várias doenças psiquiátricas está sendo discutido em público. Segundo o autor, "embora não exista consenso sobre numerosas doenças psiquiátricas, o fato de serem nomeadas como doenças constitui uma forma de poder e utilidade social".

A complexidade diagnóstica, de tratamento e de entendimento do autismo se reflete na própria disputa de movimentos ativistas por políticas públicas e ações sociais que se escoram em elementos distintos, muitas vezes até conflitantes. É fato, como já destacamos neste texto, que o cerebralismo apontou para uma causalidade objetiva na busca de compreensão e tratamentos para as manifestações autistas. De acordo com Ortega (2008, p. 484), "[...] os movimentos de autistas, por sua vez, servem-se das explicações cerebrais para destacar a diversidade e a singularidade das conexões cerebrais, muitas das quais são neuroatípicas ou neurodivergentes".

Esse reconhecimento permite que possamos pensar o autismo tanto sob a perspectiva do impedimento quanto sob a batuta da identidade, fato que engenha uma cizânia política que é bem captada por Ortega (2008, p. 485), quando este destaca que

> As associações de pais de crianças autistas negam-se a reconhecer no autismo uma questão de identidade. [...] O fato de que meus filhos têm uma anormalidade no desenvolvimento não significa que eu não os ame por quem eles são, como ela [Amy Harmon] insinua tão incessantemente. Eu amo meus filhos, mas eu não amo o autismo. Meus filhos não fazem parte de um grupo seleto de seres superiores denominados "autistas". Eles têm autismo, uma invalidez neurológica devastadora nas suas implicações em suas vidas, se não for tratado. [...] Em outras palavras, não é mais normal ser autista do que é ter espinha bífida (Weintraub, 2005).

Já para outros,

> [...] o transtorno remete a uma questão identitária. Autismo não é alguma coisa (uma doença) que se "tem", mas algo que se "é". Não é a "concha" que aprisiona a criança normal. Não podemos separar o transtorno do indivíduo e, se fosse possível, teríamos um indivíduo com uma identidade diferente. O autismo é "impregnante, colore cada experiência, cada sensação, percepção, pensamento, emoção e encontro, todos os aspectos da existência", escreve o ativista autista Jim Sinclair (1993). Evidentemente, a posição no debate identitário determina a posição em relação à busca pela cura e às terapias. À medida que os pais de autistas falam de "ter" autismo e acolhem tentativas de cura e terapia, os movimentos da neurodiversidade apostam no "ser" autista e se opõem às tentativas de cura e às terapias cognitivas (Ortega, 2008, p. 485).

Como pontua Ortega (2008), se é fato que o deslocamento do modelo psicanalítico a uma plataforma fincada na neurociência permitiu que os pais fossem desimplicados e desresponsabilizados do aparecimento de manifestações autísticas em seus filhos, o que é um ponto positivo, o mesmo processo também permite a criação de um paradoxo que está na base da afirmação identitária dos autistas ("ser" e não "ter" autismo). Para além da desimplicação dos pais, cabe ressaltar que a cerebralização do autismo também desresponsabiliza o próprio sujeito como produtor de suas manifestações, posto que seu desajuste seja tratado mais ou menos como qualquer doença física. Nas palavras de Ortega (2008, p. 486-488),

> Quando um psiquiatra de orientação biológica fala da depressão de maneira semelhante àquela que um cardiologista fala de uma doença cardíaca, produz-se um distanciamento subjetivo da doença, uma dessubjetivação. O indivíduo tem esquizofrenia, ou transtorno bipolar, em vez de ser deprimido, esquizofrênico e/ou psicótico. Assim como o indivíduo pensa que tem uma doença cardíaca e não que ele é essa doença, no caso das doenças mentais, a depressão ou a psicose aparecem escritas no corpo — e mais especificamente no cérebro — nas descrições da psiquiatria biológica. As críticas feitas à psiquiatria biológica não devem impedir de reconhecer que ela trouxe a desculpabilização de pacientes e familiares por suas psicoses, seus transtornos alimentares, anorexia, autismo e esquizofrenia. [...] Para o paciente e seus familiares, é mais fácil aceitar, por exemplo, o diagnóstico de transtorno bipolar do que o de psicose maníaco-depressiva, pois no transtorno bipolar são enfatizados os aspectos biológicos e cerebrais mais do que os psicológicos e os psicodinâmicos que impunham uma marca identitária. O indivíduo não é mais psicótico maníaco-depressivo, mas tem transtorno bipolar. A doença mental como critério identitário aplica-se mais a modelos psicológicos (ou psicanalíticos) e mentalistas do que a modelos fisicalistas/cerebralistas oriundos da psiquiatria biológica ou das neurociências. Não é o mesmo afirmar "há algo errado comigo" do que "há algo errado com meu cérebro". Ao passo que a doença mental diz respeito à identidade, o transtorno cerebral diz respeito ao corpo (cérebro). Se for um problema do cérebro, então o indivíduo não é culpado e, sobretudo, ele não é essa doença, ela não define a sua identidade. Em face da psicologização da doença mental, o cerebralismo pressupõe uma dessubjetivação. Ora, no caso dos movimentos da neurodiversidade acontece exatamente o contrário: o cerebralismo constitui uma marca identitária, uma identidade naturalizada — o

indivíduo é autista (e não tem autismo) — não pelo autismo ser uma doença mental, mas precisamente porque é uma "conexão atípica" (atypical wiring) do cérebro. Para esses grupos, autismo, transtorno bipolar, transtorno de déficit de atenção, entre outros, constituem marcas identitárias não por serem doenças mentais, mas por serem transtornos cerebrais, isto é, identidades biológicas, bioidentidades ou, mais precisamente, neuroidentidades, que são a base da formação de neurossociabilidades e neurocomunidades. Os movimentos da neurodiversidade, especificamente a cultura autista, constituem exemplos de formas de subjetivação cerebrais, de formação de neuroidentidades e tipos de sociabilidade e comunidade, as neurossociabilidades, tomando o cérebro como referência, como veremos adiante. Nesse contexto de cerebralismo da identidade autista, não devemos nos esquecer que ainda não existe consenso acerca da etiologia do autismo. Embora psiquiatras, biológicos e neurocientistas venham procurando nos últimos anos o "endereço cerebral" (brain address) do transtorno (Wickelgren 2005:1856) e considerem o autismo um transtorno biológico, mais especificamente cerebral (Fombonne 2003; Freeman & Cronin 2002; Wing 1997) — levando alguns a percebê-lo como um caso extremo do cérebro masculino normal (Baron-Cohen 2002), não existe consenso nem sobre a etiologia, nem sobre a metodologia de intervenção clínica (Feinberg & Vacca 2000:131; Newschaffer & Curran 2003). Para os autistas, por sua vez, não existe dúvida, eles afirmam categoricamente o cerebralismo do transtorno.

Ainda que uma definição orgânica do autismo tenha legitimado proposições vinculadas, esta não se mostra consensual, posto não existir conformidade quanto à etiologia do TEA, tampouco em relação à intervenção clínica mais apropriada, o que seria uma condição consequente da descrição nosológica. Mas é fato que, desde a modernidade, a "legitimidade social pressupõe identidade somática", como pontua Rosenberg (2006, p. 414), uma vez que os padrões de sociabilidade, para além dos elementos tradicionais como raça, gênero e classe, abrange também princípios de saúde e estética corporal, incluindo performances e a presença ou ausência de doenças.

A sociedade atual é tanto somática como performática, sendo o corpo parâmetro de reconhecimento de participação nas relações sociais. Não por acaso, percebemos atualmente a exasperação da saúde enquanto medida de todas as coisas. Pratica-se esporte pela saúde, nos alimentamos bem pela saúde, vamos ao bar e trabalhamos pela saúde mental, enfim, a saúde se tornou quase que a medida de todas as coisas. Com isso, não estamos a asseverar que essas práticas não possam fazer bem à saúde orgânica de cada um, mas somente frisando que elas possuem seu valor em si mesmas, não precisando recorrer a outros campos para justificar sua predileção.

Recobra sentido aqui a lapidar frase de Feuerbach de que o nosso tempo prefere a imagem à coisa, a cópia ao original, a representação à realidade, a aparência ao ser. O trecho do célebre filósofo alemão falecido no longínquo 1872 poderia ser aplicado para analisarmos a representação da sociedade hodierna, assim como de suas práticas e relações constitutivas sem maiores problemas. Nas palavras de Debord (*apud* Ortega, 2005, p. 228), a dimensão espetacular de nossa sociedade materializa uma representação na qual os indivíduos supririam com imagens aquilo de que carecem na existência real. "Na imagem, as pessoas recuperam a unidade e o sentido de suas vidas. A espetacularização da sociedade transforma a realidade em imagem e a imagem em realidade. Isto é, a imagem ganha um estatuto de realidade, torna-se uma coisa material, uma imagem coisa, um corpo-imagem".

Visto assim, o autismo também não deixa de ser uma abstração e uma imagem da realidade, cuja modelagem atual conduz à busca incessante por diagnósticos clínicos e terapias vinculadas ao campo da saúde. Ao bem da verdade, esse encadeamento se manifesta em uma série de outras condições e faz parte do longo e moroso processo de patologização do normal operado pela modernidade e que tem como característica fundamental a transformação da diferença em desvio. Claro que a maneira pela qual esse processo se evidencia variou ao longo do tempo, mas sua lógica permanece relativamente estável e se relaciona à vontade de ordenar, disciplinar corpos, regular relações e funções.

Nesse universo, as vozes daqueles definidos como desviantes sofreram ataques de todas as formas na tentativa de descredenciá-las e silenciá-las. E assim se promoveu intensos processos de exclusão e marginalização social, os quais, embora se mostrem mais aparentes em fenômenos como o da institucionalização, também se manifestam em projeções ditas como inclusivas, posto que muitas delas são pensadas para as pessoas com deficiência e não pelas pessoas com deficiência.

Não surpreende, portanto, que a primeira grande luta do movimento ativista de pessoas com deficiência tenha sido justamente o enfrentamento pela derrubada das práticas conhecidas como institucionalização, uma vez que estas despersonalizavam e desrespeitavam os desejos e individualidades desses sujeitos, impedindo-os de escolherem seus próprios destinos. Considerando que a representação do TEA também faz parte desse quadro representacional, assim como seus tratamentos, não deve causar estranheza também as críticas da terapia de Análise Aplicada do Comportamento (ABA) como uma nova técnica de institucionalização. Esse elemento é bem captado por Ortega (2009, p. 73), para quem um dos pontos mais conflitantes das intervenções sobre o TEA diz respeito à terapia cognitiva ABA,

> [...] que para muitos pais constitui a única terapia que permite que as crianças autistas realizem algum progresso no estabelecimento de contato visual e em certas tarefas cognitivas. Para os ativistas autistas, a terapia reprime a forma de expressão natural dos autistas. A questão é acirradamente debatida no mundo anglo-saxão, já que muitos pais estão lutando na justiça para conseguir que governos e companhias de seguros de saúde paguem pela terapia, cujo custo é muito elevado.

Cabe ressaltar que a Análise Aplicada do Comportamento é a necessidade de serviço mais relatada e sugestionada pelos pais de crianças com autistas como necessidade de intervenção terapêutica, conforme apontam dados de Nadesan (2005), uma terapia relativamente simples de descrever e aplicar, embora sua execução seja extremamente demorada e emocionalmente cansativa para todas as partes. Ademais, a simplicidade da abordagem e seu potencial de aplicação no ambiente doméstico por não especialistas, inegavelmente aumentou sua popularidade e utilização.

Em suma, a terapia envolve a aplicação de técnicas skinnerianas para modificação de comportamento com o objetivo de fornecer auxílio para crianças autistas desaprenderem comportamentos disfuncionais enquanto aprendem comportamentos mais adaptativos, materializando um tratamento intensivo em tempo integral. Para indivíduos que estão mais envolvidos com o autismo (particularmente aqueles que tendem à automutilação), a terapia ABA pode ser tremendamente enriquecedora. Para aqueles para quem o autismo é uma diferença mais administrável, a terapia ABA pode representar a opressão de elementos essenciais de sua personalidade.

Em vista disso, é preciso também ter cuidado sobre a forma como a terapia ABA tem adquirido protagonismo no trato com comportamentos caracterizados como autistas. Nesse sentido, urge encará-la sob uma perspectiva crítica e histórica, o que demanda como primeiro suposto a análise de sua própria gênese, vinculada aos trabalhos de Lovaas, tornado notoriamente conhecido pelo seu trabalho pioneiro da modificação de comportamentos de crianças autistas em que afirma que suas terapias fizeram com que 47% das crianças tratadas se tornassem "indistinguíveis de seu estado normal" (Lovaas, 1987). Todavia, não há como analisar os trabalhos de Lovaas sem estabelecer uma crítica radical aos seus métodos, carregados de contradições.

Nascido na Noruega, o psicólogo Ole Ivar Lovaas iniciou sua trajetória como professor na Universidade da Califórnia, Los Angeles, em 1961. Lá ele trabalhou com colegas para desenvolver e testar uma abordagem enraizada na teoria da aprendizagem operante para tratar crianças com comprometimentos intelectuais e comportamentais. Para Gibson e Douglas (2018, p. 9),

> Os experimentos de Lovaas com crianças autistas usaram reforçadores positivos para comportamentos desejados/"-normais", como dar comida, dizer bom menino e/ou dar um abraço ou tapinha na criança por assistir às aulas ou usar a linguagem falada, olhar, abraçar, ou beijar o experimentador mediante solicitação. Eles também usaram aversivos violentos: tapas, choques elétricos e repreensões para comportamentos indesejados/autistas, como bater as mãos, balançar, bater partes do corpo contra objetos, subir em móveis, não ir até o experimentador quando solicitado, não abraçar o experimentador ou evitar seus movimentos. Ao contrário da psicanálise, as visões comportamentais da aprendizagem e da sociabilidade humana não estão interessadas nas causas ou na interioridade psíquica do comportamento e da cognição humanos, embora normalmente aceitem visões biológicas do humano. Em vez disso, as mudanças no ambiente externo resultam em mudanças na cognição e no comportamento humano, e possivelmente até na biologia. [...] O papel de "empreendedor moral" e "especialista" se uniu à figura de Lovaas, que emprestou conhecimento científico, bem como convicção moral, ao emergente regime de tratamento comportamental de pessoas autistas (Douglas, 2016; Becker, 1963). As tecnologias envolvidas eram elaboradas e precisas, ao mesmo

tempo brutais e contundentes. Pisos ou bastões eletrificados e dispositivos de medição detalhados foram usados em alguns casos, juntamente com lanches, tapas e listas de verificação de monitoramento diário que poderiam ser mais facilmente traduzidas fora da sala de experimentos. Embora inicialmente hesitante quanto à capacidade dos pais de replicar o rigor das técnicas inovadoras em seu laboratório na UCLA, os experimentos de Lovaas em corpos autistas ampliaram o alcance da regulamentação científica aos pais, e particularmente às mães, que ele treinou para serem terapeutas domiciliares.

O uso de técnicas invasivas foi justificado pelo próprio Lovaas como necessário em decorrência da população que este atendia. Em suas palavras,

[...] tratamos as crianças muito subdesenvolvidas, isto é, crianças que se enquadrariam na metade inferior do continuum psicótico e cujas chances de melhoria foram consideradas essencialmente zero. A maioria das crianças teve pelo menos uma experiência de tratamento anterior (até 4 anos de tratamento intensivo de base psicodinâmica) que não produziu nenhuma melhora perceptível. (Lovaas *et al.*, 1973, p. 133).

Para Gibson e Douglas (2018), o quadro traçado por Lovaas se mostrara representativo, uma vez que a desesperança das crianças autistas foi usada não apenas como justificativa para os procedimentos intensivos, dispendiosos e, muitas vezes, violentos que a intervenção envolveu, mas também como um tributo à habilidade do experimentador e à promessa do seu método de mudar o futuro demarcado pelo prognóstico.

Por consequente, como ressalta Gibson e Douglas (2018), o otimismo do behaviorismo foi produzido num arco narrativo onde perfis pré-intervenção considerados "altamente patológicos" foram transformados em perfis "indistinguíveis do normal". O título do estudo de 1987 de Lovaas, "Behavioral treatment and normal educational and intellectual functioning in young autistic children", promoveu de forma tentadora um retorno ao "funcionamento normal" para um subconjunto de crianças autistas pós-intervenção, que se avistava como a transformação pretendida por pais e comunidade.

Nos principais textos de Lovaas (1979, 1987), a análise comportamental foi vista como uma forma de intervenção demorada, trabalhosa, necessária e precoce para redirecionar os futuros projetados para longe do pessimismo que caracterizava o diagnóstico de autismo até os anos de 1980. Logo, o behaviorismo foi apresentado como um farol de esperança tanto para pais como para profissionais anteriormente desanimados. Lovaas associava o comportamento autista a uma humanidade subdesenvolvida, primitiva, patológica, não relacional e que não tinha consciência de si. A negação consistente de qualquer significado mais profundo ou de humanidade às ações das crianças autistas reproduziu implicitamente essas associações, assim como palavras amplamente utilizadas como "gravemente subdesenvolvido".

O imperativo em se tomar medidas desesperadas para tratar comportamentos autistas por meio de intervenção precoce e "recuperar o funcionamento normal" nas crianças continua a ser uma lógica largamente não questionada e algo ainda aplicado nos dias de hoje tanto pela academia, como também entre pais, profissionais e decisores políticos. Portanto, os propósitos de Lovaas continuam atuais, embora seus métodos sejam altamente contestáveis e condenáveis sob uma perspectiva humanizante.

Para além desses elementos, é impossível se fazer uma análise completa do trabalho de Lovaas – que leva efetivamente ao desenvolvimento das terapias comportamentais para autistas focadas em ABA –, sem nos debruçarmos sobre seus experimentos acerca do gênero humano no não tão conhecido projeto intitulado "Feminine Boy Project", o qual desenvolveu intervenções sobre identidades e comportamentos não conformes ao esperado socialmente para determinado gênero. Nesse projeto, conduzido por Lovaas, buscou-se desenvolver métodos baseados

> [...] nas mesmas tradições behavioristas com o objetivo de aumentar o comportamento, as brincadeiras e as atividades "masculinas" (por exemplo, brincar com os meninos, escolher os brinquedos dos "meninos", envolver-se em brincadeiras "agressivas") e diminuir o comportamento, brincadeiras e atividades "femininas", (por exemplo, brincar com bonecas, brincar com meninas, ter pulsos agitados). No entanto, ao contrário do tratamento de crianças autistas, não foram utilizados aversivos na sala de tratamento com estas crianças além da remoção da resposta positiva (Dawson, 2004). Por exemplo, a mãe diria "bom menino" e se envolveria com entusiasmo em resposta à brincadeira "apropriada" e depois se afastaria da criança e deixaria de responder quando a criança escolhesse os brinquedos

> "errados". Em casa, no entanto, os pais foram treinados para criar programas comportamentais para moldar comportamentos normativos de género que poderiam incluir bater na criança. [...] Estas abordagens padronizadas recrutaram e regulamentaram simultaneamente a forma como os pais deveriam preocupar-se com o autismo e o comportamento de género como profissionais-chave, ao mesmo tempo que excluíam as famílias que não podiam realizar intervenções tão intensivas (Gibson; Douglas, 2018, p. 10).

Vale ressaltar que o próprio Lovaas, em estudo feito conjuntamente com Rekers (1974), se vangloria da utilização da terapia comportamental na transformação de comportamentos contrastantes ao esperado pelo respectivo gênero, senão vejamos:

> Quando o vimos pela primeira vez (um menino), a extensão da sua identificação feminina era tão profunda (seus maneirismos, gestos, fantasias, flertes, etc., como mostram seus olhares pela casa e pela clínica, completamente vestido como uma mulher com vestido longo, com esmalte, voz aguda e estridente, olhos desleixados e sedutores) que sugeria determinantes neurológicos e bioquímicos irreversíveis. Após um mês de acompanhamento, ele parecia e agia como qualquer outro garoto. (Rekers; Lovaas, 1974, p. 187).

Tais elementos mostram como a chamada cultura de conversão tão utilizada em algumas terapias comportamentais carregam problemas dos mais diversos. Evidente que terapias de reconversão de gênero raramente são presenciadas contemporaneamente por estarem sob forte censura, todavia, os métodos ali desenvolvidos continuam a ser operativos em relação a determinados comportamentos e manifestações. É nesse sentido que devemos problematizar tais terapias como preocupantes, na medida em que estabelecem padrões valorativos de normalidade como neutros, naturais e universais, vendo o desvio deste como condição a ser obrigatoriamente corrigida, reformada e normalizada. Em razão desses elementos, de acordo com Milton e Moon (2012, p. 5-8),

> [...] os críticos da ABA estão aumentando significativamente na academia. Um estudo de Remington et al. (2007, citado em Fitzpatrick, 2009) compararam aqueles que tiveram ABA domiciliar com aqueles que não o fizeram durante um período de dois anos. Utilizando medidas de inteligência, utilização da língua, competências de vida quotidiana e uma medida estatística dos "melhores resultados", a maioria não

fez progressos significativos. Magiati et al. (2007) também não encontraram diferenças significativas numa série de medidas de resultados, embora tenham sido encontradas grandes diferenças em relação aos "resultados" tanto nos grupos de controlo como nos experimentais. Fitzpatrick (2009) sugere que a ABA pode beneficiar algumas pessoas autistas, mas a maioria não, com algumas melhorias sem qualquer intervenção comportamental. Ele sugere que os investigadores não estão mais avançados na descoberta de quais as crianças que irão melhorar ou que aspectos da intervenção estão a ter um efeito positivo. Nadesan (2005) argumenta que a ABA tem muitas deficiências metodológicas e os profissionais e teóricos tendem a exagerar os seus benefícios, mas têm muito potencial para moldar o desenvolvimento de crianças autistas (para melhor ou pior), produzindo certos tipos de assuntos que requerem vigilância e intervenção profissional. [...] Dados os perigos do diagnóstico precoce inadequado, a falta de replicação, a falta de especificidade, e a natureza ética e culturalmente questionável do 'tratamento' e sua natureza impraticável e cara, como todos os outros tratamentos que alegaram ser específicos para o autismo, não se conseguiu se estabelecer como um tratamento definitivo.

Não estamos aqui invalidando as terapias comportamentais, as quais podem se mostrar importantes para uma série de situações e condições específicas, contudo, é importante sinalizar suas contradições e que estas estão longe de possuir um valor universal no trato com os sintomas característicos do TEA.

Expresso o conjunto desses elementos, resta como meridiano que, quanto mais se avançou nos estudos sobre o autismo, menos se chegou a conclusões definitivas sobre sua etiologia, diagnóstico e tratamento. Temos menos certezas hoje que Kanner no longínquo 1943. E isso certamente deveria abrir nossos olhos para os caminhos que estamos a percorrer. O que sabemos de forma fiável é que as crianças identificadas como autistas se beneficiam da interação com pares e que essa interação se alicerça como mecanismo fundamental no desenvolvimento de uma série de habilidades necessárias para a participação em variadas esferas sociais. Sabemos também, como pontuam Camargo e Bosa (2009, p. 68), que "proporcionar às crianças com autismo oportunidades de conviver com outras da mesma faixa etária possibilita o estímulo às suas capacidades interativas, impedindo o isolamento contínuo. Além disso, subjacente ao conceito de competência social está a noção de que as habilidades sociais são passíveis de serem adquiridas pelas trocas que acontecem no processo de aprendizagem social".

Esse fato coloca como crucial o desenvolvimento de processos formativos que abranjam toda a estrutura educacional, passando seguramente pela orientação aos professores, mas não se restringindo a ela, na medida em que toda a comunidade escolar deve entender que a pessoa com deficiência não se resume à sua limitação e que muito contribui para o desenvolvimento das relações humanas.

Partir dessa perspectiva muda todo o recorte de medo anteriormente criado. Não podemos esquecer que a criança com TEA é antes criança e depois autista. O transtorno não precede sua gênese, tampouco elimina zonas de possibilidades e aprendizagens. O elemento mais genuíno da infância é a capacidade de modificarmos rapidamente nossa forma de ser e se situar no mundo, sendo que a plasticidade mais importante nesse estágio não é a de origem biológica, mas a social, pois nos envolvemos em um mundo novo que desperta uma quantidade inumerável de sensações e reações em nossos corpos. Por isso, é preciso tomar bastante cuidado com perspectivas que resumam a vida da criança a práticas de terapias, pois, ao contrário de auxiliar, na imensa maioria dos casos, elas irão atrapalhar o desenvolvimento e estreitar as potencialidades das crianças.

É cada vez mais comum ouvirmos relatos de mães que alegam que suas crianças têm de fazer inúmeras horas de fonoaudiologia, terapia ocupacional, ABA, psicologia, integração sensorial, entre outros. Trata-se de uma nova forma de institucionalização, cuja construção, embora diferente, possui muitos pontos em comuns com as práticas já conhecidas. Evidente que não estamos questionando a validade dessas funções e terapias, mas somente afirmando que elas não podem resumir a vida de uma criança. Isso posto, analisemos de maneira mais detida o intenso crescimento de diagnósticos de autismo nos tempos atuais.

A EXPLOSÃO DOS CASOS DE AUTISMO: RAZÕES E CONTRARRAZÕES

Para Almeida e Neves (2020, p. 2), "aparentemente, há um espectro que ronda a infância, o espectro do Transtorno Autista. Eleito em janeiro de 2012, na França, como a grande causa nacional, o autismo se disseminou e hoje configura uma suposta epidemia".

Se olharmos atentamente ao longo da história perceberemos que o aumento da incidência dos casos de autismo pode ser matematicamente comprovado mediante estatísticas oficiais. Não é escusado rememorar que o primeiro estudo epidemiológico acerca do número de crianças com autismo foi realizado por Victor Lotter no ano de 1966. Lotter (1966), em suas análises, encontrou uma prevalência de 4,5 crianças autistas para cada 10.000 crianças analisadas de 8 a 10 anos que habitavam em Middlesex, um condado londrino.

Os dados de Lotter (1966), mostram-se consoantes àqueles encontrados no DSM-III, publicados originalmente em 1980. Desde então, com a mudança na forma diagnóstica e classificatória, sobretudo a partir do DSM-IV, temos observado um crescimento exponencial da identificação de manifestações autistas, cujos resultados provocam inegavelmente impactos sociais, éticos e políticos.

Apenas para se ter uma dimensão desse crescimento, a Rede de Monitoramento de Autismo e Deficiências de Desenvolvimento (ADDM) do CDC (Centers for Disease Control and Prevention), estipulou que nos Estados Unidos, em 2022, cerca de 1 em cada 36 crianças com idade de 8 anos foi identificada com TEA, ocorrência presente em todos os grupamentos étnicos e classes sociais (CDC, 2023). Esse número é 6.173 vezes maior que o do primeiro achado de Lotter (1966).

Se analisarmos somente os dados do CDC, órgão que disponibiliza estatísticas oficiais sobre o autismo nos Estados Unidos desde os anos 2000, perceberemos que somente em 20 anos o números de crianças de 8 anos com autismo saltou de 1 para cada 150 para 1 a cada 36 crianças, um aumento de 420% em duas décadas.

Já os dados da OMS, como já salientamos, apontam a existência de 1 criança autista para cada 100 crianças, enquanto os da Organização

Pan-Americana de Saúde (Opas) estima que existe 1 criança autista para cada 160 crianças. Se tomarmos somente os dados da OPA, temos que o número de crianças autistas cresceu vertiginosamente em uma percentagem que supera em 1.562% os dados iniciais de Lotter (1966). Esses dados indicam como obrigatório questionarmos por quais razões tantas crianças passaram a ser diagnosticadas com TEA nesse curto espaço de tempo? Será que estamos mesmo diagnosticando melhor a condição autista ou somente produzindo mais diagnósticos?

Embora entendamos que ambas as sentenças devam ser encaradas como verdadeiras nesta nova composição sintomatológica da sociedade atual, é preciso analisar também a quais interesses determinadas classificações podem estar a operar. Não é escusado destacar que o crescimento exponencial do números de enfermidades descritos na CID e no DSM ocorreu justamente quando do avanço da indústria farmacêutica.

Claro que atualmente os profissionais se mostram mais bem preparados para identificar manifestações autistas do que em períodos anteriores, dada a própria popularização do tema. Evidente também que a consideração do autismo sob a perspectiva de espectro e suas múltiplas facetas alargaram as possibilidades diagnósticas dessa manifestação ao incluir a possibilidade diagnóstica de adultos, entre outras situações. Ademais, não podemos esquecer que a classificação de um sujeito como pertencendo ao universo das pessoas com deficiência confere a este uma série de direitos subjetivos e de serviços muitas vezes negado pela sociedade brasileira (Brasil, 2015). Todos esses fatores são verdadeiros e devem ser tomados em nota na tentativa de entender o crescimento dos casos de TEA no Brasil e no mundo, entretanto, ainda assim, eles não se mostram suficientes, por isso, urge lançarmos outros questionamentos sob distintas bases e que sirvam como estopim para debates acerca dessa representação imagética que nos circunda.

Estamos, de fato, identificando melhor a condição autista ou rotulando mais? Haverá algum interesse mercantil ou político na massificação do número de pessoas autistas na sociedade? Não estaríamos presenciando um retorno da patologização da diferença operada pelo campo médico? Será que todas as crianças autistas são, de fato, autistas? Será que todos aqueles identificados como autistas são mesmo pessoas com deficiência? Haverá alguma relação entre o desenvolvimento do comportamento atualmente vaticinado de autístico e os novos modos de ser e se relacionar da contemporaneidade?

Será que a crescente utilização de tecnologia digitais – centradas no aprisionamento do eu pela mediação de uma tela – e a forma como estas interferem na configuração dos laços sociais não estariam a massificar o aparecimento de sintomatologias características da condição autística? Não estaria na hora de construirmos uma descrição do autismo com base na perspectiva do modelo social da deficiência? É a hora de nos debruçarmos sobre essas problemáticas, realizadas na parte introdutória desta obra. Passemos a análise mais detidas dessa conjuntura.

O COMPLEXO DO AUTISMO: APARÊNCIA CLÍNICA E ESSÊNCIA MERCANTIL

De distúrbio raro a transtorno comum, podemos afirmar que a maneira como a sociedade se relacionou com o autismo se transformou ao longo do tempo. Todavia, essa mudança de relação se vincula mais à proximidade com esse quadro, cada vez mais presente nas interações cotidianas, do que propriamente com a mudança de sintomas característicos do autismo, as quais permanecem relativamente estáveis desde Kanner, embora tenha ocorrido uma mudança significativa nas formas de diagnosticar referida condição.

Para Rios (2015, p. 325),

> [...] embora o autismo não seja uma doença contagiosa, fala-se de uma "epidemia de autismo", em alusão ao aumento vertiginoso do número de casos num período curto de tempo. De uma forma geral, atribui-se esse aumento a uma mudança no modo como a psiquiatria passou a descrever e a classificar um conjunto de comportamentos e de características que já se apresentavam com determinada frequência na população anteriormente, expandindo os casos classificados sob essa alcunha nosológica.

A colocação de Rios (2015) se mostra pertinente no sentido de fornecer contribuições para entendermos o cenário que levou a esse aumento geométrico do número de pessoas diagnosticadas com TEA nas últimas décadas. No entender da autora,

> Especula-se, também, que a dita epidemia seja fruto de uma reconfiguração na rede de cuidados a essa população, que teve como marco inicial a desinstitucionalização do retardo mental no final dos anos 1960 nos Estados Unidos. Tal argumento não aponta, exclusivamente, para uma substituição diagnóstica do retardo mental por autismo mas, sobretudo, para o efeito que a rede de cuidados que se formou em torno do autismo teve no sentido de conferir mais visibilidade a esse diagnóstico. Assim, segundo esses autores, "não foi a epidemia que fez o autismo visível, mas a visibilidade do autismo que fez a epidemia" (Rios, 2015, p. 326).

A ideia de que não foi a epidemia que fez o autismo visível, mas a visibilidade do autismo que fez a epidemia se mostra radical – não por ser extremista, e, sim, por ir à raiz dos acontecimentos –, na configuração de um panorama que ajude a explicar o atual estado de coisas. De acordo com Almeida e Neves (2020, p. 3), em razão

> [...] das dificuldades operacionais face aos delineamentos epidemiológicos necessários para a aferição de incidência de autismo, a maioria dos estudos epidemiológicos realizados refere-se, então, à medição da prevalência. Como aponta **Klin (2006)**, o aumento nas taxas de prevalência não significa um aumento da incidência. No entanto, para o autor, a crença sobre o aumento da incidência é a responsável pelo surgimento da ideia errônea sobre a "epidemia de autismo", noção que sequer se sustenta empiricamente, uma vez que os poucos estudos sobre incidência não foram adequados para testar a hipótese da epidemia (**Fombonne, 2009**). É possível também questionar o aumento de prevalência, na medida em que muitos estudos entre as décadas de 1960 e 1970 associaram autismo e retardo mental. Assim, as pesquisas realizadas com indivíduos sem comorbidade começaram somente após algum tempo. Além disso, os diferentes métodos empregados nos estudos epidemiológicos alteram consistentemente os dados sobre a prevalência. Dessa forma, estudos que dependem de fontes administrativas únicas para identificar casos produziram baixas estimativas enquanto investigação utilizando métodos proativos para o encontro de casos, ou seja, múltiplas fontes de apuração e procedimentos diagnósticos diretos produziram taxas muito mais altas. [...] A dificuldade no estabelecimento da incidência, o obstáculo na comparação desses indicadores ao longo do tempo e a lacuna sobre pesquisas epidemiológicas específicas para a realidade de alguns países tornam a "epidemia de autismo" questionável. No entanto, desacreditar a epidemia não significa desconsiderar o aumento, mas poder, livres de seus atavios, problematizá-la de tal forma a compreender seu fundamento. Esse fundamento encontra um de seus amparos na dificuldade mais recorrentemente citada nas pesquisas epidemiológicas para o autismo: as mudanças de definição e classificação ao longo do tempo. Assim, "a menos que as comparações também controlem rigorosamente as mudanças nas definições do caso, as interpretações das diferenças nas taxas de prevalência ao longo do tempo e através de pesquisas serão virtualmente impossíveis".

Almeida e Neves (2020) acentuam que a conceituação original de Kanner, realizada no longínquo 1943, fora considerada essencialmente restrita, sofrendo alterações no correr do tempo. Tais mudanças paradigmáticas, especialmente nos manuais diagnósticos e estatísticos psiquiátricos, acabaram por afetar a classificação e nomeação do autismo, cuja consecução trouxe consequências diretas para a produção de sua epidemiologia. Nas palavras das autoras,

> A partir da base psiquiátrica se funda a definição do transtorno que subsidiará as pesquisas de incidência e prevalência. Para tanto, a noção de epidemia no caso do autismo está fortemente associada às mudanças paradigmáticas ocorridas na psiquiatria no século passado. Nos manuais psiquiátricos que embasam a realização do diagnóstico houve mudanças históricas na definição do autismo. Em 65 anos, o autismo transformou-se de sintoma das psicoses infantis em TEA, pelo DSM-V (American Psychiatric Association, 2014). Compõe a estrutura de sintomas os prejuízos nas áreas de comunicação social e padrões de comportamentos repetitivos e restritivos.

As modificações pelas quais passaram os manuais diagnósticos da APA, desde sua primeira versão até a quinta edição foram extensamente destacadas no capítulo anterior, o qual permite ao leitor situar as transformações conceituais e diagnósticas que lastreiam parte do aumento de pessoas identificadas com TEA.

Sublinhadas modificações não deixam de refletir as próprias transformações sociais que alteraram a forma como nos relacionamos com os fenômenos que nos rodeiam. Nesse sentido, não podemos deixar de considerar que mesmo as categorias clínicas/biológicas guardam elementos descritivos formatados a partir de uma determinada visão de mundo que invade a produção de relações sociais. Todavia, engana-se quem pensa que tal ato se relaciona a uma suposta melhoria dos descritores da saúde; sua gênese é social e liga-se ao conceito de biossocialidade retratado por Foucault (1987). Sob essa perspectiva, muitos passam a partilhar de determinadas identidades segundo critérios de saúde ou da ausência dela, sendo o caso das pessoas com deficiência dos mais exemplares, o que faz ecoar novamente a fala de Rosemberg (2006, p. 414) de que "a legitimidade social pressupõe a identidade somática".

Tal conjuntura faz parte do processo de medicalização que envolve a sociedade e se estabelece tanto na ingestão de fármacos e tratamentos, como na primazia do saber médico em definir o lugar que cada qual ocupará na sociedade. A pedra angular da medicalização consiste tanto na definição de um problema (qualquer que seja ele) em termos médicos como na utilização de uma linguagem médica e de uma racionalidade também médica. Por fim, consiste na imaginação de intervenções sobre a pessoa resumidas ao escopo médico. Para Illich (1975), a ideia de medicalização se resume à primazia da supervisão médica acerca de todos os aspectos ordinários da vida, cuja consecução retira dos sujeitos a capacidade de cuidarem de si e de definirem seus destinos. É como que uma colonização silenciosa de desejos e pensamentos. Com base nesses elementos, formam-se categorias inéditas e novos tipos humanos que modificam conceitos anteriores, sempre contingentes e elásticos.

O foco inicial do processo de medicalização analisado pela literatura sociológica residiu na análise de fenômenos como as desordens mentais, o alcoolismo, a homossexualidade, as questões sexuais, a delinquência, entre outros. Para Gaudenzi e Ortega (2012, p. 25), "a questão fundamental dos principais trabalhos sobre a medicalização era mostrar como determinados comportamentos que, até então, eram considerados imorais, passaram a ser definidos como médicos". Esse processo fora objeto de análise de variados autores, mas, inegavelmente, foi Foucault (1987), aquele que ofereceu as maiores e mais inovadoras contribuições a essa questão sob uma perspectiva socioantropológica mediante suas análises sobre biopoder. Para Zorzarelli *et al.* (2014, p. 1860),

A pertinência e a atualidade do conceito de medicalização são demonstradas pelo alcance que o tema vem adquirindo em publicações no campo das ciências humanas e sociais nas últimas décadas. Não é sem motivo, portanto, que o conceito é considerado um "clichê da análise social". Publicações proliferam sobre diferentes objetos medicalizáveis, tais como a infância, comportamentos desviantes; gravidez e parto, timidez, envelhecimento, masculinidade, sobrepeso, tristeza, memória. Para cada um deles, surgem potencialmente novas condições médicas - transtorno de déficit de atenção e hiperatividade, fobia social, menopausa, deficiência androgênica do envelhecimento masculino, transtorno de estresse pós-traumático - ou entidades clínicas já existentes aumentam em prevalência, sobretudo em países desenvolvidos.

O conceito de medicalização faz parte de nossa vida e compõe parte das gramáticas de reconhecimento social hodiernas. Para Conrad e Schneider (1992), medicalização diz respeito à definição de algum comportamento não médico como um problema médico e a subsequente oferta de algum tipo de tratamento para tal manifestação, tratada, a partir de então, em termos de doença ou transtorno. De acordo com Zorzarelli *et al.* (2014, p. 1860),

> Um dos sentidos mais destacados para o termo medicalização é o de definir como transtornos médicos comportamentos transgressivos e desviantes das normas sociais vigentes, em determinado cenário sócio-histórico. Esse sentido remonta ao centro de debates da psiquiatria sobre a produção social da doença mental, no correr das décadas 50 e 60, e em torno das obras influentes de Barbara Wootton [1897-1988] e de Thomas Szasz [1920-2012]. De um lado, Wootton aponta, em um breve mas incisivo artigo, o alargamento do conceito de doença mental, que passa a incluir não somente os indivíduos gravemente acometidos por limitações mentais, mas também os incapazes de gerenciar suas vidas. O argumento de Wootton contra essa expansão decorre do fato de que, para a autora, conceitos de doença mental são judicativos e dependem de definições do que é uma boa vida. A ideia de que à profissão médica se atribuem respostas a problemas sociais e pessoais retira a atenção necessária ao ambiente sociocultural. Na mesma direção dos argumentos de Wootton, a obra de Szasz, The myth of mental illness, em meio a diversas e relevantes discussões, destaca o quanto a redefinição, pela psiquiatria, de todo tipo de problema da vida como um transtorno psiquiátrico é uma territorialização, uma expansão e institucionalização da expertise psiquiátrica. Conrad e Schneider ressaltam os ganhos no deslocamento da definição de comportamentos desviantes, moralmente repreensíveis ou mal adaptados para condições médicas. O desvio seria uma categoria de condenação moral e de julgamento negativo, aplicados a membros de uma comunidade social. Comportamentos transgressivos das normas sociais vigentes são associados ao livre arbítrio, à vontade do indivíduo e sua responsabilidade. Uma vez convertidos em doenças, o peso moral da responsabilidade por esses atos é diminuído ou extinto. Há, portanto, um benefício real em padecer de uma doença, no lugar de ser considerado um desviante ou transgressor de normas sociais. Os garotos indisciplinados das classes

> escolares passam a ser considerados crianças que necessitam de cuidado médico, e a tolerância de professores, diretores, colegas e, até, dos pais, se modifica, diante dessa nova descrição. Do mesmo modo ocorre com o alcoolismo que, não sendo mais compreendido como fraqueza moral, mas como doença, permite que as pessoas que dele padeçam sejam tratadas medicamente e menos estigmatizadas.

A arquitetura desse novo cenário epistemológico permitiu que situações como a loucura e a doença, entre outras, pudessem ser significadas em termos dos conceitos de saúde-doença, modificando a maneira pela qual a sociedade define seus quadros de imagem. Não por acaso, a Medicina adquiriu uma função de regulação social anteriormente vista como atributo da religião e da lei, algo também apontado por Foucault (1978). Nesse sentido, o processo de colonização da vida por derivativos médicos se constitui como um novo regime e repositório de verdade, tomando para si o bastião de avaliador moral da sociedade com base em uma posição proclamada como objetiva e neutra da ciência. Entretanto, tal posição fora alvo de contestações. Nas palavras de Zorzarelli *et al.* (2014, p. 1863), a crítica ao sentido da medicalização como controle social

> [...] é ilustrada por Lupton, para quem a dimensão referente aos diferentes jogos de força e interesses, ou concernente à possibilidade de uso, da parte de pacientes e grupos, de processos medicalizantes, não foi devidamente considerada pelos autores da década de 70, relegando aos indivíduos a função de alvos passivos da medicalização e dos dispositivos de controle médico. Para Lupton, a ideia de que os indivíduos não devem ter sua autonomia restrita é central, nessa primeira fase dos estudos sobre medicalização, que pressuporia a negação da ação racional e independente dos indivíduos, pois os membros de um grupo autoritário ditariam normas em torno das formas como outros grupos deveriam se comportar. Os pacientes seriam colocados no lugar de vulneráveis e demandantes da atenção médica, sem oportunidade de questionar decisões dos especialistas. Medicalizar seria um ato de despolitizar as dimensões sociais do adoecimento e da saúde, havendo um deslocamento para o campo da saúde e da doença, de questões relativas à desigualdade social entre grupos humanos e à dominância entre eles. A crítica à acepção do conceito de medicalização como controle social pode ser resumida no que Lupton define como a tese da assimetria entre a

medicina, seus representantes e os leigos. Por meio dela supõe-se haver uma relação inversamente proporcional entre a medicalização e a liberdade individual. Ou seja, quanto mais medicalizado um indivíduo ou a sociedade em que vive, maior o controle social a que estão submetidos. A medicalização seria assim – para os adeptos da tese do controle social – uma forma de imperialismo médico e de exercício do controle, que negaria a ação autônoma por parte dos indivíduos. Esse pressuposto de assimetria entre médicos e leigos é considerado insuficiente por Lupton que denuncia que tal assimetria situa os indivíduos medicalizados como alvos passivos das estratégias do mercado e da indústria farmacêutica. Desconsiderar-se-ia, desse modo, que a proliferação do conhecimento médico nem sempre serve exclusivamente aos interesses supostamente malévolos da autoridade médica, ou seja, a nomeação médica ofereceria não somente uma apassivação dos indivíduos classificados, um consumo acrítico de medicamentos disponíveis, mas uma organização para males e perturbações, dando coerência aos sintomas.

A crítica destacada se mostra bastante pertinente, dado o caráter dialético e complexo da relação estabelecida entre seres humano e sociedade. Por mais opressivo e insidioso que possa ser o aparato que chamamos de medicalização, é inegável que as pessoas reagem de maneira distinta no que tange à sua manifestação e que os próprios gradientes de variação da ideia de medicalização não se mostram homogêneos. Como bem ressalta Zorzarelli *et al.* (2014, p. 1864), a irregularidade da medicalização

> [...] indica que tal processo é, por excelência, variável, anômalo, desigual, dependente de seu alvo, do grupo social a que esse alvo pertence, dos vetores que concorrem para sua configuração. De forma prática, essa irregularidade significaria, por exemplo, que alguns comportamentos são, potencialmente, mais medicalizáveis do que outros, colaborando para isso certos fatores, como o maior ou menor apoio da profissão médica, a disponibilidade de intervenções e tratamentos, a existência de definições daquele comportamento ou transtorno competitivas entre si; significaria dizer que alguns grupos são ou eram mais medicalizáveis do que outros, como, a princípio, as mulheres e as crianças; que as diferenças sociais e de gênero contribuiriam para acirrar processos de medicalização; que haveria agentes fora da profissão médica que contribuiriam ativamente

> para a medicalização, tais como a indústria farmacêutica, as associações de cuidadores e pacientes, a mídia impressa e virtual e a divulgação científica, periódicos médicos e as propagandas de medicamentos. Por fim, a irregularidade da medicalização significaria que pode haver, paralelamente, processos de desmedicalização, como o emblemático caso da retirada da homossexualidade do DSM-II, no início da década de 70, como conquista do movimento norte-americano pelos direitos civis dos homossexuais. [...] Outro aspecto importante ressaltado por Conrad e Schneider, em tese da medicalização como processo irregular, é o fato de que há novos problemas, não vislumbrados pelos debates dos anos 70. Em 2007, na obra *The Medicalization of Society*, o principal tema analisado é a expansão dos limites das categorias nosológicas, que passam a incluir cada vez mais indivíduos. Um exemplo é o transtorno de déficit de atenção e hiperatividade (TDAH), que, inicialmente, se aplicava somente a crianças excessivamente ativas, impulsivas e distraídas, sobretudo meninos. No entanto, a categoria foi se tornando mais inclusiva, comportando adultos e meninas. Os estudos de caso analisados pelo autor também abrangem o caso da medicalização da masculinidade (sobretudo, os casos da disfunção erétil e da calvície) e o uso do hormônio GH em sua versão sintetizada. Por fim, o caso do uso de medicamentos para aumento da performance cognitiva (*enhancement*), ou seja, do uso *off labe* de psicofármacos, na ausência de doença.

Na expansão dos limites das categorias nosológicas pontuada na citação poderíamos situar, sem sombra de dúvidas, parte das razões que levaram a essa "epidemia" de casos de TEA nos últimos anos, uma vez que esta se relaciona ao estreitamento das fronteiras do normativo. Embora variável e irregular, o processo de medicalização afeta a todos, sendo que a resistência estabelecida pelos sujeitos contra suas artimanhas não significa que este é menos incisivo ou nocivo. Resistir é parte do processo de se rebelar contra o estado de coisas que nos rodeia, logo, componente de um dos elementos mais genuínos da característica humana que é o de modificar o ambiente que lhe envolve.

Por mais pernicioso que possa se compor o processo de alguns diagnósticos e por mais que observemos que parâmetros médicos definidos como normativos influenciem a construção de identidades, existe sempre algo no diagnóstico que escapa tanto à Medicina como a psiquiatria, cuja presença não se refere exclusivamente à finalidade de identificação e tratamento de alguma doença. Como pontua Almeida e Neves (2020, p. 9),

> O diagnóstico oferta um lugar social, promotor de identificações, que cumpre uma função psíquica. Evidencia-se, assim, o caráter social e subjetivo que permeia a psiquiatria e que esta tenta a todo custo evitar. Restrita aos manuais e teóricos, este ramo da psiquiatria contemporânea, biologicista, tenta atribuir uma neutralidade impossível de existir em termos de psicopatologia. Não é possível abordar uma articulação entre a perspectiva psiquiátrica e social dos transtornos mentais, na medida em que a primeira se instaura sob a égide da segunda. Dessa forma, o que se produz no campo psiquiátrico atualmente é fruto do que se passa socialmente na contemporaneidade. O debate torna-se ainda mais interessante ao problematizarmos a questão da suposta epidemia do TEA, que de transtorno bastante raro e quase desconhecido tem se popularizado enormemente – como denotam as pesquisas recentes (Ortega et al., 2013; Rios et al., 2015). Se reconhecemos o individualismo como um importante aspecto pós-moderno, é possível conjecturar que há um aumento de traços autísticos posto no próprio laço social contemporâneo. Para tanto, parece que a epidemia de autismo se vincula a isso que se passa entre os campos psiquiátrico e social atualmente.

Nesse diapasão, se é verdadeira a informação de Davis (1995) de que a "Europa tornou-se surda durante o século XVIII", e que o conceito de deficiência é um processo social que corresponde a uma maneira hegemônica de pensar sobre o corpo, a qual alcançou uma relativa organização por volta do século XVIII, poderíamos afirmar que a sociedade se tornou autista a partir do século XXI, embora sua descoberta remontasse a década de 1940 e sua definição nosológica aos anos de 1980. Versando sobre o caso da surdez, Ortega (2009, p. 69) destaca que

> Antes dessa data, existiam obviamente pessoas surdas e seus familiares, mas não existiam discursos nem políticas públicas sobre e para a surdez, assim como não havia nenhum tipo de instituição educacional para surdos. Como consequência, os surdos não eram constituídos como um grupo. Só após a introdução das políticas e instituições educacionais para surdos (os quais, tendo a maioria nascida de pais que ouviam, não se viam a si mesmo como parte de uma comunidade), eles são constituídos como grupos,

> desenvolvendo um senso de comunidade, um subgrupo ou comunidade étnica no meio da nação. [...] A tomada de consciência desse movimento (e de deficientes em um sentido mais genérico, incluindo a cultura autista) vem produzindo processos de coming out deficiente, análogos aos coming outs de gays, lésbicas e negros, declarando um "orgulho surdo" que remete ao orgulho gay, lésbico ou negro, o qual corresponde na neurodiversidade à declaração do orgulho autista, como veremos. Para os teóricos dos estudos da deficiência, essa afirmação permite um deslocamento do discurso dominante da dependência e anormalidade para a celebração da diferença e o orgulho da identidade deficiente.

Seguindo essa linha de análise, poderíamos afirmar que o conceito de autismo e sua suposta epidemia compreende um processo complexo que corresponde a uma maneira hegemônica dos tempos hodiernos de pensar sobre as formas dos comportamentos socialmente esperados, sobre como as características autistas se desviam desse projeto normativo e sobre como as instituições se relacionam com esse desvio.

Nesse sentido, haverá explicações naturalistas que tomam o aumento do número de diagnósticos de TEA como indicativo de um aumento real no número de casos de autismo na sociedade em função de alterações nos modos de vida. Haverá uma série de outras explicações que tratam esse aumento como vinculado à alteração dos critérios diagnósticos adotados se comparados aos tempos pretéritos, assim como a maior conscientização sobre o autismo entre pais, professores e especialistas, a maior disponibilidade de serviços de saúde e a subsequente busca por esses serviços e outros benefícios (o que não deixa de ser uma consequência do primeiro suposto). Contudo, no entender de Eyal (2013, p. 894-895),

> Ambos os tipos de explicações, no entanto, se mostram insatisfatórios. As explicações naturalistas perdem muito da sua plausibilidade quando se compreende que os diagnósticos para o autismo foram sucessivamente ampliados pouco antes do início desta suposta epidemia – primeiro em 1987, com a publicação do DSM-III-R, depois em 1994 com DSM-IV. A isto é preciso acrescentar que o TEA é extremamente heterogêneo. [...] Esta heterogeneidade levou muitos cientistas a sugerir que o autismo não é realmente uma síndrome única com gravidade altamente variável, mas um agregado de distúrbios específicos que compartilham algumas características comportamentais comuns. [...] É

> difícil, portanto, argumentar que alguma causa natural aumentou a prevalência não de uma síndrome, mas de todo um agregado de distúrbios. [...] As explicações construcionistas sociais, em comparação, são mais plausíveis, mas, em última análise, igualmente insatisfatórias. Eles não resolvem o enigma da epidemia do autismo, apenas afastando o fardo da explicação. Se os critérios diagnósticos alterados são a causa imediata, por exemplo, a questão obviamente é: por que eles foram alterados? Foi porque a ciência passou a compreender melhor o autismo ou por causa da medicalização, isto é, porque a profissão psiquiátrica procurou expandir sua jurisdição e, no processo, redefiniu o que é estranho e socialmente estranho como um problema social? O leitor pode ver que a oposição entre as explicações naturalistas e as explicações construcionistas sociais foi agora ressuscitada dentro desta linha de explicação. O debate não foi resolvido ou levado adiante, mas é replicado de uma forma quase fractal.

Pese as contradições constituintes expostas por Eyal (2013), é inegável que esses componentes se mostram como partes fundamentais para entendermos o aumento da prevalência de casos de autismo relatados pela literatura. Entretanto, existem dois elementos pouco perceptíveis e raramente detalhados e que são cardeais para a construção do cenário destacado: a substituição e diminuição dos diagnósticos de deficiência intelectual pelos de TEA (a substituição diagnóstica ocorre quando alguém tem seu diagnóstico alterado de deficiência intelectual para TEA ou quando alguém em tempos passados seria identificado com deficiência intelectual e hoje é diagnosticado com TEA, já a diminuição implica a redução desse diagnóstico) e o processo de desinstitucionalização gerado pelo insurgir de políticas inclusivas.

Talvez seja chegada a hora de mudarmos o foco e questionarmos não por quais razões o autismo seja mais prevalente agora, e sim por que o autismo era raro no passado. Tal linha de questionamento chama imediatamente a nossa atenção para as condições necessárias para que o autismo seja identificado, diferenciado e diagnosticado em larga escala. Foi exatamente isso o que fez Eyal (2013, p. 867-868) ao frisar que em tempos passados,

> [...] enquanto crianças muito pequenas foram institucionalizadas em grandes instituições residenciais para deficientes, dificilmente havia qualquer forma, ou sentido, de distinguir

entre autismo e retardamento. É por isso que argumentarei que a desinstitucionalização do retardo mental – um processo demorado que começou no início da década de 1970 e durou pelo menos duas décadas – foi uma causa chave que levou à epidemia do autismo. A desinstitucionalização apagou as antigas categorias que refletiam as necessidades das instituições de custódia - mente fraca, mentalmente deficiente, idiota, imbecil -, enquanto criava, em vez disso, uma nova matriz institucional – tratamento comunitário, educação especial e programas de intervenção precoce – onde o autismo poderia ser identificado, diferenciado e multiplicado. A desinstitucionalização, no entanto, não foi uma causa externa, um deus ex machina, mudando a trajetória do autismo a partir de fora. Do momento que o autismo foi nomeado e diagnosticado pela primeira vez por Leo Kanner em 1943, representou uma problematização da distinção entre retardo mental e doença mental. Sua história foi de reiterada resolução de problemas, nomeadamente, em como definir, observar e intervir num domínio de objetos que não eram nem doença nem retardo. Enquanto Kanner fez o movimento inicial nesta série de repetidas soluções de problemas, ele não conseguiu virar o problema que ele esboçou em uma tarefa passível de intervenção especializada. Isso ocorreu não porque ele não tivesse jurisdição - a psiquiatria infantil gozava relativamente de jurisdição incontestada sobre os problemas da infância na época - mas porque ele não conseguiu reunir os arranjos e atores necessários para criar uma rede de conhecimentos especializados adequada a esta tarefa.

Se a premissa citada for verdadeira, como entendemos que seja, dentre os componentes responsáveis pela explosão de casos de autismo está a desinstitucionalização, na medida em que esta forneceu a ecologia dentro da qual uma rede alternativa de especialistas poderia ser montada ao redor das manifestações características do comportamento autista com foco na normalização mediante o desenvolvimento de um conjunto de terapias clínicas e comportamentais.

Com isso, para que fique claro, não estamos defendendo a institucionalização, que se mostra uma prática desumanizante e hedionda, mas apenas constatando dois fatos concretos: a) a institucionalização de crianças consideradas deficientes intelectuais funcionou como uma barreira à identificação e diferenciação do autismo, uma vez que a matriz institucional da custódia se mostrou indiferente à distinção entre deficiência intelectual e autismo com o consequente apagamento do segundo; b) a inconteste capacidade de o sistema capitalista de produção tornar tudo transacionável, inclusive, os seres humanos, algo percebido quando do desenvolvimento de uma rede de serviços em torno do fenômeno da desinstitucionalização, o que é raramente percebido.

Por consequente, a suposta epidemia do autismo jamais poderia ter sido pensada há 60 anos. Nas palavras de Eyal (2013), "se alguma condição estava pronta para se tornar uma epidemia na década de 1960, não era o autismo, mas a esquizofrenia infantil". No entanto, já no início da década de 1970 surgiram sérias dúvidas sobre a validade da esquizofrenia infantil, e no fim daquela década esta foi definitivamente relegada a segundo plano, conforme sugeriu Rutter (1972). Mas, afinal, por qual razão a esquizofrenia infantil passa de uma condição expansiva ao quase completo esquecimento em um período curto de tempo? Tal resposta envolve vários elementos, vinculando-se, especialmente, ao tratamento prescrito para a esquizofrenia infantil:

> [...] seis meses de internação, durante os quais os pacientes tiveram que suportar 20 rodadas de eletroterapia de choque convulsivo e/ou Metrazol que induzia convulsões. Tal terapia não foi calculada para traduzir os interesses ou assegurar a cooperação dos pais ou dos próprios pacientes. Os pais foram excluídos do processo de diagnóstico e tratamento de seus filhos, que foram literalmente tirados deles e hospitalizados. O tratamento que os pacientes receberam não foi apenas severo, mas uniforme para todos, independente das diferenças. Para agravar a situação, os pacientes eram tipicamente adolescentes que foram encaminhados para tratamento após serem rotulados como juvenis delinquentes por suspeita de pertencer a gangues ou evasão escolar. Após a alta, eles normalmente ainda eram marcados com um diagnóstico de distúrbio de comportamento, sendo que os efeitos colaterais do tratamento eram frequentemente evidentes. Não é de admirar, então, que os pais eventualmente recusassem uma tal perspectiva. Bender relatou que estava achando cada vez mais difícil persuadir os pais a darem permissão para tratar seus filhos com choque elétrico. Dito de outra forma, porque o tratamento da esquizofrenia infantil emulou o modelo médico de esquizofrenia aguda (hospitalização – tratamento – alta) garantindo, inicialmente, a cooperação de pacientes e pais os quais estavam completamente empenhados em obter

uma cura, entretanto, quando esta não se concretizou, a cooperação relutante inicial transformou-se em resistência aberta (Eyal, 2013, p. 890-891).

Em paralelo à crítica desses procedimentos terapêuticos, ao abandono paulatino da esquizofrenia infantil como nosologia importante e a expansão do autismo enquanto categoria diagnóstica, novas terapias (comportamentais, educacionais e sensoriais) surgiram com um enfoque menos incisivo e, embora também não se mostrassem efetivas sob a perspectiva da cura, traduziram melhor os interesses dos pacientes e pais, garantindo a sua cooperação ao processo de tratamento. Para Eyal (2013), é nesse cenário que se popularizaria posteriormente a terapia comportamental ABA, a qual objetivava não a cura do autismo, mas permitir à criança uma melhor integração na família, na escola e na comunidade mediante modulação do comportamento. O alvo do tratamento dessa terapia, portanto, não é o autismo em si, mas comportamentos concretos a serem modificados, habilidades a serem adquiridas ou mecanismos a serem acionados. Em outros termos, o objetivo era e ainda é normalizar.

A transição citada pode ser observada nas palavras do próprio Rutter (1983), para quem o principal avanço no campo do tratamento do autismo tem sido o surgimento de métodos educacionais e comportamentais de tratamento que substituíram a psicoterapia de insight. As novas terapias mudaram o local de tratamento do hospital para as casas e escolas, envolvendo os pais como coterapeutas, os quais ampliaram os objetivos terapêuticos em linha com os objetivos de habilitação e normalização.

De acordo com Rutter (1983), essas novas terapias se espalharam de maneira absolutamente espantosa, sendo que tal ocorrência não se deve a uma constatada superioridade técnica destas, mas sim à ecologia propícia proporcionada pela desinstitucionalização e pela inovação na relação com o paciente que permitiu traduzir melhor as expectativas das famílias e dos sujeitos.

Nas palavras de Eyal (2013), a principal consequência do surgimento dessas terapias é que elas transformaram o autismo de uma síndrome com sintomas cardinais para uma lista de itens comportamentais que poderiam ser trabalhados separadamente, e de uma doença rara para um amplo espectro de problemas sociais e de déficits comunicativos. Talvez, o ponto mais óbvio dessa relação seja que se o autismo tivesse permanecido um distúrbio relativamente raro e não se transformado num espectro que acomodasse diferentes níveis de gravidade, seria altamente improvável que esse quadro nosológico abarcasse pessoas de tão variadas formas e comportamentos.

Em vista disso, resta evidente, como pontua Nadesan (2005), que a história do autismo deve ser contextualizada com a evolução e transformação das práticas médicas e com o desenvolvimento de profissões como a psiquiatria, a psicologia, o serviço social e a educação especial, mas sem deixar de levar em conta as transformações políticas, econômicas e culturais.

E é a subsequente sensação de que o autismo ocupa um lugar na sociedade contemporânea que torna tão urgente uma análise de sua gênese e função, na medida em que, embora as explicações médicas tenham procurado erguer um conceito monolítico sobre o autismo, a fim de promover terapias específicas e reforçar a autoridade do saber médico, estas não se mostraram exitosas em sua completude (se é que em partes), existindo problemáticas a serem desvendadas. Parte significativa dessa problemática situa-se na construção social, econômica, política e cultural do autismo, assim como em sua incorporação na lógica da economia capitalista, elementos estes que borraram as representações anteriormente imaginadas ao criar uma geografia que contribuiu para o aparecimento do autismo como fato corrente na sociedade, contexto fundamental para entendermos, inclusive, as políticas públicas erigidas sobre esse fenômeno.

Políticas públicas estas que não devem ser entendidas sob uma perspectiva dadivosa, pois configuraram-se mediante processo de luta capitaneado por movimentos e práticas ativistas, os quais combatem o tratamento conferido a certos grupamentos sociais ao contestar a racionalidade moderna que tomou a condição clínica como bússola orientadora de inclusão social. Nesse novo tempo, que já não é tão recente assim, temos sido dominados de maneira centrífuga pela ideologia médica do corpo ideal, fato que exige como imperativo uma enorme disciplina no que se refere ao cuidar de si. Não por acaso, nas palavras esclarecedoras de Ortega (2003, p. 66),

> Ao narcisismo próprio de uma sociedade hedonista da busca do prazer e do consumo desenfreado, foi acrescentado o imperativo da disciplina e do controle corporal, provocando uma ansiedade e um sentimento de ambivalência. A compulsão consumista foi canalizada para o consumo de produtos de saúde, fitness e beleza (o que os norte-americanos chamam de commodification dos artigos de

saúde), e a ambivalência se traduz na tentativa de reprimir qualquer desejo que prejudique a procura de saúde e de perfeição corporal.

Essa composição imagética que defende a repetição e o automatismo de determinados movimentos como fórmula para o sucesso identitário relembra e até aproxima tais gestos das práticas de adestramento corporal tão bem detalhadas por Foucault (1987) em seu clássico Vigiar e Punir. Nesse universo representacional, a disciplina corporal se configura como um meio para alcançarmos as formas de perfeição estética, que são normativos e terrenos, ao contrário do antigo conceito de ideal grego. Aqui se estabelece uma potente e importante distinção entre ideal e normal, cuja razão de ser separa de certa forma a racionalidade estética da modernidade das épocas anteriores. Se o conceito de ideal se vinculava à figura mítica de deuses, portanto, de difícil alcance, o conceito de norma era terreno, sendo governado pela métrica estatística da Medicina a partir de um conjunto de elementos valorados como prestigiosos pelas classes detentoras do poder material e espiritual na sociedade. Por conseguinte, enquanto no não atingimento da imagem de ideal não presenciamos grandes consequências sociais, o mesmo não pode ser dito sobre o distanciamento da imagem da norma, a qual produz consequências gravosas para aqueles assim vistos, não por acaso, estes, via de regra, foram encaminhados às práticas de correções componentes do universo da normalização. Nesse processo, o corpo também se torna lugar da moral.

Atualmente, a essência se mistura com a aparência, posto que somos cada vez mais aquilo que aparentamos ser, logo, estamos expostos ao olhar escrutinador do outro de maneira poucas vezes vista na história da humanidade. E o mais complexo dessa relação reside no fato de precisarmos desse olhar do outro para sermos percebidos e validados. De acordo com Ortega (2009, p. 70),

> Como resultado, contemplamos as doenças que retorcem a figura humana como sinônimo de fracasso pessoal. "É uma religião secular", salienta David Morris, "da qual os deficientes e os desfigurados estão, evidentemente, rigorosamente excluídos a não ser que estejam dispostos a representar o papel ossificado designado para eles nos reality shows como modelos corajosos de 'ajustamento pessoal, esforço e realização'".

Essa imposição estética sobre a normatividade dos corpos como padrão necessário para promoção de reconhecimento social abrange também a manifestação de comportamentos esperados, vistos como extensão corporal, o que impacta diretamente a sintomatologia característica do TEA e de qualquer deficiência considerada, daí a necessidade em se contestar tais gramáticas normativas e as maneiras pelas quais elas se estabelecem atualmente, posto que produzam uma série de opressões que afetam negativamente os sujeitos por ela atravessados. Dito isso, é chegada a hora de analisarmos o complexo econômico do autismo. Para tanto, nos valeremos principalmente das contribuições de Broderick, Timimi e McCabe, Mallet, Runswick-Cole, entre outros.

O AUTISMO COMO COMPLEXO ECONÔMICO

Para Broderick (2022), especialmente na cultura ocidental, é corrente o entendimento do autismo como um distúrbio biomédico. Claro que novas concepções surgiram nos últimos tempos, com destaque para àquelas que entendem o autismo como uma forma diferente de ser decorrente de distintas conexões cerebrais, todavia, destacada concepção está longe de se mostrar como dominante no cenário acadêmico e cotidiano.

Ao situar o autismo como distúrbio biomédico, a forma corrente conspira para manter seu entendimento com base no modelo biológico ou modelo de déficit, o qual toma a diferença da deficiência como algo a ser corrigido e normalizado mediante processos de tratamentos clínicos. Já o modelo que toma o autismo sob aportes identitários toma essa diferença sob a perspectiva de enriquecimento e construtiva na busca por direitos sociais e políticos. Ambas as formas de compreensão do autismo, contudo, deixam lacunas em aberto e geram, por vezes, mais dúvidas que certezas.

De acordo com Broderick (2022), as dificuldades em definir de maneira objetiva o que é o autismo e a utilização de uma série de alternativas clínicas para fornecer respostas a essa questão em aberto obscurecem uma possibilidade mais simples e mais provável, qual seja: a de que a razão pela qual a ciência não está a descobrir o que é o autismo é porque ele não existe a nível biológico. Se, como parece provável, este for o caso, então o autismo só pode ser compreendido examinando-o como um fenômeno social/culturalmente produzido. Para Timimi e McCabe (2016, p. 31),

> As evidências que apoiam a afirmação de que o autismo é um "distúrbio do neurodesenvolvimento" provêm principalmente de estudos genéticos e de neuroimagem. O argumento de que o autismo é uma condição fortemente genética baseia-se principalmente em estudos sobre gêmeos e famílias. A maioria desses estudos concentra-se no que pode ser chamado de autismo "central", em vez de diagnósticos mais amplos de TEA, como a Síndrome de Asperger (Freitag 2007). Os problemas metodológicos são numerosos nos estudos com gêmeos, incluindo: viés de seleção; estabelecer zigosidade; generalização dos resultados de gémeos para não gémeos; a proporção entre os sexos em estudos com gêmeos autistas (de números semelhantes de gêmeos femininos e masculinos); e, o mais importante,

estimativas de herdabilidades baseadas na suposição de que os ambientes experimentados pelos gêmeos monozigóticos (MZ/idênticos) e di-zigóticos (DZ/não idênticos) são os mesmos (Joseph, 2006).

E continuam Timimi e McCabe (2016, p. 32)

A falta de evidências claras de que o autismo é genético reflete-se na ausência de quaisquer genes para o autismo descobertos em estudos de genética molecular. Assim, vários genes candidatos, estudos de ligação, varreduras de genoma e estudos cromossômicos não conseguiram produzir e replicar de forma confiável quaisquer genes específicos para o autismo. Quanto mais fracassos se acumulam, mais "complexa" deve ser a genética do autismo, de acordo com os defensores, enquanto a explicação mais provável para esta descoberta – que não existem genes que "causam" o autismo – permanece não mencionável. A falha contínua na identificação de detalhes parece ter resultado na identificação da maior parte do cromossomo humano como potencialmente abrigando genes do autismo (Tsai 2004). Outros chegaram à conclusão mais honesta (e previsível) de que: Embora numerosas ligações e associações tenham sido identificadas, elas tendem a diminuir após um exame mais detalhado ou tentativa de replicação. (Wassink *et al.* 2004, p. 272). Nenhuma grande varredura do genoma produziu resultados significativos e reprodutíveis. Nenhum gene candidato de uma varredura do genoma mostrou uma associação reprodutível e estatisticamente significativa com o autismo. Nenhum gene candidato que inspirou vários estudos mostrou uma conexão robusta e reprodutível com o autismo. (Blaxill 2005, citado em Joseph 2006, pp. 251–252). Muitas equipes de pesquisa procuraram genes que possam estar envolvidos. Eles ainda não encontraram nenhum candidato principal, apenas dezenas, talvez centenas de pequenos jogadores. (Hughes 2012, p. S2). Embora numerosas ligações e associações tenham sido identificadas, elas tendem a diminuir após um exame mais detalhado ou tentativa de replicação. (Wassink *et al.* 2004, p. 272). Os estudos de associação ampla do genoma não conseguiram revelar nenhuma parte do genoma com significância estatística. (Williams 2012, p. S5). Agora que temos uma tecnologia mais rápida e barata para a varredura do genoma completo, o fato de que, apesar de milhares dessas varreduras terem sido concluídas, não conseguirmos encontrar evidências além de uma pequena proporção não significativa do risco genético total assumido e com essas pequenas associações genéticas sendo heterogêneas, cruzar as fronteiras do diagnóstico psiquiátrico e estar mais fortemente relacionado às dificuldades de aprendizagem do que um diagnóstico de TEA *em si,* deveria levar os pesquisadores a serem menos otimistas quanto à descoberta de genes específicos do TEA. Os pesquisadores deveriam estar concluindo que, até prova em contrário, devemos assumir que não existem genes do autismo, em vez do estado atual das coisas, onde se supõe que existem, mas simplesmente não conseguimos encontrá-los ainda.

No que se refere à consideração do autismo como um distúrbio do neurodesenvolvimento a partir de estudos de imagem, Timimi e McCabe (2016) afirmam que, em primeiro lugar, é preciso ter em conta que qualquer análise a partir desse perfil nosológico deve levar em consideração a neuroplasticidade cerebral. De acordo com a referida autora,

> Isto refere-se à notável capacidade do sistema nervoso (particularmente em crianças) de crescer e mudar em resposta a estímulos ambientais. A notável plasticidade do cérebro humano torna difícil determinar causa e efeito precisos quando indivíduos com experiências de vida diferenciadas mostram subsequentemente o que parecem ser diferenças na estrutura ou no funcionamento neurológico. Quando se descobre que um grupo de indivíduos com o que é classificado como comportamento aberrante apresenta padrões estatisticamente significativos de funcionamento cerebral diferentes dos controles normais, devemos nos perguntar se as discrepâncias neurológicas são uma causa ou um efeito das diferenças comportamentais. Esta inconveniência torna difícil para os pesquisadores "definir" as aberrações comportamentais em categorias neurologicamente válidas e clinicamente significativas. Assim, as diferenças neuroanatômicas e funcionais podem ser o resultado de fatores ambientais que afetam o desenvolvimento do cérebro. (Timimi; McCabe, 2016, p. 33).

Por mais contraditório que pareça, a ausência de identificação de qualquer déficit ou impedimento cerebral não exerceu efeito catalisador no que diz respeito ao abandono da convicção de que o autismo corporifique uma disfunção específica do desenvolvimento, sendo que mesmo publicações advindas de figuras célebres do campo acadêmico, como

Rutter (1983), incorporaram essa construção social tal qual uma ideia natural, sem qualquer questionamento.

Além de Timimi e McCabe (2016) e Broderick (2022), uma série de outros pesquisadores chegaram a conclusões semelhantes no que diz respeito à indefinição das causas e origens do autismo, tais como Nadesan (2005), Lord e Jones (2012), Silverman (2012), O'Dell *et al.* (2016), entre outros.

Lord e Jones (2012) observam que embora tenha havido grande esperança para descobertas no campo da neuroimagem estrutural e funcional, destacadas abordagens pouco fornecem dados em nível individual, ainda não têm padrões fidedignos de replicabilidade e raramente abordaram questões da especificidade dos resultados para TEA. Em vista disso, Nadesan (2005) acentua que o estado contemporâneo da investigação sobre TEA não pode fornecer qualquer resposta definitiva, conclusiva e generalizável à questão sobre como o autismo emerge. Tudo o que temos são hipóteses.

De acordo com O'Dell *et al.* (2016), apesar da falta de consenso e da dificuldade em encontrar explicações baseadas no cérebro que expliquem plenamente o autismo, a investigação clínica continua a procurá-las com base na ideia de uma suposta natureza deficiente no autismo a ser encontrada. No entender de Latif (2016), esse quadro imaginário criado sobre a etiologia e nosologia do autismo serviu para fortalecer o modelo médico, o que por sua vez levou ao aumento de práticas clínicas e paternalistas. Com base nesses elementos, Latif (2016) propõe que um movimento em direção a um modelo social de compreensão do autismo seja mais útil e sustentável do que o atual modelo biomédico reducionista. Nas palavras de Latif (2016, p. 248),

> É geralmente aceito que os sintomas das condições do espectro autista podem existir e existem na população em geral. É uma combinação desses comportamentos até e além de um certo limite que faz com que os comportamentos sejam sintomas de um "distúrbio". Mas a quem deveria ser dado o poder de decidir onde reside esse corte arbitrário? Aqueles a quem é dado o poder de decidir enfrentar o desafio de desenvolver abordagens "objetivas" para diagnosticá-lo como um transtorno categórico, apesar de ser reconhecido que os comportamentos estão presentes em um continuum. Dada a ampla gama de comportamentos examinados, o ato de fazer um diagnóstico se resume, em última análise, ao julgamento subjetivo de um profissional que decide, com

> base nas informações fornecidas naquele momento, se a pessoa atinge ou não esse limiar. [...] Alguns pesquisadores culparam a genética, enquanto outros pensaram que o meio ambiente (como as vacinas) deveria ser responsabilizado por causar o autismo. A lista de controvérsias associadas ao autismo parece interminável, mas ainda não há clareza sobre a questão da causalidade. [...] Esses debates e controvérsias provaram ser uma bênção para alguns, pois inflaram o perfil do autismo na mídia e ajudaram a trazer dinheiro para pesquisas, o que aumenta ainda mais o interesse de uma classe crescente de profissionais e do público em manter a categoria do autismo como um distúrbio médico.

Entretanto, após décadas de pesquisa e com todo o avanço tecnológico nas áreas de identificação clínica, não parece razoável a manutenção desse entendimento pelo fato de que tudo, ao menos até o presente momento, leva a crer que se trata de uma procura fadada ao insucesso. Exemplar nesse sentido se mostra a fala de Timimi, Gardner e McCabe (2010), para quem um exame mais detalhado das alegações biológicas e genéticas do autismo revela que mecanismos causais ou anormalidades não foram encontrados, sendo justo dizer que a ideia surgiu antes da evidência e a evidência está agora a ser formatada para se adequar à ideia. Há oito décadas a ciência tem procurado a resolução de um enigma a partir de pistas equivocadas, por isso, quanto mais parece se aproximar do objeto, mais acaba por se distanciar dele, uma vez que o problema da busca pela etiologia do autismo a partir de derivativos clínicos não é somente de conteúdo, mas de forma e método.

Escorada nesses supostos, Broderick (2022) assevera que, seja qual for o ângulo em que se aborda o autismo, não estamos mais avançados na descoberta da base biológica do autismo do que quando Kanner articulou pela primeira vez o conceito[10]. É provável que isso ocorra porque o

---

[10] Com essa colocação, não estamos afirmando que nada se transformou acerca do entendimento do autismo ao longo destas oito décadas passadas desde a sistematização proposta por Kanner em 1943. Muito pelo contrário, pois como pontua Latif (2016, p. 246), "é importante notar as mudanças na compreensão do construto do autismo, onde antes a 'idiotice' (provavelmente referindo-se ao que hoje chamamos de deficiência intelectual) era vista como parte integrante do autismo, acreditando-se que existia uma sobreposição com o construto de 'psicose infantil' (Creak 1951). Este não é mais o caso. Outras modificações nesta construção ao longo das décadas seguintes levaram a uma expansão do conceito de autismo de um conjunto raro e específico de comportamentos para um "espectro" que se estende desde uma pessoa indefesa e não comunicativa até alguns dos mais eminentes contribuintes para o progresso da humanidade, como Newton e Einstein, que retrospectivamente disseram ter características de autismo. É de se perguntar, dado que existe uma variação tão grande, se deveria ser chamado de espectro de "desordem" ou apenas de espectro "humano"". Pese estas mudanças, a busca pelas origens e causas do autismo parecem ainda ser buscadas sobre o mesmo jogo de relações definidos pela parafernália médica existente em cada época respectiva.

autismo e o TEA não descrevem uma construção biológica coerente. Em vista disso, a autora assevera a importância em contestarmos a literatura dominante sobre o autismo que toma esse fenômeno exclusivamente como um fato biológico, inclusive quando versa sobre seus elementos socialmente construídos. Nas palavras de Runswick-Cole, Mallett e Timimi (2016), "já é tempo de termos uma crítica robusta do autismo que não se intimide em desafiar a convicção central de que o autismo é um fato da 'natureza', em vez de um fato da 'natureza humana'".

Com base nesse suposto, Broderick (2022) assevera como tarefa cardeal desafiarmos as afirmações pseudocientíficas do autismo enquanto distúrbio biológico e, mais que isso, arquitetarmos um robusto cenário epistemológico que ajude a explicar como e com quais finalidades o autismo é produzido, consumido e mercantilizado. A consecução dessa tarefa compreende uma jornada teórica crítica que começa com suposições sobre a patologia, a tragédia, o déficit e a carência do autismo, mas que depois passa por uma rejeição de discursos medicalizados e trágicos sobre deficiência, até um caso de amor contínuo com o modelo social da deficiência (Goodley 2011) através de um breve flerte com o movimento da neurodiversidade (Ortega 2009) e, finalmente, e talvez de maneira controversa, à minha visão atual de que o autismo é um fenômeno cultural contemporâneo, de modo que rotular as pessoas como ele não é mais útil (Brodderick, 2022).

Por óbvio que referida posição será objeto de variadas críticas, posto que exerça impacto na vida das pessoas tidas como autistas, assim como em suas famílias e na gama de serviços e direitos que podem estar relacionados à presença ou ausência de um diagnóstico. Por isso, temos reservas quanto a ela. Nossa posição é de que o Estado e as políticas públicas devem garantir todos os direitos, tratamentos e benefícios àqueles que desses instrumentos necessitam para poderem ter uma vida melhor. Nesse escopo, toda pessoa tem direito ao máximo de desenvolvimento, o que implica, em alguns casos, a disponibilização de mecanismos adicionais para referida promoção. Essa lógica pode ser aplicada integralmente à pessoa com autismo que precisa de suportes e apoios, quer na área da linguagem, do intelecto ou comportamental. Mas não se aplica à pessoa que não experimenta nenhum prejuízo em suas funções e é identificada como autista por fugir liminarmente a determinados padrões normativo, sempre estreitos. É preciso ficar claro que a patologização do normal exerce efeitos deletérios na construção de uma sociedade democrática e igualitária. As diferenças humanas compõem o tecido social e se afiguram como principal fonte de nossa riqueza cultural, nesse sentido, são contributivas a humanidade, sendo que o apagamento destas por métodos comportamentais arbitrários limita o mapa imaginativo das interações sociais.

Ao afirmar isso, não pretendemos cair no conto da neurodiversidade, que é encantador e, até certo ponto, sedutor ao oferecer uma identidade política que permite a determinados coletivos celebrarem sua diferença. Isso porque, se olharmos atentamente, o suposto da neurodiversidade também parte de uma premissa biológica alicerçada na ideia de que as pessoas com autismo têm diferentes conexões cerebrais, logo, a questão permanece arrebatada pela ideia de norma. Além disso, tal como pontua Broderick (2022), não podemos nos esquecer de que as histórias do mundo médico permanecem difundidas e poderosas, são as metanarrativas dominantes na nossa cultura contemporânea, mas são apenas isso – histórias.

É chegada a hora de arquitetarmos uma literatura erigida com base nos princípios gerais do modelo social da deficiência que explique o autismo enquanto produção social. Elementos já existem em número considerável para a realização dessa empreitada, dado o caráter centrípeto que a temática desempenha atualmente no campo de estudos da deficiência, assim como a percepção de que todos estamos envolvidos por esse fenômeno chamado autismo, que abrange cada vez mais um número maior de pessoas e situações. Tal representação pode e deve ser desafiada, na medida em que se vincula a certos interesses (médicos e econômicos) que são contingentes e mutáveis.

Não por acaso, Nadesan (2005) acentua que desde o DSM-IV, os descritores do autismo têm sido contestados em relação à sintomatologia e ao quadro diagnóstico, posto se mostrarem exageradamente inclusivos e sem uma fundamentação científica adequada, o que alavancou um número excessivo e massivo de diagnósticos de autismo, uma das falsas epidemias criadas pelo DSM-IV. Tais elementos se mantiveram presentes no DSM-V, tanto o é que quando de sua revisão, materializada no DSM-V-TR, a justificativa utilizada para a realização desse procedimento residiu em tornar os critérios diagnósticos mais conservadores, especialmente na tentativa de evitar um sobrediagnóstico e a banalização do autismo (APA, 2022).

É evidente que as classificações psiquiátricas, entendidas como formas de dividir o mundo, existem independentemente de refletirem ou não algo que realmente existe. Esses modelos esquemáticos podem se mostrar úteis para agrupar indivíduos que provavelmente se beneficiem de certos direitos, benefícios, formas de medicação ou terapia, todavia, podem também conduzir a formas de rotulagem e estereotipias que limitam o desenvolvimento. No caso específico do autismo, é preciso questionar se essa classificação tem de fato alguma utilidade como tipo psiquiátrico. É verdade que o rótulo de autismo tem sido correlacionado com muitos fatores e comportamentos, mas estes raramente se mostram específicos para essa categoria nosológica ou projetam forma de intervenções precisas, uma vez que não existe nenhum tratamento intrínseco conhecido para o autismo, apesar de décadas de tentativas para desenvolver um. Como Bovell (2015, p. 91) apontou, "se já é suficientemente difícil concordar precisamente sobre o que é o autismo em termos conceituais, é muito difícil estabelecer o que significa em termos práticos prevenir ou curar o autismo". Dada a heterogeneidade subjacente, por um lado, e a amplitude do espectro, por outro, parece improvável que qualquer tratamento biomédico seja desenvolvido para aquilo a que chamamos autismo.

Em crítica contundente às formulações contidas nos manuais diagnósticos, especialmente na CID e no DSM, Timimi e McCabe (2016) entendem que dada a falta de evidências para apoiar a afirmação de que os transtornos autistas surgiram de novos conhecimentos científicos ou que têm qualquer utilidade clínica, parece-nos razoável especular sobre a composição de outros princípios como determinantes na manifestação desses comportamentos, uma vez que o fator médico/clínico não desempenha nenhum papel objetivo na etiologia dessa manifestação, exceto no que diz respeito a um conjunto de ideologias relacionados à medicalização do social

De acordo com Timimi e McCabe (2016), como os diagnósticos de TEA são aplicados desproporcionalmente aos homens (tal qual alguns outros diagnósticos psiquiátricos: TDAH, transtornos de conduta, entre outros), uma compreensão da atual dinâmica social de gênero pode ser útil no entendimento da aparição e massificação desses casos. Entretanto, para os referidos autores, compreender porque é que os rapazes têm maior probabilidade de apresentar problemas comportamentais, como agressão e retraimento social, não devem ser buscados em quadros imaginários clínicos, mas, sim, pelo exame das crenças e práticas culturais dominantes em torno do gênero[11]. Esse fato, por si só, deveria se afigurar como um duro golpe sobre as tentativas de explicações clínicas do TEA, na medida em que jamais a prevalência de sua manifestação na população masculina se provou como relacionada a qualquer alteração genética.

Considerando esses elementos como verdadeiros, tais quais parecem ser, resta evidente que a parametrização clínica de uma manifestação relacionada ao modus cultural hegemônico não se configura como a melhor das alternativas explicativas. Com isso, para que fique bem claro, não estamos desconsiderando a fonte de pressão e estresse a que são submetidos os pais de crianças identificadas como autistas, cuja materialidade altera a totalidade dos aspectos da vida social familiar. Tampouco estamos supondo que diversas crianças identificadas como autistas não precisem de suportes e apoios necessários. Quem necessita de suporte deve ser amparado com todas as ferramentas necessárias, conforme aqui salientamos. O que estamos aqui a frisar é que a banalização do autismo traz consequências que precisam ser melhores analisadas em termos de confecção de políticas públicas e do impacto sobre a própria categoria de deficiência. Não é escusado destacar que, conforme pontua Latif (2016, p. 250),

> Os defensores da conceptualização do espectro autista como um "distúrbio" acreditam muitas vezes que é imperativo ter um diagnóstico formal, para que as dificuldades possam ser reconhecidas e o apoio adequado possa ser procurado nos serviços educacionais, sociais ou de saúde. Embora isto possa ajudar a obter os serviços necessários, o risco é que o jovem deixe de ser visto como um indivíduo único, uma vez que doravante será reconhecido principalmente pelo seu rótulo de "autismo". Na minha opinião, deveríamos defender melhores serviços para os jovens que enfrentam dificuldades nas áreas de interação social, nas escolas ou noutros locais, mas isso deve ser feito sem recorrer a um rótulo vitalício.

---

[11] Tal posição se mostra contrária à ideia de Baron-Cohen (2009), o qual desenvolveu a teoria do autismo a partir da análise da ideia de "cérebro masculino extremo". Baron-Cohen (2009) reconheceu que uma teoria de causalidade do autismo deveria ser capaz de explicar a disparidade de gênero (dada sua predominância de aparecimento no sexo masculino), fato que o levou a concluir que as pessoas com autismo correspondam a um extremo do perfil masculino, com um impulso particularmente intenso para sistematizar e baixo para empatizar. Em outras palavras, os traços autistas são biologicamente masculinos, encontrados como um *continuum* na população, sendo o autismo o extremo desse *continuum*. A explicação de Baron-Cohen para o autismo tem o duplo efeito de normalizar a condição (sugerindo que inclui todos nós), ao mesmo tempo que essencializa diferenças (enraizando a condição na masculinidade biológica).

O modelo médico tradicional de explicação do autismo tem falhado sistematicamente nesse desafio, em contrapartida, a vertente da cerebralização, ainda que lastreada pela perspectiva clínica, tem produzido um duplo efeito que, para além da medicalização da diferença[12], permitiu o surgimento de uma política identitária antes não pensada, dado o caráter somático que desenha parte dos movimentos ativistas contemporâneos. Nesse sentido, não podemos esquecer, para nos valermos novamente de Hacking (1999), de que as classificações e categorias que usamos para definir populações transformam não apenas as categorias, mas também as populações assim definidas e que esse fato exerce impacto material e real na forma como as pessoas se relacionem com a sociedade e entre elas. Definir e categorizar pessoas em categorias reificadas simplistas produz uma violência e sujeição indescritíveis com efeitos profundos na subjetividade humana, os quais podem levar tanto à retração social como ao engajamento na denúncia desses parâmetros e anúncio de uma nova realidade.

Ademais, é importante que se entenda que categorizar jamais deixou de ser também uma espécie de controle da alteridade. Para Timimi e McCabe (2016), ao introduzir um grupo com características heterogêneas e, portanto, com necessidades e desejos também distintos, sob caminhos estreitos de cuidados, podemos não só levar a formas de intervenção desnecessárias e por vezes irrelevantes, mas também agregar benefícios e fazer com que determinados grupos compitam com outros e, como resultado direto, escasseiem possibilidades de acesso a serviços por sujeitos que necessariamente precisem deles, todavia, que não possuem o mesmo apelo político e popular.

---

[12] Para Linton (1998, p. 11–12), a medicalização da diferença e, por consequente, da deficiência, apresenta a variação humana como um desvio da norma, uma condição patológica, um déficit e, significativamente, como um fardo individual e uma tragédia pessoal. A sociedade, ao concordar em atribuir significado médico à deficiência, conspira para manter a questão dentro do âmbito da instituição médica, tratando as pessoas em vez de tratar os processos e políticas sociais que constroem a vida das pessoas com deficiência. A posição dos movimentos ativistas pelos direitos das pessoas com deficiência critica o domínio da definição médica e a vê a como um grande obstáculo à reinterpretação da deficiência e às mudanças sociais que poderiam daí derivar-se. Tal posição encontra guarida em Siebers (2008, p. 3–4), para quem: "Embora vista historicamente como uma questão de intervenção médica, a deficiência tem sido descrita mais recentemente como uma identidade minoritária que deve ser abordada não como um infortúnio pessoal ou um defeito individual, mas como o produto de um ambiente social construído para ser incapacitante. Cansadas da discriminação, as pessoas com deficiência insistem na pertinência da deficiência para a condição humana, no valor da deficiência como forma de diversidade e no poder da deficiência como um conceito crítico para pensar sobre a identidade humana em geral".

Poderá se objetar que uma coisa nada tem a ver com a outra, pois os Estados devem abrigar a todos os definidos pelas políticas públicas sob seus braços. Entretanto, sabemos que as coisas não são tão simples assim. Sabemos também que o recebimento de benefícios por aqueles que não teriam direito a estes configura-se como privilégios. Toda e qualquer pessoa deve ser coberta pela rede de proteção ofertada pelo serviço público, mas é preciso tomar cuidado para não definir qualquer diferença como compondo uma deficiência.

Para além da fragilidade quanto aos elementos diagnósticos na identificação do autismo, Broderick (2022), assim como Feinberg e Vacca (2000) e Newschaffer e Curran (2003), contestam a validade e as evidências quanto à existência de pesquisas metodologicamente sólidas que demonstrem de maneira cabal os benefícios de intervenções específicas (quer educacionais, clínicas, psicológicas ou sociais) no tratamento de manifestações autistas. Tal elemento se encontra referendado igualmente por Timimi, Gardner e McCabe (2010). No entender de Broderick (2022), até que tratamentos específicos para o TEA sejam adequadamente demonstrados por meio de ensaios controlados que possam ser replicados, não podemos e não devemos assumir que o diagnóstico tenha valor clínico.

Com base nesses elementos, Timimi e McCabe (2016, p. 40) destacam que é preciso

> [...] agora ter um debate sério, do tipo que ainda não ocorreu, que envolva os pacientes, o público e os profissionais sobre os prós e os contras de continuar a usar o diagnóstico de autismo. Caso contrário, corremos o risco de ser sonâmbulos e rotular um número cada vez maior de pessoas com todo o tipo de consequências imprevistas para o seu futuro e o da nossa sociedade.

A essa massificação de diagnósticos de autismo que promove a criação extensiva de práticas clínicas, Broderick (2022) dá o nome de complexo industrial do autismo. Em texto seminal, a autora explora as intersecções entre teoria, política e experiência pessoal para apresentar a sugestão de que, no contexto socioeconômico contemporâneo, o autismo se tornou uma mercadoria; é produzido, trocado, comercializado e consumido. Nas palavras de Mallett e Runswick-Cole (2016, p. 94),

> Queremos sugerir que uma forma de explicar os processos pelos quais uma categoria de deficiência, como o autismo,

> ganha e mantém a sua capacidade de ser usada, é argumentar que, longe de ser neutra ou "natural", as deficiências são construídas, produzidas e consumidas através de diversas contingências sociais, culturais, políticas e econômicas. Portanto, é crucial que, ao tentar explicar as desigualdades no modo como as categorias de deficiência funcionam e, portanto, na forma como são vivenciadas e respondidas, prestemos atenção aos contextos socioeconômicos prevalecentes e utilizemos abordagens teóricas que nos permitam fazê-lo.

Escrevendo apoiada em pesquisas antropológicas, Mallett e Runswick-Cole (2016) assinalam que o conceito de deficiência se trata de um elemento contingente e não universal, variando conforme culturas e temporalidades específicas. Daí o alerta em se tomar cuidado na definição da deficiência como um conceito objetivo, posto que tal fato implique uma ideia de natureza intrinsecamente anormal, o que não se mostra válido, tampouco verdadeiro.

Foi justamente em razão desse elemento que os teóricos do modelo social resolveram distinguir impedimento de deficiência, ainda que essa divisão faça mais sentido no mundo teórico que prático. Nesse universo intelectivo, o impedimento seria alguma funcionalidade ou sentido que não funciona no todo ou em partes. Já a deficiência relaciona-se ao conjunto de restrições sociais que impedem determinadas corporalidades de participarem e fruírem da vida coletiva, quer por barreiras sociais, atitudinais, arquitetônicas, comunicativas ou políticas. Todavia, como destaca Shakespeare (2006) em crítica à ideia aventada, é difícil distinguir até onde vai o impedimento e começa a deficiência. Embora concordemos com essa distinção sob uma perspectiva política – a qual se arvora na clássica diferenciação entre sexo e gênero operada inicialmente por Rubin (1986) com base na apropriação dos escritos estruturalistas de Lévi-Strauss acerca da distinção entre natureza e cultura –, entendemos que ela silencia sobre diversos aspectos componentes da complexidade que marca os fenômenos humanos, em especial a deficiência.

Isso posto, resta evidente e é inegável que tanto a categoria de deficiência como a categoria de autismo não devem e nem podem ser consideradas como conceitos objetivos que ocorrem naturalmente e são cientificamente descobertos, pois situam-se dentro de contextos culturais, bem como sociais, políticos e econômicos.

Não por acaso, Davis (1995), em seu clássico "Enforcing Normalcy: Disability, Deafness, and the Body", acentua que o conceito de deficiência é uma invenção do século XVII, inexistindo em períodos anteriores. Para o referido autor, anteriormente à Idade Moderna haviam os surdos, cegos, coxos, loucos, aleijados, leprosos, entre outros, mas a categoria deficiente como reunindo um conjunto de pessoas com impedimentos de ordem física, sensorial, psíquica ou mental trata-se de um engenho característico da Idade Moderna. Em seu entender, mais do que descobrir classes e fenômenos preexistentes, a Medicina, escorada como ciência da legitimidade social, teve como uma de suas funções auferir legitimidade a categorias de diferença mediante circulação de discursos cientificizados. Tal qual pondera Foucault (1987), boa parte dos fenômenos descritos pela Medicina não são descobertos por ela, mas, sim, inventados por ela, sendo o autismo seguramente um desses.

Cabe citar que Brodderick (2022) se utiliza por diversas vezes da palavra autismo entre aspas, pois assevera estar incerta sobre o que seria o autismo, embora reconheça que ele tenha um impacto generalizado na vida das pessoas, especialmente como um reflexo de diagnóstico por meio do qual respondemos às diferenças humanas – comportamentais e de comunicação. Em suas palavras, embora não tenha certeza da existência do "autismo" como condição médica, diz estar convicta da sua existência como fenômeno sociocultural e categórico, um marcador de identidade e modelador de possibilidades humanas.

Olhando para as definições de Broderick (2022), perceberemos que qualquer categoria de deficiência possui potencial de se tornar consumível e operada sob a lógica da mercadoria, aliás, seria correto dizer que todas as categorias de deficiência contemporâneas se revestem desse elemento, ainda que em alguns casos ele pareça bastante sútil. Entretanto, no entender da autora, nem todas essas categorias se materializaram em mercadorias de sucesso e passaram a fazer parte do tecido social cotidiano tal como presenciamos no caso do autismo, daí sua predileção em analisar esse fenômeno sob a perspectiva da produção mercantil, como uma mercadoria mesmo, que é comprada e vendida a um ritmo surpreendente, tornando-se profundamente enraizada nos processos e práticas da cultura de consumo capitalista.

Vale ressaltar que o processo de troca no mercado capitalista depende da necessidade reconhecida do consumidor pelo objeto, sendo que no momento da aquisição o produto ainda não foi experimentado;

por consequente, ao menos inicialmente, é a promessa de valor de uso que é comprada e não o produto propriamente dito. Mas, afinal, qual é a promessa percebida e transacionada no autismo? Para Broderick (2022), tal resposta se alicerça na ideia de normalização, imagem projetada como espelho por uma sociedade profundamente medicalizada em seus processos constitutivos. Nas palavras de Mallett e Runswick-Cole (2016, p. 101-102):

> Podemos acompanhar isso em ação no domínio das terapias do autismo. Se considerarmos que as terapias do autismo são essencialmente um mercado para a expertise do autismo, fica claro que esta se tornou uma área de muito sucesso (e, para alguns, lucrativa). Intervenções e programas de tratamento proporcionam um espaço para a troca de informações valiosas para pessoas rotuladas como autistas e suas famílias e oferecem a "promessa" de remediação, reabilitação e, talvez, resolução, na forma de uma cura. Como discutimos anteriormente, práticas de abstração predominantemente biomédicas, mas também sociais, políticas e econômicas criaram uma situação em que profissionais "especializados" produzem coerentemente o autismo como uma "coisa" porque percebem a necessidade de certos comportamentos e sintomas serem explicados e remediados. Pais e famílias ajudam a (re)produzir o autismo em suas interações com a profissão médica e consomem o autismo para compreender e cuidar melhor de seus entes queridos. Na verdade, ser um "bom pai" depende do consumo de tal conhecimento. Profissionais e acadêmicos consomem esse conhecimento nos seus esforços para satisfazer a necessidade percebida de intervenções informadas em determinadas situações (por exemplo, na sala de aula). Os indivíduos também consomem esse conhecimento nos esforços para se compreenderem melhor. Assim, a lógica circular de uma cadeia de mercadorias autossustentável é estabelecida através do poder da promessa.

Mallett e Runswick-Cole (2016) entende a utilização de rótulos médicos sobre a deficiência como uma forma de se eliminar o perigo do desconhecido, arquitetando um conjunto de normas sobre o que significa ser normal dentro do mundo. Tal processo é abrangido e capitalizado pela lógica das mercadorias, que o torna em produtos. O normal, para além de um valor axiológico, porta um denominador econômico nos tempos hodiernos, daí sua mutabilidade a outros interesses. Nesse sentido, a representação flexível do autismo enquanto manifestação faz parte desse processo de enraizamento comercial, na medida em que a produtividade moderna, dentre outras coisas, se mostra vinculada tanto ao incremento da diferenciação de bens quanto à diversificação das necessidades e experiências.

A forma como o autismo é considerado atualmente atende a esses elementos ao se configurar como um espectro que faz da sua capacidade de se fragmentar e atender a uma gama crescente de necessidades e experiências sua força, cuja consequência desdobra na incorporação de cada vez mais pessoas sobre esse *continuum*. Claro está que a miríade de representações imaginadas se configura também para além do espectro médico, não por acaso, vemos o aparecimento de grupos que celebram os aspectos positivos da diferença do autismo. Contudo, por mais que tais representações também se constituam como parte do universo imagético do autismo, elas ainda são, quando muito, secundárias, dada a hegemonia das definições médicas nos campos sociais e políticos, as quais tendem a sumarizar ditos sujeitos a seus supostos impedimentos.

Em razão desse elemento, Brodderick (2022) sinaliza que se o domínio das definições médicas não for perturbado, os indivíduos rotulados com deficiências mercantilizadas (como o autismo) correm o risco de serem dissolvidos em identidades inevitáveis, fixas e totalizantes arquitetadas pela imagem do impedimento. Isso porque a experiência resultante da exasperação de um rótulo como se representasse tudo o mais que uma pessoa é, ou aspira ser, é demasiado óbvia, na medida em que imporá limites ao que as pessoas com deficiência podem fazer, desejar e ser.

Goodley (2016) vê o trabalho de Fannon como exemplar para analisar essa relação, sendo útil a fim de pensarmos as maneiras pelas quais as pessoas com deficiência são constituídas como um outro absoluto para o imaginário capacitista dominante. Para Goodley (2016, p. 148-149),

> Fanon é um divisor de águas. Ele traz uma preocupação analítica para a mesa teórica e política. Ele pergunta: como os negros são negados, apagados e tornados desumanos pela cultura branca dominante? Esta volta do olhar para o opressor e para a concepção que o opressor tem do humano é uma mudança extremamente importante. Não só o opressor ou racista é agora objeto de teoria e análise, como também o são as suas teorias implícitas e pressupostos filosóficos explícitos que eles sustentam em torno da sua concepção

> do que significa ser um ser humano valorizado num mundo principalmente orientado para se adaptar às exigências e ambições dos brancos. Teóricos pós-coloniais como Fanon exortam-nos a dar um salto de fé; desistir de ideias confortáveis, fáceis de usar e típicas sobre o ser humano e, em vez disso, perguntar: que outras concepções do humano poderiam existir se o homem branco não tivesse chegado lá primeiro! Isto não significa negar que a humanidade tem uma longa e complexa história de desenvolvimento (abrangendo contribuições multiétnicas), mas pensar sobre como o ser humano contemporâneo pode ser explicado em relação a uma série de origens genealógicas.

Assim como o negro era visto como a antítese do racional pelo saber colonialista, a pessoa com deficiência é tida como o outro para o ideal racional e sociável imaginado desde a modernidade. Se o negro aterrorizava os brancos ao revelar as contradições de um sistema injusto estruturalmente, as pessoas com autismo também aterrorizam os sonhos de pureza da humanidade, ameaçando a cada dia um número maior de famílias. Entretanto, a mesma imagem que amedronta é aquela que fascina. Pensar sobre o ser humano por meio da deficiência tem o potencial de desencadear uma política de admiração, o que nos leva a questionar-nos sobre as possibilidades produtivas da deficiência.

Esses elementos nos fazem rememorar o clássico de Murphy (1987), intitulado "The Body Silent", obra em que o antropólogo famoso por seus estudos sobre os povos Berbere e o povo Munduruku, e já acometido por uma deficiência física, sentencia que não existe nenhuma experiência que se mostre tão percebida pelos outros quanto a da deficiência. É a mais visível de todas as formas de invisibilidade. Por isso, como pontua Scully (2008), inexiste neutralidade quando falamos ou discutimos sobre a deficiência, sendo que encontrar uma definição robusta para essa categoria é sempre um desafio de difícil execução, o que não deve ser visto como de todo ruim. Aliás, para Anderson-Chavarria (2022, p. 4),

> Felizmente, a antropologia como campo de investigação não está muito interessada em definições concretas, como escrevem Whyte e Ingstad: "Estamos interessados nas próprias experiências das pessoas sobre o que é incapacitante no seu mundo, e não em alguma definição universal de deficiência" (Ingstad e Whyte 2007, 11). E assim, para efeitos de compreensão mútua, o termo deficiência neste artigo pode ser melhor considerado como o seguinte: 'As

pessoas são deficientes se forem consideradas deficientes e tratadas como deficientes. Não existe absoluto".

O caráter positivo da deficiência, especialmente no caso do autismo, tem sido objeto de destaque pelo chamado movimento de neurodiversidade[13], o qual busca romper com a caracterização médica desse fenômeno ao oferecer oportunidades para a construção de uma identidade positiva de pessoas com autismo. Esse entendimento, se tornado corrente, certamente ajudará a combater o caráter neutro e estático da ideia de deficiência operada pelo modelo médico. Entretanto, como pontua acertadamente Goodley (2016), a política de neurodiversidade tem muito pouco a oferecer para desafiar a ascensão da mercantilização da diferença.

No contexto do neoliberalismo, serviços como saúde, educação e cuidados são caracterizados como mercadorias e não direitos, por isso, a perspectiva do modelo social da deficiência parece ser ainda a mais frutífera para combater tanto a lógica da massificação como o suposto da mercantilização do autismo, uma vez que ambas se fundam em um mesmo movimento. As raízes do modelo social, escoradas nos ditames do materialismo histórico, nos permite deduzir, tal qual fizeram Timimi, Gardner e McCabe (2010), que a explosão no número de pessoas rotuladas como autistas está mais ligada às demandas do sistema de mercado neoliberal do que propriamente ao campo médico, pois a exigência de vender bens e produtos no mercado inclui ter que vender a si mesmo. Nesse diapasão, Broderick e Roscigno (2021, p. 3) afirma que

> [...] dentro do capitalismo, o Complexo Industrial do Autismo produz tanto o autismo como mercadoria como a lógica cultural normativa de intervenção em relação a ele. Composta por infraestruturas ideológicas/retóricas e também materiais/econômicas, o Complexo Industrial do Autismo não se constitui de inúmeras empresas e indústrias que capitalizam e lucram com o autismo; em vez disso, estas constituem suas características epifenomenais. Na produ-

---

[13] O termo neurodiversidade foi criado por Judy Singer, pessoa autista e ativista social, objetivando criticar a rigidez dos padrões normativos e promover a aceitação e acomodação da neurodiversidade humana. Os defensores do movimento da neurodiversidade argumentam que deveríamos reformular a diversidade neurocognitiva como uma manifestação normal e saudável da biodiversidade. Em vez de serem concebidas como patologias médicas, uma série de deficiências deveriam ser reconceitualizadas como manifestações da variação natural da humanidade. Nesse universo intelectivo, presume-se que a neurodiversidade pode ser tão crucial para a humanidade como a biodiversidade é para a vida em geral, um conceito que permite não apenas desafiar, mas também representar uma alternativa viável à análise funcional evolucionária objetivista subjacente à patologização psiquiátrica.

ção do autismo como mercadoria, o Complexo Industrial do Autismo produz simultaneamente o mercado dessa mercadoria, os seus consumidores e o seu próprio controle monopolista desse mercado através da produção para consumo de necessidade, consentimento e legitimidade de lógicas intervencionistas.

Para que essa venda de serviços soe como necessária aos pais e familiares, é necessário a construção de uma imagem anterior do autismo sob o ponto de vista da tragédia, fato que se materializa quando a retórica popular, midiática e política o caracteriza metaforicamente como um inimigo a ser combatido, um agente perigoso, como assinala McGuire (2016). Nas palavras de Broderick e Roscigno (2021, p. 2),

> Estas metáforas foram explicitamente utilizadas ao serviço de uma narrativa cultural mais ampla que alimenta a "intervenção" como a única resposta sensata às pessoas autistas, explorando eficazmente as esperanças e os medos capacitistas na produção simbiótica de mercadorias, mercados e consumidores do Complexo Industrial do Autismo. Nos EUA, grande parte da oferta "educacional" para estudantes autistas é fornecida por escolas privadas e empresas de consultoria, obviamente lucrando (principalmente através do recebimento de dólares públicos) das metáforas culturais dominantes sobre o autismo e das narrativas intervencionistas que sustentam. Indivíduos autistas (incluindo agora crianças muito pequenas) representam coletivamente um vasto mercado a ser explorado e capitalizado, um mercado para "tecnologias" de intervenção a serem cobradas por "técnicos de comportamento" certificados.

Cabe frisar que múltiplos ramos e setores se cruzam na constituição de um complexo econômico do autismo, reproduzindo e exportando em nível global um monopólio efetivo não apenas de serviços e produtos de intervenção, mas também de ideias e informações propagadas publicamente sobre o autismo nas últimas décadas. De acordo com Broderick (2022), nem todos consomem produtos e serviços de intervenção no autismo, mas é difícil escapar ao consumo do próprio autismo como mercadoria que circula nos meios de comunicação social e na cultura popular, e também de sua lógica cultural intervencionista. O primeiro mercado (no qual são consumidos produtos e serviços de intervenção no autismo) é um tanto restrito em seu escopo, mas o último mercado (no qual o autismo e a lógica cultural da intervenção são consumidos) é difundido e onipresente. E embora a primeira compreenda a indústria do autismo, é a última que constitui o Complexo Industrial do Autismo.

A análise de Brodderick (2022) do autismo a partir de uma vertente econômica possui uma clara e inegável influência da apropriação da obra seminal de Albrecht (1992), intitulada "The Disability Business: Rehabilitation in America". Se compararmos os argumentos utilizados por Broderick (2002), perceberemos um claro paralelo quanto à análise desenvolvida por Albrech (1992) acerca da constituição da indústria da reabilitação no Ocidente como uma das consequências da expansão do próprio sistema capitalista de produção. Um sistema que tem no processo de medicalização um de seus elementos sustentadores tanto em termos de moral social como no que diz respeito à constituição de um arcabouço mercantil.

Em suas linhas, Albrecht (1992) destaca como a deficiência se tornou um grande negócio no fim do século XX e cresceu de maneira assombrosa no século XXI. Para Albrecht (1992), a indústria da deficiência produz a representação da deficiência como um problema social e o complexo da reabilitação como resposta institucional a esse problema, daí a capilarização dessa ideia nas esferas cotidianas.

Ao bem da verdade, se olharmos atentamente pelas lentes da história, perceberemos que essa questão já fora analisada de maneira subliminar por Foucault (1987), ainda que sob outra lógica, quando este analisa o fenômeno das grandes internações e do surgimento das prisões asilares.

Além da utilização dos estudos de Albrecht (1992), os quais são bastante conhecidos no universo dos estudos da deficiência, Broderick (2002) também se vale dos escritos de Marta Russel, escritora raramente utilizada tanto no Brasil como pelos teóricos do modelo social. Russel (2016) oferece uma análise explicitamente marxista do papel político e econômico da deficiência no capitalismo americano do fim do século XX ao destacar a necessidade de o sistema capitalista manter uma reserva de mão de obra inexplorada, parte dela composta por pessoas com deficiência, a fim de pressionar a composição dos salários dos trabalhadores para baixo.

Outra obra que ganha atenção de Broderick (2022) e se vincula à análise econômica (e também midiática da deficiência) é o livro de Longmore (2016), intitulado *Telethons: Spectacle, Disability, and the Business of Charity*, que investiga as relações econômico-políticas contidas na indústria dos Teletons, livro que faz uma crítica radical à espetacularização mercadológica da diferença da deficiência.

Por fim, cabe pontuar a utilização por Broderick (2022) da obra de Mitchell e Snyder (2015), nominada "The Biopolitics of Disability: Neoliberalism, Ablenationalism, and Peripheral Embodiment" (também bastante conhecido nos estudos da deficiência), cujo conteúdo apresenta contribuições teóricas inovadoras na análise da complexa relação entre deficiência e neoliberalismo.

O diálogo com essas obras se mostrou fundamental para que Broderick (2022) arquitetasse suas instigantes análises sobre aquilo que ela veio a chamar de Complexo Industrial do Autismo. Cabe citar que anteriormente a Broderick (2022), outros teóricos já vincularam o termo autismo ao adjetivo indústria, com destaque para Dawson (2004) – que foi a precursora dessa relação –, e Milton e Moon (2012), entretanto, em nenhum desses estudos temos algo parecido com a profundidade e vastidão de informações e dados utilizados por Broderick (2022), por consequente, embora boa parte dessas análises sociais e culturais críticas concorde com a afirmação indiscutível de que o autismo é hoje um grande negócio, nenhuma delas apresentou uma análise abrangente que tente integrar análises sociais e culturais críticas com e por meio da abrangente lente da economia política.

Dentre os poucos estudos que intentaram envolver apreciações sobre o autismo em relação à economia política, cabe destaque ao texto de Mcguire (2016), intitulado *War on Autism*. Nessa obra, a autora assevera que as demandas sobre a corporalidade da criança autista geraram um complexo industrial multibilionário com interesses de investimentos públicos e privados que se alimentam da existência desses corpos, ou melhor, da forma pela qual eles são interpretados e tratados atualmente, quer em termos físicos ou comportamentais. Esse complexo criado acabara por gerar empregos e organizações tendo por principal propósito a intervenção sobre o autismo e derivando indústrias inteiras de prevenção, tratamento e normalização, quer pelo oferecimento de serviços ou de produtos, como softwares, livros, jogos, recursos de comunicação, aplicativos digitais, remédios, entre outros.

Movimento similar fora feito posteriormente, por Grinker (2020), o qual acentua que o diagnóstico específico de autismo se incorporou em um complexo sistema financeiro cuja manutenção da existência depende justamente a produção desse diagnóstico para a promoção de seu crescimento. Para Grinker (2020), a explosão de casos de autismo não pode ser analisada sem a consideração desse elemento-chave. O material influência o espiritual. Outrossim, coerente aos supostos de McGuire (2016), Grinker (2018) assinala que quando um estigma – tal qual é, inegavelmente, o autismo – se configura como elemento de suporte sobre o qual uma miríade de atividade mercantis se aglutinam, esse diagnóstico e seus mecanismos de suporte acabam por fornecer incentivos para fabricação de novas pessoas dentro dessa categoria, objetivando o resguardo dessa infraestrutura financeira. Nesse sentido, poderíamos afirmar que se mostra verdadeira a afirmação de Mallett e Runswick-Cole (2016) de que o autismo foi mercantilizado com sucesso nos tempos atuais.

Já Latif (2016), partindo da ideia de que a economia é o mecanismo central mediante o qual o poder circula vinculado à análise do complexo industrial do autismo ao contexto de políticas neoliberais. Em suas palavras, as pessoas com autismo "são modificadas e influenciadas pelos sistemas de classificação dominantes, que num mercado capitalista têm conduzido em direção a um modelo biomédico de bem-estar mental com base técnica" (Latif, 2016, p. 288). O conjunto dessas contribuições seguramente oferece uma paisagem a ser explorada nos estudos do autismo que tem o condão de reestruturar e reimaginar destacado fenômeno.

No entender de Broderick (2016), foram Mallett e Runswick-Cole (2016) que ofereceram contribuições que mais avançaram na análise do autismo dentro do sistema capitalista de produção a partir do texto "The commodification of autism: what at stake?". Nele, as autoras afirmam que o autismo se tornou uma mercadoria, uma coisa, sendo produzido, trocado, comercializado e consumido. Contudo, no entender de Broderick (2022), nem Mallett e Runswick-Cole (2016), tampouco quaisquer outras análises existentes, demonstram como o autismo veio a ser mercantilizado com sucesso, assim como pouco argumentam sobre a natureza das infraestruturas sociais, históricas, culturais, políticas e econômicas que se cruzam e que tanto produzem como sustentam o autismo como uma mercadoria lucrativa. Nas palavras de Broderick e Roscigno (2021, p. 13-14),

> O autismo como mercadoria é produzido e consumido em parte através da mobilização dos complexos industriais médico e educacional, sendo que a exploração específica do Complexo Industrial do Autismo tem o potencial para explicar e iluminar ainda mais como funcionam ambos os

complexos industriais subjacentes. Sem tentar reconciliar ou reduzir estes dois quadros conceptuais divergentes num só, iremos, no entanto, notar que, no caso do Complexo Industrial do Autismo, múltiplos setores da economia que se cruzam e estão em rede se implicam na produção simultânea não apenas de tecnologias (produtos e serviços), mas também de ideologias (conceitos, valores, crenças e narrativas culturais), que são comercializadas, produzidas e distribuídas conjuntamente para consumo, tudo ao serviço final da geração de lucros. Além disso, o complexo industrial fabrica o seu mercado e os seus consumidores (produzindo necessidades, estimulando o consentimento, criando consumidores e fabricando legitimidade) através da produção para consumo de massa da lógica cultural de intervenção. O "problema" central desta perspectiva (se pressionado para identificar apenas um) é menos o behaviorismo do que o capitalismo.

De acordo com Broderick e Roscigno (2021), a economia do autismo – para além dos produtos que são comprados e vendidos, assim como do conjunto de intervenções e serviços comercializados para as pessoas autistas – se constitui pela venda de si próprio. Para além dos objetos, portanto, trata-se de uma grande ideia mercantil. Tal argumento é sintetizado por Broderick e Roscigno (2021, p. 17) na seguinte passagem:

Argumentamos aqui que a ampliação massiva do escopo do Complexo Industrial do Autismo depende, em grande parte, do entrelaçamento bem-sucedido da arquitetura cultural, política e econômica, de modo que adultos não autistas (principalmente pais de crianças autistas, professores e administradores escolares, etc.) foram preparados como consumidores-alvo do autismo (e, portanto, do seu complexo de intervenções). Esta circunstância gerou não apenas a mercantilização e o consumo da ideia ou do conceito de autismo, mas, de forma mais perniciosa, a mercantilização e o consumo de corpos autistas, incluindo os corpos de crianças muito pequenas na geração de lucro para estas indústrias de intervenção. O Complexo Industrial do Autismo não poderia prosperar como prosperou se apenas produzisse a mercadoria do autismo; também fabrica uma lógica cultural normativa e narrativa – a lógica cultural da intervenção. Assim, incluída na produção do autismo para consumo público está a fabricação simultânea para consumo dos produtos retóricos constituintes de:

(a) necessidade e consentimento para intervenção para o autismo e, (b) reivindicações de legitimidade de tecnologias de intervenção específicas. Esses produtos retóricos constituintes trabalham em conjunto com a produção do autismo como mercadoria para produzir, para consumo generalizado, a lógica narrativa de que o autismo não só é perigoso, ameaçador e geralmente ruim, mas também que, portanto, necessita de intervenção e que certas formas de intervenção são mais legítimas que outras. A lógica cultural que produz tanto a necessidade como o consentimento para a intervenção no autismo é fabricada através da implantação sistemática e da manipulação tanto dos medos culturais como das esperanças culturais na elaboração de narrativas culturais hegemónicas de que o autismo (é claro) necessita de intervenção.

Com base nesses supostos, Broderick e Roscigno (2021) asseveram que qualquer produto material ou simbiótico desse complexo econômico do autismo não pode ser separado da produção do autismo como mercadoria e da produção da própria identidade de pessoas autistas. O Complexo Industrial do Autismo não pode existir sem pessoas autistas, as quais se mostram frequentemente exploradas como matéria-prima involuntária para extração dos lucros desse sistema produtivo, que tem por uma de suas premissas significar o que é ser autista no seio do capitalismo neoliberal global.

Para além dos elementos destacados, entendemos que existe um outro componente fundamental na produção do complexo econômico do autismo que não foi percebido ou recebeu a devida atenção pela autora, qual seja: a circulação do discurso autista como forma de conhecimento.

Esse fato se mostra cardeal para entendermos como a presença cultural do autismo cresceu de maneira massiva nas últimas décadas, se manifestando, para além dos produtos e serviços comercializados aqui já descritos, também na rede de significados que compõe a categoria e circula nos diálogos correntes sobre essa manifestação. Em nosso entender, aquelas que melhor captaram essa relação foram Mallett e Runswick-Cole (2012).

No entender de Mallett e Runswick-Cole (2012), a categoria autismo tem atraído a atenção de acadêmicos em geral, especialmente pelo reconhecimento de que pode ser considerada uma manifestação atraente na forma como se apresenta a alteridade humana. Parte desse fascínio pelo autismo se justifica em razão da ausência de elemento objetivo em sua definição, pese o caráter dominante do discurso médico, fazendo com que destacada categoria se torne uma das mais enigmáticas manifestações humanas contemporâneas, a qual é produzida, comercializada e consumida no âmbito social. O autismo, objetivamente, é tudo e nada ao mesmo tempo, afetando um número cada vez maior de pessoas e compondo uma dialética intrincada que jamais deixa de ser um discurso que produz práticas e relações sociais. Tal fato nos auxilia, em parte, a entendermos por que hoje, aparentemente, falamos muito mais sobre autismo do que sobre outras manifestações caracterizadas como deficiências.

Poder-se-á objetar que esta é somente uma impressão fundada não em dados, mas, sim, em sensações subjetivas, o que não deixa de ser verdadeiro. Contudo, e peço licença para escrever aqui em primeira pessoa, ao menos no universo educacional e político que me rodeia, parece-me que a preocupação com o autismo tem suplantado e se sobreposto à atenção e ao cuidado necessários para com outras formas de deficiência. Ademais, parece-me que essa atenção se concentra sobre um discurso de origem e destino fundados a partir de linhas traçadas exclusivamente pelo saber médico, matriz já bastante contestada, mas que parece reviver com fôlego de gato na expansão dessa representação imagética.

Essa sensação fora percebida também por Mallett e Runswick-Cole (2012), ao descreverem o contexto britânico, as quais afirmam que mesmo nos eventos da academia que visavam interrogar a deficiência no mundo social e trabalhar pela emancipação de todos as pessoas com deficiência, o debate sobre o autismo parecia fugir a essa lógica ao se vincular à tríade prevenção, tratamento e normalização. De fato, há ainda por se construir uma perspectiva sobre o autismo que mude o foco de uma abordagem de prevenção/tratamento/remediação para um paradigma social/cultural/político. Uma tarefa certamente por se fazer.

Tal movimento analítico pode ajudar a compreender a constituição da rede de significados da deficiência na cultura contemporânea. Talvez o primeiro passo para tanto seja resistir à tentação de simplificar a deficiência, tornando-a uma coisa objetivada definível, elemento característico da tradição clínica. Para Mallett e Runswick-Cole (2012), uma forma de explicar esses processos pelos quais o autismo cresceu em termos de circulação e manifestação é levar a sério os contextos de conhecimento e argumentar que, longe de ser neutro, a rede de significados sobre as coisas e fenômenos são construídas e adquiridas a partir de diversas contingências sociais, culturais e econômicas.

Em vista disso, e corroborando com Broderick (2022), se mostra fundamental analisarmos o autismo não apenas como imparidade orgânica, mas também a partir das ferramentas analíticas da economia, da política, da Sociologia, da Antropologia, da Filosofia e da religião de modo a interrogar a deficiência sob uma perspectiva histórica. Isso implica perguntar qual papel a cultura de consumo capitalista contemporânea desempenha na criação da deficiência, o que nos permitirá explorar de que forma as teorias da mercantilização podem nos ajudar a entender como certos conjuntos de conhecimento sobre deficiência, tais quais aqueles que cercam o autismo, são produzidos e parecem prosperar em determinados momentos e não em outros.

Como só podemos explorar uma pequena fração dessa área potencialmente frutífera, que é a da mercantilização da deficiência, nossa abordagem buscará contribuir para a teorização das formas como os contextos culturais atuais auxiliaram na produção e popularização do autismo e de seu discurso circular como uma mercadoria e um desejo insatisfeito. De acordo com Mallett e Runswick-Cole (2012), quando desfetichizada, essa relação simbólica, mas também material, revela uma ameaça ao projeto mais amplo de emancipação das pessoas com deficiência. Antes, porém, de discutirmos essa relação de forma mais pormenorizada, se mostra fundamental tecermos considerações sobre o papel significativo desempenhado pelos processos de abstração na definição autismo como uma coisa, posto ela ser parte componente da estrutura mercadológica que ronda o espectro autista.

Para Mallett e Runswick-Cole (2012), nas sociedades modernas – impulsionadas por um arranjo social em que a compra e venda de bens e serviços não é apenas a atividade predominante da vida cotidiana, mas, também, um árbitro importante de controle e organização da sociedade –, a vida social é produzida de modo semelhante a uma fotografia representativa de certa imagem normativa, sendo a deficiência, nesse universo, demarcada e codificada como uma imagem deficitária encontrada nos indivíduos. Não por acaso, os rótulos de imparidade muitas vezes funcionam como uma forma abreviada e maléfica quanto à identificação e explicação do que consiste determinada deficiência, desempenhando um papel limitador na construção da diferença corporal, funcional e social.

No caso do autismo, apesar de revelar um processo complexo e altamente contestado, tais processos de abstração podem ser vistos não apenas como a criação de uma coisa, mas, especificamente, como uma coisa mercantilizada. Destarte, sem desmerecer a definição do autismo como um transtorno do neurodesenvolvimento consubstanciado a partir de um espectro[14] clínico especificado, é preciso entender que referido conceito se trata de uma categoria bastante escorregadia mesmo no campo médico. Como já demonstramos fartamente neste texto, a etiologia do autismo guarda mais dúvidas do que certeza.

Contudo, apesar da incerteza na causa, explicação e definição do autismo, é inegável que dito fenômeno é atravessado por encadeamentos mediante os quais determinadas representações são transformadas em objetos culturalmente úteis, denotando um processo de abstração pelo qual a especificidade quantitativa de algo supostamente individualizado é assimilado à homogeneidade qualitativa de um tipo ou ordenamento mais amplo. No entender de Mallett e Runswick-Cole (2012), pode-se argumentar que a categoria diagnóstica do autismo é um produto de fotografias individuais absorvidas em um tipo uniforme e padronizado normativo, embora seja um tipo escorregadio de categoria e diagnóstico. A partir dessa composição esquemática, pessoas individuais são consideradas como componentes de uma categoria genérica que as definem. Quando tal processo se materializa, antes de tudo, a pessoa é vista como aquilo que genericamente a representa. Um rótulo a sobrepõe e a sufoca.

Destarte, o papel da abstração no processo pelo qual os indivíduos são identificados como autistas e inseridos em determinados papéis sociais se mostra significativo e não deve ser desprezado, pois este catalisa o aparecimento, inclusive, de uma série de ferramentas para a possível captação e compreensão dessa situação. Com base nessa representação, vários instrumentos para diagnosticar o autismo foram desenvolvidos e têm se tornado amplamente utilizados, os quais se propõem a traduzir expressões em indicadores comportamentais anunciadores de um quadro de diagnóstico autista, tais como falta de empatia, discurso pedante, movimentos estereotipados e repetitivos, comunicação não verbal deficiente, hipo ou hipersensibilidade a estímulos sensoriais, ausência de jogos protagonista e de imaginação, entre outros.

---

[14] Termo utilizado para demonstrar que, embora todas as pessoas com autismo compartilhem dificuldades em determinadas áreas, estas afetarão as pessoas de maneiras muito diferentes, com alguns sendo capazes de viver vidas com pouca necessidade de suportes, enquanto outros exigirão uma vida inteira de apoio especializado.

A utilização desses instrumentos de diagnóstico aponta para a influência e o sucesso da abstração do autismo como uma coisa, na medida em que definições, debates de possíveis causas e avaliação diagnóstica somente fazem sentido se o autismo tiver sido, em algum nível, coerentemente separado como uma entidade ontológica com suas especificidades quantitativas e qualitativas próprias. O papel da abstração se mostra concluído quando tal processo transcende barreiras e fronteiras, o que ocorre quando qualquer coisa individualizada em um determinado lugar passa a ser tratada como realmente igual a algo aparentemente semelhante localizado em outro lugar. Considerado por meio dessas ideias, o autismo não se revela apenas como uma coisa homogênea que está separada e acima dos indivíduos e seus contextos socioculturais específicos, mas também uma entidade que tem incrível potencial para viajar por meio dos espaços. Em outras palavras, tem a capacidade de ser relevante para mercados de massa nacionais e internacionais.

Isso posto, resta evidente que uma das formas pelas quais o autismo tem sido comercializado diz respeito ao conjunto de conhecimentos produzidos, comercializados e consumidos a partir de uma determinada lógica racional, neste caso, uma lógica estruturada pelos ditames da Medicina e do mercado capitalista. A produção do conhecimento jamais deixou de ser também um grande negócio, especialmente a partir da sociedade moderna. Com isso, asseveramos que os saberes e práticas médicas não se tratam da verdade absoluta, mas uma verdade relativa, uma verdade produzida em determinado campo de relações sociais e que deve ser contestada, se assim entendermos necessário, por raciocínios ancorados sob outras perspectivas teóricas; afinal, nada pode ser denunciado se a denúncia for feita dentro do sistema a qual pertence a coisa denunciada.

Com isso, não estamos questionando as contribuições médicas, valiosas para o conhecimento e que exerceram impactos tangíveis nas experiências vividas das pessoas com deficiência, mas somente problematizando que existem elementos para além desse verniz teórico, os quais podem servir como contraponto à maneira como atualmente o conhecimento sobre o autismo é produzido, trocado e consumido.

Essa questão carece em ser levantada no debate sobre a mercantilização do autismo, na medida em que enquanto a venda de cursos, serviços e produtos com vistas ao tratamento de manifestações características do autismo mostra uma face mercantil muito transparente, o autismo não pode ser dito com a produção do conhecimento, que ainda tenta se revestir de neutralidade, impessoalidade e universalidade. É preciso fazer transparecer que a maneira como ordenamos determinados conhecimento também atende a certos interesses.

Questionar o conhecimento produzido sobre o autismo é parte integrante da crítica à colonização que os médicos exercem na relação com esse fenômeno, fato que compreende a colocação em suspensão de como os corpos, sintomas, comportamentos e as experiências de pessoas com deficiência (incluindo pessoas autistas) são interpretadas sob a ótica desses sujeitos como pacientes, sujeitos a serem individualizados, patologizados e medicalizados. Nesse sentido, tal qual pontua Oliver (1990, p. 42), em obra clássica e que inaugura epistemologicamente o modelo social da deficiência, "o que precisa ser considerado a seguir é o modo como a individualização da vida sob o capitalismo contribuiu para a individualização da deficiência e para o papel de grupos poderosos, nomeadamente a profissão médica, neste processo".

Sendo assim, o processo de individualização deve ser considerado como parte integrante e ativa do complexo processo de transformação da deficiência em mercadoria a ser produzida e consumida, atingindo a todos, fato bem captado por Mallett e Runswick-Cole (2012), para quem: embora as informações sobre o autismo pareçam ser de responsabilidade exclusiva de profissões médicas e afins, na realidade, a situação é muito mais complexa. Se nós pensássemos no trabalho dos profissionais médicos, bem como no trabalho de indivíduos e famílias, ambos os grupos estão trabalhando para abstrair e produzir o autismo como uma coisa. E o fazem de modo natural, como se essa fosse a única ação possível entre o conjunto de situações apresentados. Diríamos que essa é a ideologia mais poderosa do capitalismo, a citar, fazer com que seus produtos históricos e arbitrários pareçam naturais, universais e neutros, logo, denotando a única solução possível. Sob essa ideologia se escoram e se justificam uma série de práticas que promovem discriminação e desigualdade social, as quais tantos males promovem à humanidade.

O significado disso é que nós acabamos por perceber representações como o autismo tal qual se estivessem além da produção humana, visualizando seu processo de mercantilização como um ato fixo, estático e a-histórico. Sublinhado processo coincide com a ideia marxiana de fetichismo resumida no fato de a humanidade ignorar que cria sua própria cultura material e espiritual e que é autora de sua história e das relações dela derivadas.

Sob a forma fetichizada, somente percebemos algum produto, conhecimento ou serviço de forma pronta e acabada, sem o processo de sua construção. Por isso, este aparece a nós como coisa, objeto. Historicizar a constituição dessas relações é parte do processo de humanização da sociedade, cujo descortinar se mostra fundamental para compreendermos os meandros das desigualdades e discriminações socais, assim como da produção da diferença como desvio nas sociedades modernas.

Destarte, muito embora o autismo seja consumido de diferentes formas, estas fazem parte de um mesmo ciclo de produção social, o da medicalização da diferença e patologização do normal, marcas constituintes do protagonismo assumido pelo saber médico na sociedade. Isso se aplica, inclusive, dentro do movimento da neurodiversidade, uma vez que mesmo quando este rejeita os aspectos negativos, trágicos e deficitários da deficiência e do autismo, ainda o faz através de lentes médicas. Assim, a capacidade de esse campo epistemológico explicar o autismo não é questionada, o que ajuda a explicar seu crescimento exponencial na sociedade. Também não é interrogado o fato de suas propostas terapêuticas se mostrarem circulares e demonstrarem poucos resultados efetivos e duradouros.

Como a promessa dos conceitos, serviços e produtos dirigidos ao trato com o autismo nunca é totalmente satisfeita, o contentamento temporário dá lugar à necessidade de consumir novamente e, assim, a cadeia de mercadorias destinadas ao autismo é mantida e incrementada em um círculo que se renova incessantemente. Identificados tão totalmente com as mercadorias oferecidas, não conseguimos visualizar alternativas ou perceber a natureza limitada de satisfação dentro desse sistema de troca. E assim continuamos a consumir de maneira indefinida e indeterminada, mesmo quando não se percebem resultados concretos do produto consumido.

Sublinhada colocação vai ao encontro dos achados anteriormente destacados acerca da inexistência de uma prática absolutamente comprovada no trato com o autismo, as quais mesmo sem resultados efetivos e cientificamente lastreados permanecem sendo vistas como parte do processo de enfrentamento dessa condição. Aliás, autores como Nadesan (2005), Siverman (2012) e Grinker (2018) questionam a própria existência do autismo enquanto categoria diagnóstica. Referida posição também é encontrada em Timimi, Gardner e McCabe (2010), os quais afirmam que o autismo, tal como é classificado pelo DSM-V e pela Classificação

Internacional de Doenças, é um mito socialmente construído que ignora contextos socioculturais e evidências conflitantes.

Tal posição também encontra suporte em Broderick (2022), para quem a etiologia do autismo possui uma natureza altamente especulativa e de difícil comprovação empírica. Embora não corroboremos na integralidade com referidas perspectivas analíticas, posto entendermos que o conceito de autismo pode ser muito útil para uma série de situações historicamente atravessadas por grande carga de discriminação e preconceito, como o fenômeno da deficiência intelectual, é inegável que existe a necessidade de reexame dessas manifestações, assim como de sua prevalência.

Especificamente no que diz respeito ao aumento de sua prevalência, Timimi, Gardner e McCabe (2010) entendem que para além do impacto da ampliação dos critérios de diagnóstico e do crescimento da consciência pública sobre o autismo, não podemos esquecer da ênfase na importância da competência social e emocional que emergiu das políticas econômicas neoliberais, do crescimento das indústrias farmacêuticas, as quais veem no autismo uma mercadoria lucrativa (ainda que seus produtos, no máximo, ajudem a controlar sintomas secundários do autismo, não corrigindo as dificuldades centrais de comunicação e interação social) e, por fim, da busca por acesso a serviços e benefícios (médicos, sociais, habitacionais, econômicos, educacionais, entre outros), os quais criaram uma rede de proteção e direitos para os sujeitos assim identificados por um laudo. Pese este último elemento, não podemos esquecer que o rótulo que dá direito é o mesmo que limita, condiciona e aprisiona.

Para MacCarthaigh (2020, p. 10), a expansão dos rótulos das pessoas autistas associados

> [...] as lacunas de conhecimento na etiologia do autismo e tratamentos limitados baseados em evidências tornam a condição passível de exploração comercial. Apesar da escassez de ensaios clínicos randomizados apoiando a intervenção no autismo (Dawson et al. 2010), opções de tratamento bem comercializadas que empregam jargão com som científico se mostram atraentes para pais que se sentem obrigados pelas estruturas sociais a gerir comportamentos problemáticos percebidos. Além disso, a indústria do autismo não mostra sinais de desaceleração. Para apoiar isso, Baron (2005) sugere que a mercantilização do autismo continuará a proliferar à medida que o número

de partes interessadas investidas na indústria aumenta. Conter a proliferação da indústria do autismo exige que profissionais e acadêmicos evitem projetar deficiência onde há diferença e que a diversidade de fatores que constroem a compreensão da condição seja reconhecida.

Os rótulos se mostram componentes do processo de mercantilização do autismo enquanto composto de relações sociais, auxiliando na construção desse fenômeno como se fosse autônomo em suas origens, logo, parte do processo de fetichização da categoria. Assim sendo, a contestação do atual estado de coisas deve passar obrigatoriamente por um processo de desfetichização e desmercantilização do autismo enquanto conceito, materializando um movimento pelo qual reconhecemos as contradições presentes em seus elementos definidores e trabalhamos para a derrubada de barreiras que impedem relações de reconhecimento igualitárias.

A crítica à mercantilização e à explosão do autismo é tomada como angular em Mallett e Runswick-Cole (2012, p. 34-48) por estas entenderem que tal processo trará consequências danosas à luta por redistribuição e reconhecimento, assim como na busca de direitos pelas pessoas com deficiência. Para as autoras, é preciso que fique claro que,

> Em primeiro lugar, a mercantilização de uma determinada categoria não pode deixar de valorizar uma marca de prejuízo em detrimento de outra. Pode-se argumentar que o autismo ocupa agora um lugar de destaque na hierarquia das deficiências, atraindo financiamento para pesquisa, cursos universitários, serviços e recursos que deficiências menos famosas, menos certas e menos mercantilizadas não podem atrair. A descrição de Castree (2003:288) dos efeitos da mercantilização, onde a mercantilização de uma entidade impacta não-mercadorias próximas e relacionadas, é pertinente aqui. Um exemplo ocorre no livro recente de Murray (2008:5), onde ele reconhece que o autismo é apenas uma condição entre muitas que precisa ter o seu lugar dentro das narrativas culturais explicadas, mas, ainda assim, o autismo é aquele que está tendo suas narrativas culturais explicadas, deixando assim as narrativas de outros estados de diferenças corporais inexplicáveis. Em segundo lugar, como demonstramos, à medida que a categoria mercantilizada de autismo permanece fetichizada, o domínio das perspectivas médicas sobre a deficiência é mantido. Isso leva a uma dedução bastante desconfortável para quem considera o estudo da deficiência estar comprometido

> com a emancipação das pessoas com deficiência da tirania dos discursos médicos. Quando discutimos o autismo como uma coisa [...] estamos implicados na sustentação do fetiche. Sugerimos que, em vez disso, pesquisadores e estudantes da deficiência nutram um estado de consciência crítica, utilizando ferramentas de teoria porque, pelas razões expostas acima, é somente quando reconhecemos o papel do nosso trabalho na produção e mercantilização do autismo e da prática de desfetichização que podemos contribuir para a transformação da sociedade e participar nos esforços para a emancipação contínua de todas as pessoas com deficiência.

A análise aqui apresentada representa um afastamento significativo das contribuições de outros estudiosos críticos do autismo sob a égide do capital, muitos dos quais parecem aceitar a naturalidade da indústria de intervenção do autismo, centrando seus argumentos nas críticas às políticas de austeridade neoliberais e sobre a escassez de recursos de intervenção. Sem desconsiderar a importância e validade dessas contribuições e práticas, é importante rememorar, como alertam Mallett e Runswick-Cole (2016), que quando não questionamos a estrutura geral sobre a qual o autismo se assenta, corremos o risco de ficarmos encurralados ao processo circular de mercantilização, sendo a perda de serviços de apoio apenas um dano colateral nesse complexo. Esse processo de historicização da etiologia e prevalência do autismo, no entender de Broderick e Roscigno (2021, p. 20), não objetiva sugerir

> [...] que exista qualquer alternativa simples, direta, transformadora ou revolucionária ao Complexo Industrial do Autismo. Não estamos interessados em criar um inimigo alternativo. Não estamos a tentar proibir o behaviorismo (como outros sugeriram em espaços mais ativistas). Não estamos a apelar à revolução ou ao desmantelamento sistemático do behaviorismo, do capitalismo, ou mesmo de qualquer coisa. Como puro experimento mental, remover totalmente o behaviorismo da mistura não elimina o autismo e o capitalismo.

Em vista do conjunto dos elementos aqui destacados, mostra-se como fundamental a construção de um modelo social de explicação do autismo, que avance nas análises sobre essa categoria sob outras vertentes que não as médicas. Um modelo que corporifique uma investigação emancipatória para as pessoas com deficiência e que assuma a disposição em realizar pesquisas apenas quando for de benefício prático para a autocapacitação das pessoas com deficiência e/ou a remoção de barreiras incapacitantes. Por outras palavras, tal modelo deve visualizar o autismo e a deficiência como categorias produzidas por um conjunto de situações vinculadas à lógica social moderna. De acordo com Chown *et al.* (2017, p. 729-730), tal requisito objetiva, em última instância

> [...] a superar a questão de que a investigação sobre o autismo é muitas vezes realizada para interesses outros que não os das pessoas com autismo. [...] O segundo item é um requisito para que o modelo social da deficiência esteja no centro do espírito do projeto. Este item foi concebido para garantir que o projeto se baseie na crença de que as principais razões pelas quais as pessoas autistas não conseguem viver uma vida plena são as barreiras colocadas no seu caminho por uma sociedade não-autista, e que pertence a sociedade a responsabilidade total de remover essas barreiras, não colocando a culpa pelas dificuldades enfrentadas pelas pessoas autistas sobre eles como indivíduos. Finalmente, e talvez o mais importante de tudo, a investigação emancipatória deve concentrar-se na produção de resultados com potencial para melhorar a vida das pessoas com autismo. É provável que um projeto com este potencial seja valorizado pela comunidade do autismo e, portanto, seja um projeto que a comunidade esteja disposta a ter.

Parte da materialização desse projeto exige que visualizemos a deficiência não sob a perspectiva da tragédia e do impedimento, mas como fonte de conhecimento, cultura e riqueza humana. A sociedade sem a presença das pessoas com deficiência teria seu arco de visão limitado e estreito. Não é escusado destacar que várias conquistas humanas hoje tidas como essenciais somente se tornaram possíveis a partir do pensar sobre a experiência da deficiência. No caso específico do autismo, como destaca O'Neil (2008), não podemos deixar de levar em consideração que evidências da literatura científica e da comunidade autista questionam a ideia de que os TEA são simplesmente doenças ou transtornos. Para ser claro, não há dúvida de que o TEA pode estar associado a sofrimento e prejuízo. No entanto, os autistas têm sucesso e surpreendem as pessoas ao seu redor, muitas vezes, não apesar, mas por causa de seus traços autistas.

Visualizar o autismo sob a perspectiva de riqueza cultural e não como tragédia pessoal dá suporte à fala de Billington (2006, p. 2), para quem "os estudos sobre o autismo convidam a algumas considerações fundamentais sobre as formas como todos nós sentimos, pensamos e aprendemos no mundo; como damos sentido à nossa experiência; o autismo nos força a pensar mais profundamente sobre o que realmente são a percepção humana, ou as relações humanas, ou a inteligência humana, ou a linguagem humana, ou a criatividade humana". Todos esses elementos devem ser parte integrante dessa nova literatura que propomos que seja desenvolvida. Uma literatura que critique o atual estado de coisas sem esquecer de olhar para o futuro a partir de novas perspectivas.

REIMAGINANDO O AUTISMO PELA PERSPECTIVA POLÍTICO-CULTURAL

Como é de notório conhecimento e já descrito nesta obra, o termo "autismo" ganha visibilidade no ano de 1943, quando da publicação por Kanner do texto "Autistic disturbances of affective contact". Nele, Kanner (1943, p. 249) identifica um grupo de crianças com extensas dificuldades intelectuais e sociais, as quais têm suas atividades "governadas de forma rígida e consistente pelo poderoso desejo de solidão e mesmice"[15]. Um ano após o texto de Kanner, Asperger (1944, p. 37) elabora um estudo sobre um grupo de crianças com manifestações semelhantes àquelas descritas por Kanner, destacando "em comum uma perturbação fundamental que resulta em dificuldades graves de integração social. Em muitos casos, os problemas sociais são tão profundos que ofuscam todo o resto".

Para ambos os autores, o isolamento ambiental e social se mostrava como a cardeal problemática enfrentada pelas crianças autistas e aquela que mais impactos negativos traduziam em termos de desenvolvimento, dado o fato incontroverso de que os serem humanos vivem em constante interação com outros seres humanos e com o meio. Não por acaso, tal definição fora descrita pelo uso da palavra autismo, derivado do grego *autos*, que significa a si próprio, a si mesmo.

De acordo com Straus (2013), presumivelmente, sempre houve pessoas que apresentavam os tipos de comportamentos que hoje rotulamos como autistas, mas à medida que estes foram observados, divididos em categorias e classificados, tais comportamentos foram enquadrados no interminável mapa dos distúrbios psicológicos, que se mostra mutável em resposta à pressões culturais e sociais. Hoje, o autismo pode parecer

---

[15] Como observa Kanner (1943, p. 242), "É bem possível que algumas dessas crianças tenham sido vistas como débeis mentais ou esquizofrênicas. Na verdade, várias crianças do nosso grupo foram-nos apresentadas como idiotas ou imbecis, uma ainda reside numa escola pública para deficientes mentais e duas foram anteriormente consideradas esquizofrênicas" Das onze crianças do estudo original de Kanner, apenas duas alcançaram algum grau de independência ou autossuficiência. O restante passou a vida em grandes instituições, com resultados extremamente ruins do ponto de vista intelectual: "Não se pode deixar de ter a impressão de que a internação no Hospital Estadual equivalia a uma sentença de prisão perpétua, com a evanescência de fatos surpreendentes de memória mecânica, abandono da antiga luta patológica, manutenção da mesmice e perda do interesse em objetos somados à relação basicamente pobre com as pessoas. Essas crianças foram internadas em instituições nas quais foram agrupadas com coevos gravemente retardados ou mantidas em locais onde foram alojadas com adultos".

uma categoria natural e segura, mas é tão histórica e culturalmente contingente quanto a neurastenia, histeria e fuga – categorias médicas baseadas na ciência de uma era anterior – podendo, portanto, em algum dia, partilhar esse mesmo destino. Sobre esse dado, cabe citar que Hacking (1998), em estudo de largo fôlego acerca da nosologia ocidental, identifica na sociedade a existência de um grupo de doenças mentais transitórias, as quais referem-se a quadros sintomatológicos que aparecem num tempo, num lugar, e mais tarde desaparecem do espectro de representações. Ele cita a histeria como uma dessas doenças transitórias e dedica grande parte do livro à descrição da fuga como outra dessas categorias, as quais somente se manifestam em relação à cultura de determinados tempos e lugares. Isso não significa que pessoas reais não sofram com sintomas reais dessas manifestações, mas, antes, que essas entidades patológicas são formas provisórias e contingentes de agrupá-las e rotulá-las. O inverso da circunstância relatada por Hacking (1998) também é verdadeiro, na medida em que determinadas condições podem ser vistas como residuais em uma época e extensivas em outras temporalidades, como no próprio caso do autismo.

Isso posto, vale asseverar que nas décadas que se seguiram às descobertas (ou criações) de Kanner e Asperger, o autismo, como diagnóstico médico passou de uma condição desconhecida antes de 1943 para um fenômeno marginal nos anos de 1980, culminando em um quadro notavelmente comum hoje em dia. Para Straus (2013), o aumento do diagnóstico e da classificação psiquiátrica de autismo alimentou um incremento dramático na consciência pública, o que, por sua vez, encorajou diagnósticos e classificações adicionais, tornando-o uma manifestação presente na cultura contemporânea ocidental.

A autoridade para rotular determinadas pessoas como autistas pertence quase que exclusivamente ao domínio da profissão médica, sendo que para garantir a cobertura à elegibilidade a serviços e direitos as crianças devem possuir um diagnóstico clínico referendado em sistemas de classificação nosológico vigente. Para Bourdieu (1983), a maioria dos campos desfruta de estabilidade e de ampla aceitação de conhecimentos autorizados sobre seus tópicos relevantes; entretanto, em campos ainda não consolidados, essa aceitação silenciosa ou consensual de práticas de conhecimento pode não ser estabelecida. Dentro do campo nascente do autismo, no que diz respeito a questões de causalidade, há uma batalha travada entre aqueles que ocupam posições hegemônicas de poder e defendem seus pontos de vista como únicos possíveis, e aqueles que assumem uma posição heterodoxa que desafiam a credibilidade e a epistemologia dessa perspectiva.

A cultura hegemônica nesse campo, que é a médica, toma a deficiência como uma patologia, seja um déficit ou um excesso em relação a algum padrão normativo, residindo dentro de um corpo individual e num local determinado, e objetiva seu tratamento e possível cura. Se a patologia não puder ser curada, busca-se aproximar ao máximo o corpo dos padrões de funcionalidade esperados. Garland-Thomsom (2004) interpreta essa cultura como parte da lógica cultural da eutanásia, a partir da qual corpos com deficiência devem ser reabilitados (normalizados) ou eliminados (seja por serem isolados da sociedade em lares ou instituições, ou por serem encorajados a morrer)[16]. Por mais chocante que pareça o argumento de Garland-Thomson (2004), ele se insere quase que na completude no interior da lógica moderna.

Straus (2013) aponta que sob o modelo médico, o autismo foi localizado em muitos lugares diferentes. Com a ascensão da psicanálise freudiana foi posicionado na psique e concebido como uma questão da diferenciação do ego. Bettelheim é o maior expoente dessa concepção e via o autismo como uma resposta deliberada, embora inconsciente, da criança em querer se afastar da mãe ou do pai hostis. Dessa analogia surge o termo mães geladeiras e fortalezas vazias. Sob esse paradigma, a cura proposta envolvia retirar a criança dos cuidados da mãe e fornecer tratamento psicanalítico.

Posteriormente, com a perda de hegemonia da concepção psicanalítica, a psicologia cognitiva tornara-se preponderante, buscando localizar a gênese das manifestações autistas na mente e na existência de disfunções cerebrais individuais, o que não se mostra fácil. Fixar o autismo na

---

[16] No entender de Garland-Thomson (2004), esta lógica produziu conjuntos conflitantes, mas complementares, de práticas e ideologias que a cultura ocidental direciona para o que consideramos amplamente como deficiência. Tal pensamento estabelece uma distinção nítida entre corpos imaginados como resgatáveis e outros considerados descartáveis. Uma abordagem seria reabilitar corpos deficientes, enquanto a outra pressupõe sua eliminação. Garland-Thomson (2004) postula a lógica cultural da eutanásia de forma ampla, manifestando um modo de pensamento que se manifesta em noções específicas de escolha, controle, felicidade e sofrimento que sustentam uma ampla gama de práticas e percepções. Nossa cultura codifica a lógica da eutanásia na celebração de conceitos como a cura, a reparação ou a melhoria de corpos deficientes por meio de procedimentos tão diversos como a cirurgia reconstrutiva e estética, a medicação, a tecnologia, a terapia genética e a cura pela fé. Ao mesmo tempo, essa lógica apoia a erradicação de determinados corpos por meio de diferentes práticas dirigidas aos indivíduos como o aborto seletivo, a esterilização, a eutanásia, a eugenia e a institucionalização.

psique ou na mente representa um desafio evidente, uma vez que tudo o que podemos fazer nesse caso é observar comportamentos e fazer inferências sobre os tipos de processos interiores que podem produzi-los. Na ausência de observação direta, a psicanálise freudiana e a psicologia cognitiva têm de confiar na analogia e na metáfora.

Contudo, como bem alertara Sontag (1978), a profusão de metáforas está correlacionada à pobreza da ciência, sendo que a causalidade obscura e os tratamentos ineficazes associados ao autismo levam diretamente a construções abstratas como "cegueira mental", "função executiva" e "coerência central", para não mencionar o "ego". As metáforas são necessárias para preencher a lacuna entre os comportamentos que podemos observar e a sua fonte oculta, não por acaso, a psicologia cognitiva se vale de uma linguagem essencialmente figurativa, pois tenta descrever o que só pode ser inferido. A natureza figurativa dessa linguagem aumenta a sensação de que o autismo é, pelo menos em parte, uma expressão imaginativa da criação daqueles que o descrevem.

O avanço das teorias genéticas prometeu revolucionar as possibilidades de descoberta da gênese do autismo, pois materializaria uma forma objetiva das causas dessa manifestação, contudo seus resultados não se mostraram tão animadores quanto o esperado inicialmente. As dificuldades identificatórias em razão da complexidade do autismo, adicionado a falta de base biológica segura, poderá, de acordo com Straus (2013), conduzir o autismo ao caminho da irrelevância. Eventualmente, talvez, o que hoje consideramos autismo entrará em colapso devido às suas contradições internas, e os seus conteúdos serão redistribuídos a uma variedade de novas categorias e classificações, uma vez que o que mantém essa categoria sólida nesse momento não é tanto a ciência, na qual encontramos uma impressionante heterogeneidade de causas possíveis, mas a cultura.

Com base nesses elementos, Straus (2013) assevera que nunca haverá cura para o autismo, tal como não houve cura para a fuga ou a histeria, porque estas não são doenças. Pelo contrário, são agrupamentos de comportamentos, capacidades e atitudes que, sob as condições culturais adequadas, são agrupados e dotados de um rótulo. O rótulo parece conferir coerência à categoria, mas trata-se de uma ficção, uma construção cultural contingente. De acordo com Straus (2013, p. 460-479),

> O modelo médico exige que localizemos o autismo (como qualquer patologia) no corpo dos indivíduos afetados – é um

> problema pessoal deles e reside dentro deles. Mas o autismo é intrinsecamente um fenômeno relacional, uma função da interação entre as pessoas. O autismo é um fenômeno social/cultural, não localizado dentro dos indivíduos, mas sim nas conexões entre os indivíduos numa comunidade. Isto pode parecer irônico à luz da afirmação de Kanner de que a "solidão" é a característica essencial do autismo. [...] Mas essa solidão não é algo que os indivíduos possam alcançar por si próprios, mas sim algo construído em relação a outras pessoas. Para falar sobre isso de forma significativa, então, temos que considerá-lo dentro da cultura ambiente e, mais especificamente, dentro da cultura distinta que as pessoas autistas começaram construir.

Essa forma de entendimento comporia parte daquilo que poderíamos nominar como modelo social do autismo, uma literatura baseada nas vertentes culturais de sua constituição e que o explicaria a partir de um conjunto de premissas ligadas ao campo da produção social, com sua natureza e significado variando conforme tempo, lugar e contexto. Tal fato não implica a desconsideração da produção do saber médico, mas, sim, a consideração do autismo como uma identidade política e social valorizada e compartilhada. Esse transcurso materializa um deslocamento da Biologia para a cultura e do modelo médico por um modelo social, sintetizado na passagem de Garland-Thomson (2012) de que os significados atribuídos a corpos extraordinários não residem em características físicas inerentemente falhas, mas em relações sociais nas quais um grupo é legitimado por possuir características físicas valorizadas e mantém a sua ascendência e a sua autoidentidade, impondo sistematicamente o papel de inferioridade cultural e corporal aos outros.

Apresenta-se, assim, o desafio de organizarmos uma concepção de deficiência abrangente e multilateral que parta de análise da existência de uma base biológica (real ou inventada) em relação às quais as sociedades e culturas humanas criam redes interpretativas elaboradas que lhes dão significado. Nesse sentido, a deficiência é simultaneamente real, tangível, mensurável, física e uma criação imaginativa projetada para dar sentido à diversidade da morfologia, capacidade e comportamentos humanos. Num modelo de grupo minoritário, entende-se que as pessoas com deficiência partilham uma identidade social, cultural e política distinta, conferida, entre outras coisas, por uma experiência partilhada de opressão.

Para trazer a discussão ao autismo, poderíamos imaginar o que é uma construção social do autismo, como essa categoria é construída e quem a constrói? Podem as pessoas autistas serem consideradas um grupo minoritário? E se as pessoas com autismo constituem um grupo minoritário, o que dá coesão e identidade ao grupo além dos sintomas clínicos partilhados? Para Straus (2013) essa questão deve ser respondida a partir da análise da cultura e das criações que as pessoas assim identificadas legaram à sociedade, pois em seu entender, se no interior do modelo médico o autismo é construído por profissionais – psiquiatras, psicólogos, educadores – em seus artigos, livros e práticas clínicas, em uma perspectiva social o autismo é construído pelos seus próprios sujeitos por meio da cultura que produzem e das características partilhadas as quais conferem-lhe coesão.

> Como grupo de identidade, o autismo é um tanto amorfo, inclusivo e heterogêneo (embora não mais do que outros grupos políticos estrategicamente implantados, como mulheres, gays ou hispânicos). No pensamento atual, o autismo situa-se ao longo de um espectro. [...] Dado o crescente tamanho e diversidade da população classificada como autista, no entanto, talvez seja melhor pensar nela como uma aglomeração, uma rede de subgrupos sobrepostos, e com o grupo como um todo definido por fronteiras que são notavelmente permeáveis e porosas. Tal como acontece com outros "grupos minoritários", uma pessoa pode tornar-se autista de várias maneiras, incluindo diagnóstico médico, escolha pessoal e autoidentificação, e até mesmo classificação casual por pessoas de fora (Strauss, 2013, p. 460-475).

O ponto de partida engenhado por Straus (2013) se aproxima bastante daquele defendido pelos adeptos da neurodiversidade, os quais entendem que o autismo não é um defeito ou patologia, e sim um aspecto da variabilidade humana que ocorre naturalmente e é inerentemente desejável; o autismo é uma diferença, não um déficit; um estilo distinto e valioso de pensar e imaginar, uma maneira vibrante e interessante de estar no mundo. Esse ponto de partida obviamente contrasta com aquele anunciado pelo modelo médico e que vê a manifestação autista como sintomática de comportamentos vinculados à solidão, à mesmice, aos déficits nas funções executivas, às deficiências nas habilidades sociais e de comunicação, ao funcionamento anormal da imaginação e aos padrões estereotipados de comportamento, uma construção claramente estigmatizante.

No entender de Straus (2013), um outro olhar sobre a experiência do autismo não focada em elementos intrinsecamente negativos poderia ajudar na reformulação dessa categoria e em sua representação imagética. Como exemplo o autor cita o fato de pessoas com autismo costumar se mostrarem muito atentas aos mínimos detalhes de objetos e situações, tendo uma capacidade invulgar e distinta de prestar atenção a particularidades, uma propensão para perceber o mundo em partes e não como um todo interligado, o que poderia traduzir determinadas vantagens em inúmeras situações. Destaca também que o caráter compulsivo por certos interesses podem ser desejáveis em áreas como a ciência, uma vez que pode desencadear no aprofundamento de temas e problemáticas densas. Singular, nesse sentido, se mostra o relato autobiográfico de Grandim (1995, p. 146):

> Quando me interessei por alguma coisa, montei no assunto até a morte. Eu falaria sobre a mesma coisa repetidamente. Era como tocar uma música favorita repetidamente no aparelho de som. Os adolescentes fazem isso o tempo todo e ninguém acha estranho. Mas o autismo exagera o comportamento normal a um ponto que está além da capacidade de compreensão da maioria das pessoas.

Essa fixidez de foco é denominada por Sacks (1995) de dom para mimese, posto ser relacionada ao desenvolvimento de uma memória prodigiosa. Para Straus (2013), o estilo cognitivo e artístico da pessoa autista envolve fazer uma única coisa com grande intensidade, repetidas vezes, o que não constitui necessariamente um problema em si. Até aquela que é, sem dúvida alguma, a principal característica definidora do comportamento autista desde Kanner até os dias atuais: o isolamento social, que pode ser pensado sob outra lógica e a partir do conceito de privacidade, um espaço seguro e protegido das demandas incessantes da socialidade compulsória. Sob esse arcabouço, mesmo a pouca preocupação das pessoas autistas com convenções sociais e estilos de comunicação não necessariamente se configura como elemento negativo, uma vez que pode desencadear processos de originalidade tais quais observados na escrita, na música e nas artes. Por fim, vale apontar que é com base nesses supostos que se cria a ideia de uma cultura autista, uma cultura emergente e fronteiriça.

Esse é um elemento que somente pode ser entendido nos tempos atuais, portanto, não faz nenhum sentido o esforço em se buscar padrões e modos de vida de pessoas autistas em tempos pretéritos, tampouco a tentativa de identificar figuras célebres da humanidade como autistas devido a determinados traços representativos. Aliás, sobre esse ponto cabe ressaltar que a identificação de figuras históricas como autistas tornou-se uma pequena indústria artesanal, sendo que muitos nomes foram assim sugeridos, tais como: Isaac Newton, Albert Einstein, Wolfgang Mozart, Ludwig van Beethoven, Herman Melville, Ludwig Wittgenstein, Lewis Carroll, Charles Darwin, Vincent van Gogh, entre tantos outros. Entendemos como equivocada sublinhada associação em virtude do caráter dinâmico dentro do qual foi se configurando o autismo ao longo da história. Ora, se as circunstâncias sociais que nos permitem perceber o autismo não existiam anteriormente de modo similar à nossa visão atual, e se a percepção e a articulação do autismo são uma parte importante de sua constituição, então até que ponto podemos dizer que referida condição existia anteriormente? O componente biológico do autismo pode ter uma longa história sobre a qual a pesquisa biomédica e neurológica lançará alguma luz em um dia sobre a gênese do fenômeno (até o presente momento, esse movimento tem sido fadado ao fracasso), mas o autismo como categoria diagnóstica também está envolvido, desde a sua criação, por trocas sociais e simbólicas dinâmicas que se mostram preponderantes em relação ao seu componente biológico. Singular, nesse sentido, se mostra a passagem de Straus (2013, p. 460-475), para quem

> Genealogias históricas deste tipo são extremamente problemáticas. Primeiro, há a falta de observação direta – para muitas dessas figuras é difícil saber com segurança muitos detalhes pessoais significativos, muito menos se atendiam aos critérios elaborados e mutáveis para uma condição que nem sequer tinha nome até 1943. Em segundo lugar, há o problema de feedback. Quando as pessoas são identificadas com uma condição específica, como o autismo, podem receber determinados tratamentos (tanto no sentido de intervenções médicas como de comportamentos responsivos de outros), e estes, por sua vez, podem alterar a condição. Qualquer que seja a sua neurologia subjacente, as pessoas que vivem com autismo hoje são comportamental e cognitivamente diferentes das gerações anteriores, precisamente por causa das consequências de serem classificadas como autistas. Terceiro, e mais importante, na medida em que o autismo é um fenômeno social e cultural e não um diagnóstico médico, ele simplesmente não existia ou, na

> melhor das hipóteses, existia em uma forma totalmente diferente. [...] Até muito recentemente, as pessoas nascidas com a neurologia característica do autismo teriam sido abandonadas ou colocadas em instituições para loucos ou deficientes mentais. Em alguns casos, se tivessem habilidades notáveis, poderiam ter sido toleradas como excêntricas, mas as suas excentricidades não teriam se fundido em algo muito parecido com o autismo tal como aparece hoje. Na minha opinião, a procura de antepassados deve ser abandonada ou prosseguida de uma forma apropriadamente experimental. Teremos de nos contentar com o surgimento de uma comunidade que é nova, cujas raízes remontam apenas a 1943, mas que agora está a unir-se e a florescer.

À medida que cresce a ideia de cultura do autismo, incrementa-se a manifestação dessa condição como categoria identitária e fonte de pertencimento social. Esse movimento já fora presenciado anteriormente no coletivo de pessoas com deficiência e, agora, começa a ser reivindicado também pelas pessoas autistas com base no entendimento de que essa experiência incorpora uma manifestação poética que informam singulares formas de existência, uma outra maneira de ver o mundo. Vale ressaltar, nesse momento, a passagem de Grandin (1995, p. 180), a citar,

> Se eu pudesse estalar os dedos e ser não-autista, não o faria — porque então não seria eu. O autismo faz parte de quem eu sou [...]. Como já disse, só recentemente percebi a magnitude da diferença entre mim e a maioria das outras pessoas. Durante os últimos três anos tomei plena consciência de que minhas habilidades de visualização excedem as da maioria das outras pessoas. Eu nunca quereria me tornar tão normal a ponto de perder essas habilidades.

A transformação de entendimento sobre o autismo possibilitará gradualmente visualizar essa manifestação para além de um diagnóstico psiquiátrico. No entendimento de Straus (2013), o autismo continuará a permanecer como uma condição psiquiátrica grave e que parece exigir intervenção médica direcionada à normalização, todavia, para uma geração cada vez maior de pessoas, essa condição será ressignificada sob a perspectiva da riqueza cultural, incorporando uma ideia de que não se trata do que as pessoas autistas podem fazer apesar do autismo (nem de superar), mas sim do que o autismo lhes permite fazer, celebrando a diferença que partilham.

Ao bem da verdade, foi Nadesan (2008) o pioneiro a pensar o autismo de maneira produtiva e não como uma patologia médica. Em seu entender, a genealogia que questiona se o autismo é uma condição patológica homogênea que pode ser exaustivamente conhecida – ou representada de modo transparente – pelos cientistas e suas tecnologias representacionais têm se espalhado pela literatura com bastante consistência, dada a ausência de materialidade dos dados clínicos. Nas palavras de Nadesan (2008, p. 79-80),

> Embora eu desconstrua a ideia do autismo como uma essência biológica uniforme compartilhada por todas as pessoas rotuladas como autistas, não rejeito a ideia de que os fenômenos biológicos contribuam para a expressão de sintomas autistas. Acredito que precisamos explorar como várias relações institucionais, autoridades especializadas e corpos de conhecimento têm procurado representar, dividir, compreender e agir sobre diferenças comportamentais e cognitivas de base biológica, mas socialmente moldadas e expressas, como o autismo. Em nosso pensamento e comunicação cotidianos, a maioria de nós visualiza a doença como causada por um agente cientificamente discernível, como um vírus ou bactéria (por exemplo, AIDS ou meningite), ou como emanando de uma disfunção corporal detectável e localizada (por exemplo, doença cardíaca ou diabetes). O agente causador da doença ou o sistema corporal doente é visto como objetivo, disponível para representação visual (através de um microscópio, varredura eletromagnética ou diagrama científico) e, em última análise, tratável (mesmo que uma "cura" escape à compreensão médica atual). Com efeito, a doença é representada na nossa compreensão cotidiana como estando disponível para identificação, interpretação e intervenção empírica. Mas o autismo é provavelmente uma condição heterogênea que é mais apropriadamente chamada de síndrome do que de doença. Além disso, os caminhos causais que geram sintomas autistas são provavelmente múltiplos e dependentes de sistemas frouxamente acoplados, sinérgicos, biológicos e sociais.

Por isso, como pontua Biklen (2005), o autismo é melhor compreendido como uma construção social e cultural, sendo que os aspectos particulares dessa arquitetura são complexos e multifacetados, e as pessoas assim classificadas, bem como aqueles ao seu redor, têm escolhas a fazer em relação a quais construções privilegiar. O autismo não é uma condição dada ou um conjunto de realidades por si só, em vez disso, o autismo é e será, em parte, o que qualquer um de nós faz dele, portanto, uma representação.

Por representação aqui não nos referimos a uma ilustração da realidade, posição que pouco dialoga com a própria dialética materialista, mas sim a um conjunto de imagens, conceitos e premissas que fornecem estruturas por meio das quais interpretamos, entendemos e damos sentido a algum aspecto da existência social, entre eles a experiência da deficiência e do autismo. Logo, a representação, embora não seja a coisa em si, é parte inescapável da constituição dela. No caso do autismo, é impossível entender seu lugar na história e as formas pelas quais a sociedade com essa categoria sem nos atermos à sua representação, contingente e mutável. E é em virtude dessa transitoriedade que movimentos ativistas de autistas têm trabalhado a fim de ressignificar e dar outro sentido à experiência do autismo, intuindo contrariar ideologias que o visualizam como a síntese de variados déficits. Tais movimentos (especialmente o da neurodiversidade) têm tentado demonstrar como os aparatos psicológicos, médicos, educacionais e políticos atualmente existentes excluem as perspectivas autistas, influenciam cuidados terapêuticos, regulam as conversas políticas e interferem nas representações midiáticas as quais provocam mal-entendidos sociais sobre essa identidade como materializada em um conjunto de prejuízos.

A grande tarefa de tais movimentos está em situar a experiência vivida de pessoas autistas numa luta histórica, política e social sobre significado, valor e autonomia na sociedade. Se esses elementos podem ser facilmente perceptíveis nas lutas feministas, nas lutas por igualdade racial, entre outras, no caso da categoria de deficiência e autismo, conceitos eivados de interpretações médicas, existe um desafio adicional a ser vencido para a ocupação desse lugar de fala, qual seja: a transformação dessa experiência em categoria identitária e luta política.

O autismo comporta uma lista de sintomas, comportamentos e representações que podem ser estudadas e discutidas, mas não é cognoscível como verdade inconteste ou dado objetivo. Por isso, fixar o autismo em disciplinas ou categorias de análise específicas se mostra altamente problemático porque mesmo no início do século XXI ainda não sabemos ao certo o que é o autismo, dada sua ambiguidade que recusa uma representação definitiva, incorporando múltiplas formas e representações.

Sendo assim, é preciso ter cuidado quanto à apropriação irrefletida de ideologias predominantes e orientadoras que constroem o autismo com base em um enredo de tragédias ou como uma narrativa de superação, tal qual presenciamos em campanhas midiáticas que caracterizam esses sujeitos como solitários e isolados, posto que essas narrativas essencializam as subjetividades das pessoas autistas dentro de um quadro centrado em uma condição a ser tratada, remediada, normalizada, moldando a forma como a sociedade constrói políticas cruciais de educação, Medicina, serviços e apoio social.

Implodir tal ideologia é parte do processo de reorganização dessa experiência e da produção de uma nova cultura, que é inseparável da cultura da produção. Para Thibault (2014), parte desse processo deverá ser realizado pelas próprias pessoas autistas, as quais devem construir resistências a suposições naturalísticas e aprioristas expressas em desígnios exclusivamente médicos. Em seu entender, as práticas representacionais que procuram ativamente privilegiar as experiências das pessoas autistas podem e irão traduzir-se em diagnósticos médicos e psiquiátricos dignos, em convenções e abordagens comportamentais e terapêuticas mais fiéis à realidade, assim como em decisões políticas que reflitam e respondam às necessidades reais das pessoas autistas. Tais práticas devem visualizar a riqueza da diversidade e encontrar valor em múltiplas formas de comunicação e expressão, ampliando, assim, os horizontes culturais e antropológicos.

Esse processo, para as pessoas autistas e para as pessoas com deficiência de modo geral, consiste na redefinição da identidade pessoal por meio da rejeição da tirania da norma, do reconhecimento positivo da deficiência e da aceitação desta como uma identidade social válida. Esse ato envolve, portanto, um compromisso político que confronte e desafie o olhar escrutinador da norma na definição das formas e relações sociais, assim como que desnude as estruturas opressivas que conduzem as pessoas com deficiência ao interdito. Envolve também desafiar o estigma e rearticular a própria categoria de autismo. Envolve uma nova representação.

O ESTIGMA E O AUTISMO

Desde Goffman, a análise sobre o estigma tem se mostrado parte constante dos estudos sobre a deficiência. Sua abordagem interacionista e performática pressupõe o estigma como uma característica natural da humanidade e é relativamente bem conhecida no universo acadêmico. Em contrapartida, poucos se mostram os estudos que analisaram o estigma enfrentado pelas pessoas com deficiência a partir das condições estruturais historicamente contingentes do capitalismo e das ideologias individualistas que moldam a ideia de sujeito moderno.

Destarte, investigar o autismo e sua subsequente mercantilização como vinculados a uma série de interesses financeiros os quais passam a depender da produção incessante de diagnósticos patológicos parece um caminho bastante sedutor, nos fazendo rememorar o célebre trabalho de Canguilhem (2011), porém sob uma perspectiva inédita. Ao nos acercamos desse aspecto podemos perceber, inclusive, como a constituição de um complexo econômico, cultural e político do autismo pode revelar de que maneira as mudanças econômicas, que criam estigmas, também fomentam o desenvolvimento de gramáticas de inclusão mediante uma série de práticas intervencionistas. Em outros termos, a sociedade moderna cria a exclusão para vender a ideia da inclusão, elemento trabalhado detalhadamente por Piccolo (2023).

Nesse sentido, olhar para a lógica da mudança do significado de uma determinada categoria sob a perspectiva econômica pode fornecer indicativos interessantes de como um complexo simbólico adquire características industriais.

A transformação do autismo nessas oito décadas que separam sua nominação inicial certamente pode ser vista sob essa perspectiva. Como pontua Grinker (2020), desde que o autismo foi identificado pela primeira vez como uma doença mental, essa categoria diagnóstica sofreu mudanças notáveis. Antes considerado extremamente raro e profundamente debilitante, agora é relativamente comum; outrora altamente estigmatizado, é cada vez mais aceito sob a bandeira da diferença (diversidade) e parte do movimento pelos direitos das pessoas com deficiência. Aliás, a reivindicação de um novo termo de identidade – neurodiversidade e o seu homólogo neurotípico – constitui uma estratégia para romper o estigma há muito associado ao autismo como doença mental, anexando um valor social positivo a essa manifestação que se assemelha à estratégia dos teóricos *queer* e crip que subverteram e se desidentificaram com categorias e definições normativas, as quais os sujeitavam a uma miríade de estigmas por muitas décadas. Embora entenda sua validade e função desempenhada, particularmente não aprecio a utilização desses termos, pois passam uma falsa impressão de uma tipicidade que é simplesmente inexistente nos seres humanos. De perto ninguém é normal, já dizia a velho bordão musical que marcara gerações no Brasil. Entretanto, resta inegável a validade política dessa distinção, que exerce uma função operativa prática.

É fundamental, nesse momento, destacar que a história do estigma, do autismo e da doença mental (uma vez que tais termos tenham sido vistos como sinônimos por longo tempo), possuem imbricação de longa data com a economia política e com as ideologias de trabalho e corpo. Antes de nos concentrarmos mais nessa relação, comentemos rapidamente sobre o conceito de estigma.

A ideia de estigma teve sua gênese entre os gregos e significava uma marca indesejada carregada por alguém, materializando-se quando a sociedade despreza certas características tidas como indesejáveis. Várias marcas foram, por vezes, entendidas como indesejáveis ao longo da história, quer manifestadas pelos corpos ou por meio de comportamentos vistos como não normativos. Pese as críticas a esse conceito, que se popularizaram nos escritos acadêmicos, são escassos os estudos que definem o estigma, identificam as suas causas ou sugerem formas de o reduzir para além da melhoria da sensibilização, da educação e do tratamento em saúde quando este se faz necessário.

No entender de Grinker (2018), quase todos nós, em algum momento, seremos desvalorizados, seja porque temos algum atributo de descrédito ou por possuirmos ligações sociais com alguém que carrega determinadas marcas indesejáveis. Devido à influência centrípeta de Goffman, a maior parte dos trabalhos acadêmicos sobre o estigma desviaram a atenção das análises históricas e materialistas, focando uma suposta tipologia universal do conceito ao descrever os processos cognitivos envolvidos na classificação e na atribuição de caracteres negativos. No entanto, a história diz-nos que o estigma – um conceito culturalmente específico – é altamente variável ao longo do tempo e lugar. Ademais, não deriva apenas da ignorância ou da incapacidade de um indivíduo navegar nas maquinações psicológicas da apresentação do eu na vida cotidiana, como pressupunha Goffman (1980), aliás, quando o assim entendemos mascaramos as forças estruturais que subscrevem suas contradições constituintes.

Tal como a ignorância não é totalmente responsável pelo estigma, o conhecimento científico também não o elimina. O estigma, na sociedade moderna, deriva tanto de condições estruturais econômicas profundas como de ideologias de individualismo e independência, se constituindo a partir dos complicados legados da aporofobia, do racismo, do machismo, da homofobia, do colonialismo e do capacitismo. Não se trata de fenômeno unilinear, mas complexo, composto e dialético. No que diz respeito ao estigma contra pessoas com deficiência, faz-se de fundamental importância analisar além das estruturas econômicas e políticas, as ideologias de exclusão e inclusão e de normalização e incorporação, as quais acompanham o processo de participação social ou de marginalização desses sujeitos ao longo da história.

Isso posto, temos que o estigma arquitetado atualmente contra as pessoas com deficiência emergiu das condições estruturais e mentais que moldaram o capitalismo, incluindo as ideologias de individualismo, independência e o complexo do capacitismo[17], logo, deve ser desafiado no contexto dessas condições como demonstram os esforços recentes dos movimentos ativistas. E, para que fique claro, isso não significa sugerir que os estados socialistas ou as comunidades não capitalistas não estigmatizam ou não estigmatizaram a diferença da deficiência. Tal qual assevera Grinker (2020, p. S56),

> A ideia de que uma pessoa deveria ser valorizada pela produtividade individual já existia em comunidades que mais tarde adotaram outras formas de governação. Os julgamentos morais sobre doenças mentais refletem o que, em determinados momentos e lugares, as pessoas consideram como a sociedade e a pessoa ideal. O mesmo se aplica às

---

[17] Davis (1995) e Oliver (1990), autores tidos como expoentes do chamado modelo social, afirmam que a economia capitalista criou como nenhuma outra um cenário no qual as pessoas com deficiência foram sendo cumulativamente excluídas dos meios de produção, especialmente com a implantação dos processos de industrialização, os quais repeliram, ao menos em seu início, os chamados corpos que não se ajustavam às máquinas e não se mostravam eficientes, corpos foram nominados como deficientes. Aliás, tal qual ressalta Davis (1995), o próprio termo deficiência como compreendendo um conjunto de impedimentos de ordem física, sensorial, psicológica e cognitiva não existiu de maneira transversal ao longo dos tempos, emergindo no contexto produtivo característico da passagem do século XVII para o século XVIII.

> deficiências físicas quando as comunidades as percebem como violações de uma vida devidamente ordenada ou como erros da natureza. As pessoas mais estigmatizadas tendem a ser aquelas que não se enquadram no ideal do trabalhador moderno: o indivíduo autônomo e autossuficiente. Na verdade, defendo que o fardo do estigma muda juntamente com os ideais do trabalhador moderno.

Dito isso, importa frisar que o estigma criado acerca da categoria deficiência desempenhou um papel decisório no empobrecimento e na marginalização desses sujeitos sob o regime de produção capitalista. Entretanto, como já salientamos, uma das características mais peculiares do capitalismo enquanto sistema produtivo que se refaz continuamente pelo incremento de novos mercados reside justamente na adequação de suas representações e sistemas simbólicos para que estes continuem a catalisar o processo geral de expansão do capital, sendo a medicalização parte desse regime produtivo.

Em vista disso, não causa estranheza, como salienta Silberman (2015), que a própria sociedade por meio do desenvolvimento de tecnologias variadas conspire para a criação de mecanismos que impliquem na incorporação dos mais variados corpos em múltiplas geografias sociais, especialmente no trabalho, mas também na saúde, na educação, nos transportes, na política, nas cidades, no lazer e na cultura. Tal fato objetiva a expansão de mercados e a possibilidade de lucro crescente.

Todavia, dado seu duplo contraditório, tal processo dialético pode também contribuir para transformação de estigmas, fazendo com que características antes tidas como negativas possam ser valorizadas como vantajosas nesse universo. Essa é a principal aposta do movimento da neurodiversidade. Nesse diapasão, Grinker (2020) pontua que as representações populares dos imaginários autistas contemporâneos sugerem que os jovens adultos com autismo podem ter sucesso no local de trabalho, não apesar das suas diferenças, tais como interesses restritos em tecnologia e números, mas por causa delas. Eles podem gostar de tarefas administrativas e técnicas repetitivas que outros evitam por acharem maçantes, como arquivamento, gerenciamento de estoque e cuidado de animais, tornando-se assim partes ativas da vida econômica e comunitária.

Apesar dessas vantagens, Grinker (2020) acentua que muitos acadêmicos consideram que algumas dessas novas formas de trabalho se mostram potencialmente exploradoras e com limitação em direitos. Embora concordemos com a análise, é preciso destacar também que estar fora do universo do trabalho não nos parece a melhor alternativa, haja vista que essa situação se configurou como central no processo de marginalização enfrentado pelas pessoas com deficiência desde a modernidade. Precisamos transformar as condições do trabalho de modo a torná-las dignas, o que é óbvio, contudo, até então, é que todos devem participar de suas agruras e belezas.

Com isso, não estamos dizendo que somente o trabalho pode conferir reconhecimento social, mesmo porque existe uma gama de pessoas as quais, mesmo com transformações significativas dos espaços laborais, ainda permanecerão impedidas de trabalharem em virtude de graves impedimentos. Por isso, alguns teóricos defendem o direito ao não trabalho e criticam a cultura ocidental por ter uma ideia muito limitada do que é ser útil à sociedade. O trabalho, por mais importante que seja, não pode sumarizar todos os aspectos e as possibilidades da vida coletiva. Ademais, é preciso afirmar que a mesma regra que muitas vezes exclui pessoas com deficiência do local de trabalho também explora as pessoas que não possuem deficiência e que não têm outra escolha senão participar dele para obterem subsistência, independentemente de sua forma. O direito de não trabalhar é um ideal válido para todos. Pese a validade dos argumentos destacado anteriormente, entendemos que o trabalho desempenhará, inegavelmente, um papel centralizador nas economias coletivas e individuais, daí a necessidade em se lutar pela inclusão nesse universo, ainda que corroboremos com a ideia de que muitos não consigam participar desse espaço e que suas vidas não são menos dignas em razão disso. O que queremos frisar é que inexiste a construção de um amanhã mais justo sem a participação de todos no presente.

Dito isso, entendemos que precisamos celebrar o que Rapp e Ginsburg (2011, p. 395) batizam como "a arena em expansão da intimidade pública em torno da experiência da deficiência", elemento que permitirá a todos redesenharem as concepções sobre a categoria de deficiência, sendo que a popularização do autismo deve desempenhar um papel estratégico quanto a essa realização. Para Grinker (2020, p. S57), nesse novo contexto contemporâneo, os campos da saúde mental estão a passar de categorias diagnósticas contidas, nas quais se tem ou não determinada doença, para uma visão dimensional em que quase todos os distúrbios são distribuídos diferencialmente pela população. Como consequência desse elemento,

> [...] os pesquisadores, incluindo os autores do Manual
> Diagnóstico e Estatístico de Transtornos Mentais, quinta
> edição (DSM-5), reformularam os principais diagnósticos
> como transtornos do espectro (por exemplo, transtornos do
> espectro da esquizofrenia, transtorno do espectro bipolar
> e espectro depressivo), como aconteceu com o autismo
> há mais de uma década. Neste novo modelo, os médicos
> idealmente prestam mais atenção à descrição da gravidade
> dos vários sintomas de um paciente do que à avaliação se
> um paciente preenche todos os critérios para uma doença
> específica. O estigma da doença mental está a diminuir
> modestamente em muitos locais, embora seja, na melhor
> das hipóteses, desigual. Independentemente destes passos
> em direção à fluidez e flexibilidade, em algumas partes do
> mundo as pessoas com deficiências cognitivas estão presas
> nas suas próprias casas ou em instituições estatais. Nume-
> rosas doenças perderam o estigma, mas outras doenças,
> como a esquizofrenia, permanecem na sombra do estigma.

Destacada passagem enfatiza o caráter mutável sobre como a sociedade ocidental tem se relacionado com as deficiências mentais ou intelectuais. Não há linearidade, tampouco causalidade nessa relação. Com
isso, não estamos a indicar que o sistema capitalista cria impedimentos
de ordem psicológica (o que não deixa de ser verdadeiro sob uma perspectiva ampla), mas pontuando que as deficiências mentais e intelectuais
adquiriram novos significados sob o regime produtivo capitalista. O
que a sociedade moderna, escorada nos mores capitalistas de produção,
engendrou foi a interpretação de determinadas características a partir do
campo médico, aquilo que podemos chamar de medicalização da diferença ou patologização de certas formas corporais e comportamentais.
Essa transformação é bem captada por Grinker (2020, p. S58), para quem,

> Em todas as épocas, houve pessoas que estavam gravemente
> deprimidas, que tinham delírios e alucinações e cujo humor
> oscilava descontroladamente; haviam também pessoas
> que não conseguiam falar ou, quando o faziam, falavam
> principalmente consigo mesmas, que se machucavam
> propositalmente, que eram incapazes de cuidar das suas
> necessidades diárias. Mas só durante a primeira revolução
> industrial é que a pessoa viciada em álcool se tornou alcoó-
> latra, a pessoa que ouve vozes se tornou esquizofrênica,
> e assim por diante. Antes de a psiquiatria começar como
> disciplina no final do século XVIII, a doença mental não era

uma categoria distinta da doença física. A doença mental – a noção de um grupo distinto de anomalias de pensamento e comportamento – é uma invenção distintamente moderna, aparecendo na Europa e nas colônias africanas no início do século XIX, e depois na Ásia Oriental no final do século XIX, como resultado de influência europeia. A história inconveniente da doença mental, incluindo o crescimento de asilos, ilustra o papel vital que a classificação desempenhou no surgimento simultâneo da doença mental e do estigma. A maioria dos asilos europeus durante o século XVIII e grande parte do século XIX eram habitados por prostitutas, criminosos, bêbados, hereges e sem-abrigo, muitas vezes indiferenciados, agrupados como um só porque eram considerados como tendo uma coisa em comum: a falta de razão. Insanidade ou loucura eram apenas um tipo de irracionalidade. Comentando a abertura, em 1656, do Hospital Geral em Paris para os pobres e ociosos (incluindo aqueles mais tarde classificados como loucos), Foucault diz sobre esses residentes heterogêneos que "deve ter existido uma unidade que justificasse sua urgência". Muito antes da invenção da psiquiatria, essa unidade consistia em pessoas definidas não em termos da sua individualidade, mas através da sua relação "irracional" com o trabalho e com a economia da cidade. Como escreve o historiador Andrew Scull, a relação entre urbanização e asilos pode não ter sido simples, mas foi certamente constitutiva. Em vez de atribuir o crescimento das profissões psicológicas aos avanços no conhecimento, "a principal força motriz por trás do surgimento de uma resposta segregativa à loucura (e outras formas de desvio) pode ser afirmada de forma muito mais plausível como sendo os efeitos de um mercado de economia capitalista maduro". O mercado levou ao "abandono de técnicas há muito estabelecidas para lidar com os pobres e problemáticos (incluindo os membros problemáticos das classes mais ricas)" (Scull 2005:29). Ao mesmo tempo, a secularização na Europa e na América do Norte levou a uma nova ênfase na agência individual e na autossuficiência. O trabalho de caridade das igrejas cristãs também diminuiu gradualmente, pois, nas palavras de Marcel Mauss, cada um "era agora o seu próprio sacerdote" com um "Deus interior" (Mauss 1985 [1938]). É importante ressaltar que, como Foucault mostrou, o asilo não impôs diretamente novas subjetividades, mas forneceu um tipo de tecnologia que permitiu a imposição da identidade do indigente – uma

> nova e vergonhosa categoria de ser, doenças da mente – evidência da falha moral e cognitiva em autorregular-se. O asilo não era um hospital para tratar doenças, mas um mundo separado de disciplina em que os administradores usavam todas as ferramentas de que necessitavam – correntes, estacas, gaiolas, por exemplo – para subjugar e controlar o "irracional" e, até certo ponto, desumano, uma vez que a razão era considerada a essência da humanidade.

A passagem de Grinker (2020) é exemplar no sentido de destacar como sob as fronteiras da razão a modernidade tomou a diferença como desvio e procurou encarcerá-la, apagá-la, eliminando-a do arco de visão do cotidiano. Nesse sentido, poderíamos asseverar que embora celebre a diferença, a modernidade, desde sua gênese, tem buscado o idêntico a todo e qualquer custo. A célebre descrição das grandes internações por Foucault (1978) se mostra exemplar a esse respeito.

Evidente que os escritos de Foucault (1978) acerca do fenômeno das grandes internações não passaram incólumes ao terreno da crítica, uma vez que variados autores destacaram que não havia uniformidade desse fenômeno em toda a Europa, tampouco que seu caráter fosse tão extensivo quanto sugerira Foucault. Entretanto, independentemente dos números e da extensão das grandes internações, o que importa é o caráter radical da exclusão operada sob a modernidade em relação àqueles corpos tidos como diferentes, portanto, desviantes. É a lógica e não a extensão do confinamento o elemento mais central da análise foucaultiana, elemento de validade intacta. É o imaginário clínico do confinamento que produz uma representação imagética da deficiência como tragédia e algo a ser evitado de qualquer forma, sendo este o elemento mais poderoso operado pela lógica assimilacionista da modernidade e que persiste, em boa parte, até os dias atuais, necessitando ser revolucionado, ainda que tenha sofrido mudanças significativas. Alicerçado nesses supostos, Grinker (2020, p. S59) destaca:

> No asilo mais antigo de Londres, Bethlem (Bedlam), havia geralmente apenas cerca de três dúzias de internos, mas Bedlam figurava proeminentemente como um imaginário na arte e na literatura, nas advertências dos pais aos filhos, nas ameaças à desordem. Até a reforma humanitária conhecida como "tratamento moral" foi guiada por um imperativo capitalista. "Moral" para médicos como Philippe Pinel (1745-1826) significava "psicológico", não material ou

físico, uma espécie de amor duro a ser exercido ao serviço da libertação potencial e do emprego dos ociosos. Folie (loucura), escreveu Pinel, era a alienação da ordem social causada por impulsos primitivos, em oposição a impulsos civilizados. Um especialista em literatura francófona do século XVIII observa "Folie, que até a segunda metade do século XVIII era entendida como a incapacidade geral... à suivre les rythmes de la vie coletivo [incapacidade de seguir os ritmos da vida social], tornou-se, através de Pinel, a condição médica genuína conhecida como alienação mental" (Chilcoat 1998:12). Esta definição psicológica representou uma grande ruptura com o passado porque, num certo sentido, tinha nascido uma doença especificamente "mental". A emergência destes conceitos aparentemente objetivos na Europa Ocidental foi acompanhada por outro desenvolvimento não menos crucial para o estigma da doença mental, no qual os cientistas procuraram criar categorias estáveis de ser e diferença.

Destarte, resta evidente que a inserção de determinadas características em classificações psiquiátricas aparentemente universais, legítimas e objetivas (tal qual se anunciara no DSM e na CID) somente se mostrou possível quando operada sob essa lógica característica das sociedades modernas, algo inexistente em tempos pretéritos. É a lógica moderna que catalisa o aparecimento da diferença como desvio pelo olhar médico. Nesse sentido, cabe ressaltar que não é só o autismo que experimentou um incremento em número de diagnósticos, mas uma série de outras condições vistas sob a métrica psiquiátrica, boa parte delas, inclusive, ligadas a extensos interesses financeiros. Se a loucura e a insanidade se mostravam um problema financeiro poucos séculos atrás, o mesmo não podemos dizer das doenças mentais contemporâneas, as quais movimentam uma indústria extremamente lucrativa, quer em termos de busca por serviços clínicos ou medicamentos.

Ao analisar esse fenômeno, Grinker (2020) destaca que a questão não é que crianças e adultos estejam a ser sobrediagnosticados e sobretratados – este é um julgamento subjetivo aberto a uma série de interpretações –, mas que um diagnóstico específico foi incorporado num sistema financeiro que passou a depender desse diagnóstico para a sua sustentabilidade e crescimento. No caso do autismo, como esta é uma condição manifestada, na maioria das vezes, no início da infância, temos um cenário econômico de sonho para as indústrias que faturam alto com a venda de tratamentos para essa condição. De acordo com Grinker (2020, p. S61),

> Entre os anos escolares de 2000-2001 e 2010-2011, as classificações de autismo no sistema escolar público americano aumentaram 331%, mas a proporção de crianças em programas de educação especial nas escolas públicas permaneceu estática (Polyak, Kubina e Girirajan 2015). Uma taxa estática de educação especial e um aumento no autismo só poderão ocorrer se outras classificações caírem. Na verdade, numerosas classificações que os pais consideram desconfortáveis, se não estigmatizantes, como a deficiência intelectual e a deficiência específica de aprendizagem, diminuíram à medida que o autismo se tornou um diagnóstico mais comum, menos assustador e menos vergonhoso. A expansão do autismo em um espectro, o declínio da culpa da mãe e a inclusão temporária no DSM do Transtorno de Asperger como uma forma de descrever pessoas com autismo que eram inteligentes e educáveis reduziram o estigma e tornaram o autismo cada vez mais desejável como substituto para outros diagnósticos, especialmente para crianças com síndromes genéticas identificáveis nas quais as características autistas eram uma parte da síndrome.

Além dos elementos acima referentes, Grinker (2020) assevera que incentivos fiscais também desempenham um papel importante no número de diagnósticos escolares de autismo, uma vez que diversos sistemas educacionais recebem recursos públicos majorados quando da existência desses estudantes. O fato é que, inegavelmente, existe uma extensa rede econômica ligada ao diagnóstico do autismo que não pode ser ignorada. Desde auxiliares de sala de aula a fonoaudiólogos, psicopedagogos, psiquiatras infantis, psicólogos e formadores vocacionais, um número crescente de trabalhadores depende agora do autismo para obter rendimento e identidade profissional. Isso sem contar no mercado não convencional e alternativo que propõe terapias clínicas e medicamentosas sem qualquer tipo de respaldo científico, mas que movimentam também quantias suntuosas em termos de recursos econômicos. Essa cadeia financeira exerce impactos inclusive no campo formativo de profissionais. Não por acaso,

> Reconhecendo o potencial do aumento dos diagnósticos de autismo para gerar receitas financeiras, as universidades oferecem agora cursos de pós-graduação em educação ou psicologia, no campus e online, com certificação em tratamentos clínicos do autismo. Existem novos programas de doutoramento em autismo, programas centrados no

> autismo, ludoterapia e competências sociais, e mestrados em análise comportamental aplicada, muitos dos quais justificam a sua existência como uma resposta necessária ao aumento da prevalência do autismo (Grinker, 2020, p. S61).

Inegavelmente, quando um diagnóstico se estabelece e serve como o centro em torno do qual tanta riqueza, tantas pessoas e atividades se aglutinam, ele ganha vida própria como uma classificação autêntica e naturalizada (Hacking, 1999). A amplitude do complexo econômico e cultural do autismo aponta para o fato de que, sob o domínio neoliberal, o investimento social e/ou econômico na pessoa autista, especialmente quando criança, não é apenas um investimento na realização do futuro cidadão trabalhador, mas também uma aposta para a catalisação do próprio mercado que o rodeia. Num movimento ininterrupto – e claramente muito lucrativo –, o mercado, ao mesmo tempo, produz e regula, cria e restringe condutas que estão além e aquém da norma, o que, por sua vez, incentiva a produção de mais pessoas com diagnóstico de autismo cuja presença apoie essa infraestrutura financeira.

Criticar esse insidioso processo de industrialização a que se vê submetido os diagnósticos de autismo e como este se encontra marcado, estampado e comercializado em diversos produtos e locais é parte do processo da luta por inclusão, de uma vida independente e autodeterminada para as pessoas com deficiência. E parte também do processo de luta contra a estigmatização que marginaliza e oprime as pessoas com deficiência. Críticas à mercantilização do autismo servem, adicionalmente, como uma advertência sobre como as categorias podem ser adotadas no capitalismo de modo a tornar imaginários emancipatórios, como o da inclusão, em ferramentas mercadológicas, servindo também para criticar a valoração capitalista de pessoa.

Para finalizar este capítulo, destacamos que, no caso do autismo, tal como acontece com muitos diagnósticos médicos – como a hipertensão e a obesidade –, as fronteiras da inclusão e exclusão são traçadas mais pela cultura do que pela natureza. Tanto a normalidade quanto a anormalidade são terras fictícias onde ninguém realmente habita. Como sugere o caso do autismo, o estigma diminui quando uma condição afeta a todos, quando todos existimos num espectro. Essa era a grande esperança de Freud, a citar: que, ao mostrar que somos todos neuróticos, pudéssemos compreender que todos sofremos de alguma forma. Goffman intentou algo semelhante quando disse que os chamados normais não possuem mais do que uma vantagem instável que os anormais, pois todos apresentamos alguma forma de diferença a ser protegida da aprovação social. É a diferença (não confundir com desigualdade) e não a homogeneidade (não confundir com igualdade) que nos une. O excepcional é onipresente e ser totalmente típico é um estado raro e solitário. Uma utopia. Ser anormal é parte da normalidade, visto que nossa vida é profundamente distópica. O problema reside em como visualizamos o outro e por qual razão valoramos sua diferença em vez de visualizarmos nesta uma fonte de riqueza e aprendizagem. Precisamos conceber uma nova geografia social.

REIMAGINADO MAPAS NORMATIVOS A PARTIR DO CONCEITO DE DEFICIÊNCIA

Este capítulo tem por objetivo ampliar as margens de compreensão do autismo e da deficiência enquanto fenômeno econômico, mas também social, cultural, político e, profundamente, histórico. Com ele, buscamos contribuir para o entendimento dialético de um fenômeno tão complexo e cada vez mais presente em nossas realidades.

Definir a natureza do autismo não é das tarefas mais fáceis conforme destacamos ao longo de todo o texto, o que, de certa forma, tem levado a uma crise no significado dessa categoria sob a perspectiva médica, que é a posição hegemônica dentro da academia e da sociedade (Timimi; Gardner; McCabe, 2010; Verhoeff, 2015). Tal fato conduziu diversos pesquisadores a considerarem o conceito de autismo como cientificamente inválido ou clinicamente inútil, com muitos defendendo, inclusive, o abandono de sua utilização (Cushing, 2013; Waterhouse, 2013). Em outra vertente, o movimento da neurodiversidade entende o autismo como uma manifestação natural da diversidade humana. Nessa perspectiva, a diferença do autismo se estabelece pelo verniz identitário. Particularmente, tenho reservas quanto às duas concepções, tanto a médica como aquela caracterizada como neurodiversa, pois partem do mesmo universo epistemológico de raiz biológica e pouco debatem sobre a complexidade que envolve a totalidade desse fenômeno, fato que fora bem destacado por Brodderick (2022), Mallet e Ruscwick Cole (2012), Timimi, Gardner e McCabe *et al.* (2010), entre outros. Analisemos, a partir de agora, mais de perto, tal perspectiva.

Como acentuam Mallet e Ruscwick Cole (2012), segundo a visão médica, para aqueles que querem defender a realidade do autismo, a tarefa consiste, em primeiro lugar, em perguntar quais são os padrões de validade para que algo possa ser considerado uma classificação psiquiátrica e depois mostrar que o conceito de autismo preenche as condições estabelecidas por esses padrões. Tal arranjo tem encontrado dificuldades empíricas visíveis. Por outro lado, aqueles que defendem o abandono do conceito tendem a tratá-lo como uma questão política e não como um problema de nosologia, posição não menos problemática, ainda que, tal qual ressalvam Mallet e Ruscwick Cole (2012), seu desenrolar poderia abrir novos recursos da metafísica social que não estão disponíveis na abordagem médica.

Curiosamente, embora exista agora uma vasta literatura que analisa a deficiência à luz da marginalização e da opressão, não houve nenhum estudo sistemático sobre essa questão pela ótica do autismo, elemento que poderia reimaginar formas de compreender a natureza e a realidade dessa manifestação, assim como auxiliar no processo de compreensão da realidade contemporânea e do conjunto de opressões enfrentadas por uma gama distinta de atores sociais.

O ponto de partida dessa concepção ancora-se no suposto de que os relatos médicos sobre o autismo que postulam uma essência biológica ou psicológica se mostram incompletos, posto que entrem em conflito com as evidências disponíveis ao se basear em compromissos essencialistas insustentáveis e determinados exclusivamente pelas vias normativas. Como observa Nadesan (2005), a busca pela essência e causa do autismo continua a ser teorizada implícita e explicitamente como uma entidade definitiva cujas origens procuram ser encontradas na genética defeituosa, em deficiências neurológicas ou bioquímicas. O modelo implícito, mas dominante, parece ser o de que existe um centro autista visual-espa-cial-topológico que acabará por ser descoberto. Todavia, após décadas e décadas falamos em um futuro que parece que jamais será conjugado em algum presente. Como assevera Timimi, Gardner e McCabe *et al.* (2010, p. 139), a "conclusão cientificamente mais apropriada que podemos tirar das evidências (ou da falta delas) até agora é que não existe nenhuma anormalidade genética ou biológica característica baseada no cérebro que corresponda à nossa definição atual de autismo e aos TEA mais amplos". Em todos os níveis de análise (dos genes ao comportamento, da neuro-logia à experiência vivida), o autismo parece ser único em cada caso e não definido por qualquer traço único partilhado, não sendo percebida nenhuma estrutura natural inerente.

De acordo com Chapman (2020, p. 7),

> [...] há uma questão, apontada por Verhoeff (2015), sobre como a classificação do autismo não é apenas confusa (o que seria compatível com a concepção mecanicista de cluster de propriedades), mas, em vez disso, está constantemente flutuando em relação a normas mais amplas e não médicas. Nos últimos anos, análises históricas do autismo consta-taram que o conceito se expande e se contrai em relação

> aos seguintes fatores: o impulso para a normalização e a medicalização da infância (Nadesan, 2005); mudança nas normas económicas e de gênero (Timimi et al., 2010); multiplicidade de indústrias e de necessidades económicas em torno do autismo (Mallett & Runswick-Cole, 2012); e tendências passageiras no pensamento médico e científico (Silverman, 2011). Para Verhoeff, os limites do autismo só podem ser compreendidos em relação a ideias sobre que tipo de comportamento é inaceitável, desviante e que precisa de correção ou apoio [a qualquer momento]. O autismo não pode evitar estar relacionado com uma norma cultural de um indivíduo social, empático e empenhado, e qualquer relato do autismo começa com uma necessidade de demarcar, localizar e tratar descontentamentos e deficiências particulares que tenham surgido. [...] O autismo não parece, então, ser um tipo natural.

A dificuldade em se caracterizar objetivamente o autismo sob uma perspectiva clínica se acentua ainda mais se partirmos do suposto de que não existe nenhum tratamento conhecido específico para destacada condição, apesar de décadas de tentativas em se desenvolver um. Além disso, a validade preditiva e discriminativa do TEA se mostra muito limitada, posto que tal como assinala Bovell (2015, p. 91), "se já é suficientemente difícil concordar precisamente sobre o que é o autismo em termos conceituais, é muito difícil estabelecer o que significa em termos práticos prevenir ou curar o autismo". Com base nesses achados, Chapman (2020, p. 9) assevera que

> Dada a heterogeneidade subjacente, por um lado, e a amplitude do espectro, por outro, parece improvável que qualquer tratamento biomédico seja desenvolvido para aquilo a que chamamos autismo. Em outras palavras, não é apenas que não tenhamos o nível atual de compreensão ou a tecnologia certa; em vez disso, as evidências atuais apontam para que o autismo não seja o tipo de coisa que possa ser tratada ou curada. Se for assim, então é difícil ver como poderia ser justificado como um tipo pragmático em termos de enquadrá-lo como uma condição psiquiátrica. Na verdade, alguns afirmam que a construção faz mais mal do que bem.

Timimi, Gardner e McCabe (2010) entendem que o termo autismo funciona como um rótulo, uma construção social abrangente que abarca pessoas que estão fora das normas dominantes da sociedade. Esse rótulo tem se mostrado instável ao longo do tempo devido a interações complexas entre indivíduos, especialistas em autismo, instituições relacionadas a seu tratamento e produção de conhecimento sobre o fenômeno. Contudo, o fato de ser uma construção social não indica que o autismo seja irreal, tampouco a suposta não utilidade médica do conceito não implica a inexistência de outro tipo de utilidade. Como assevera Bovell (2015), mesmo que o autismo não seja mais do que uma construção social, não devemos subestimar o poder das construções sociais, pois estas conferem um estatuto que pode abrir portas a determinados tipos de apoio e financiamento estatal que exercem impacto no bem-estar e na segurança das pessoas, bem como ordenam processos de rotulagem.

Nesse sentido, podemos enfatizar que, independentemente de sua validade clínica, a categoria possui estrutura, utilidade política e interfere nas práticas sociais, portanto, é real e exerce papel central na vida cotidiana. Existem evidências consideráveis de que o conceito de autismo tem serventia política, mesmo que tenha utilidade médica limitada, pois muitos indivíduos autistas que, embora não tenham uma essência fixa partilhada, enfrentam problemas semelhantes, como estigma e discriminação, entre outros. Todavia, para Mallet (Chapman, 2020, p. 12), "embora seja importante reconhecer o significado positivo do autismo como identidade política, tenho receio de reduzir a natureza do autismo a uma questão de identificação de grupo, pois isso pode contribuir para excluir aqueles que mais precisam de ser reconhecidos como autistas e obtenha acesso ao suporte que vem com isso". Isso ocorre porque o autismo inclui um subconjunto

> [...] de indivíduos que ainda não foram capazes de aprender o nível de linguagem necessário para se identificarem com outros indivíduos autistas. Isso levanta uma questão conceitual e uma questão ética. Primeiro, uma definição de autismo com identificação de grupo pode excluir o subconjunto de indivíduos autistas que atualmente não possuem a capacidade linguística para se identificarem com conceitos abstratos. Por outras palavras, se o autismo fosse apenas uma identidade política, então isso excluiria aqueles que são claramente autistas, mas que atualmente não são capazes de se identificar como tal. Em segundo lugar, se o autismo fosse apenas uma identidade política, então aqueles que não têm voz nem, talvez, capacidade de identificação, poderiam ser negligenciados e até prejudicados pela sua exclusão, bem como pela direção em que a construção é tomada.

> [...] Isto reflete uma questão mais geral, que diz respeito à forma como a política de identidade "frequentemente se confunde ou ignora diferenças intragrupo" (Crenshaw, 1991, p. 1242). Na verdade, esta é precisamente a preocupação que muitos têm com a concepção de neurodiversidade do autismo, que pode parecer ignorar aqueles menos capazes de se expressarem. (Chapman, 2020, p. 11-12).

Tais elementos contribuem para entender o caráter mutável e contingente da categoria autismo, a qual se mostra em constante movimento e reimaginada em relação ao contexto, ao tempo, ao espaço, à opressão material, aos roteiros culturais e marcadores de diferença, sendo que suas marcas e tratamentos também se redesenham conforme o movimento das linhas distintivas entre normal e anormal/patológico. Trata-se de um fenômeno histórico emaranhado em complexos sociais que é movimentado, mas também movimenta os regimes de produção, quer mediante seus sistemas de intervenção normalizadora, quer por meio de medicamentos e terapias comportamentais ou pela mercantilização da identidade autista, vista como uma diferença humana que envolve diferentes formas de socializar, comunicar, sentir e pertencer a um grupamento social.

Sem dúvida alguma, a vinculação do autismo como categoria identitária se afigura, ao menos em tese, como aquilo que de mais moderno temos sob uma perspectiva emancipatória, entretanto, é preciso ficar claro que essa perspectiva não necessariamente perturbará a manutenção de relações binárias sobre classe, gênero, heteronormatividade, capacidade física compulsória e racismo institucional, as quais formatam a silhueta do sistema capitalista neoliberal. Os limites das políticas de identidade não são, por si só, suficientes para subverter o *status quo* e o atual estado de coisas, embora se mostrem importantes.

Sendo assim, a questão de como podemos ir além dos limites da política de identidade permanece um desafio para todos, daí a necessidade de, para além de lutarmos pela igualdade de direitos, empenharmos forças em campanhas por igualdade de condições que validem tanto a corporificação quanto a sensibilidade das pessoas com deficiência a partir tanto da crítica radical aos conceitos de capacidade e individualismo que assombram nossa vida cotidiana como da ocupação de espaços de poder, elemento descrito por Piccolo (2022).

Todavia, nos parece um avanço incontestável que a categoria deficiência, tão cravejada pelas lentes clínicas e pela colonização do saber médico, possa também agora ser apropriada sob o perfil identitário, tal qual presenciamos nas categorias raça e gênero. Aliás, sob esse enquadramento podemos asseverar que a deficiência se trata de uma categoria relativamente nova, posto que sua vinculação ao processo de formação política e cultural ganhe visibilidade somente no fim da década de 1980.

De acordo com Davis (1995), o movimento político e acadêmico em torno da deficiência é, na melhor das hipóteses, um empreendimento de primeira onda, o qual envolve, ao menos inicialmente, o estabelecimento da identidade contra as definições sociais que foram formadas em grande parte pela opressão. No entender de Davis (1995), nessa primeira fase, a identidade – seja negritude, ou homossexualidade, ou surdez – é hipostasiada, normalizada, tornada positiva contra as descrições negativas usadas pelo regime opressivo. Assim, "Black is Beautiful", "Gay Pride" e "Deaf Power" podem ser vistos como meras reapropriações de um discurso anteriormente depreciativo. A primeira fase implica também uma união de forças, um acordo para alcançar fins políticos e solidariedade de grupo, associado a aprovação tácita de uma agenda para o estabelecimento de direitos básicos e proibições contra vários tipos de discriminação e ostracismo.

A configuração da deficiência sob uma categoria identitária a inseriu aos chamados modelo dos direitos civis, tidos como mais progressista se comparado aos modelos anteriores, de vertentes clínicas e caritativas. Para Davis (1995), nessas anteriores versões, as pessoas com deficiência eram vistas como criaturas pobres e desamparadas que necessitavam da ajuda da igreja ou como vítimas indefesas de doenças que necessitavam da correção oferecida pelos procedimentos médicos modernos. O modelo dos direitos civis parecia oferecer um paradigma melhor. Não atormentadas por forças mágicas nem assoladas por doenças, as pessoas com deficiência foram vistas como sujeitos privados dos seus direitos por uma estrutura social que as oprimiam.

O modelo dos direitos civis, no caso da categoria deficiência, ficou mais conhecido como modelo social, estruturando-se inicialmente mediante uma distinção entre lesão/impedimento e deficiência. A lesão/impedimento é o fato físico (não possuir um membro ou não ter um sentido etc.), enquanto a deficiência é o processo social que transforma uma lesão ou impedimento em algo negativo, criando barreiras ao acesso social e cultural.

SE TODO MUNDO É DEFICIENTE, NINGUÉM É DEFICIENTE: O COMPLEXO BIOLÓGICO, CULTURAL, ECONÔMICO E POLÍTICO DO AUTISMO

Para Davis (1995), a categoria deficiência permite que analisemos algumas das principais contradições das sociedades modernas e dos tempos atuais, dado o fato de esta ser encarada como sinédoque da condição extranormativa, entretanto, para que esse processo se materialize na totalidade de sua dimensão, é preciso reexaminar a própria identidade da deficiência. A deficiência, como o grupo de identidade mais recente no bloco que compreende outros coletivos oprimidos, oferece-nos aquela que talvez seja a categoria menos resistente à mudança de pensamentos sobre a identidade. E o mais importante, a deficiência pode vir a ser a identidade que liga outras identidades, substituindo a noção de pós-modernismo, tão abstrata e difusa quando mal compreendida.

Sublinhada categoria pode reorganizar o entendimento das estruturas de marginalização social, assim como de fenômenos muitas vezes tidos como evidentes, mas que guardam contradições em seu processo constitutivo, como o próprio conceito de autismo. O primeiro passo para tanto reside em exteriorizar que a genética não é o tribunal de último recurso na história da vida. Nenhum gene determina por si só o curso de uma vida humana, na medida em que, no entender de Davis (2013), mesmo quando se demonstra que os genes contribuem para doenças, como é o caso, por exemplo, das mulheres judias de origem do Leste Europeu que carregam um marcador para um tipo de cancro da mama, não há uma boa explicação para a razão pela qual apenas um terço dessas mulheres desenvolverem cancro da mama. Se os genes fossem o conjunto descomplicado de instruções que nos dizem que são, num processo de grandiosidade científica por vezes referido como "geno-hype", haveria uma correspondência um-por-um entre a incidência de marcadores e a ocorrência de doença.

O segundo elemento consiste em desnudar contradições que envolvem expressões que assumem determinado grau de complexidade sem nada explicar de efetivamente concreto, tal como a ideia de construção social, a qual acabou por assumir uma forma essencialista que pouco contribui para uma análise efetivamente crítica do tecido social. Uma das interessantes iniciativas, nesse sentido, foi proposta por Hacking (1999), em seu *The Social Construction of What?*, obra em que o autor assevera que a ideia de construcionismo social, embora útil em muitos aspectos, é em si tremendamente subdesenvolvida sob os escopos teóricos e metodológicos, tendo chegado ao fim do seu prazo de validade. Antes chocante e ousado, o conceito de construção social tornou-se simplesmente uma forma de dizer que os objetos no mundo têm uma história de mudança de sentimentos, significados e durações. Em suma, explica tudo e nada ao mesmo tempo, daí a necessidade de uma nova ética que aponte a estrutura e a historicidade das marginalizações sociais com a robustez devida.

Davis (1995) propõe que essa nova ética comece pela categoria deficiência em virtude da instabilidade de seu conceito e dos limites móveis que a definem, os quais podem capitalizar um conjunto bastante diferente de outras identidades conhecidas sob seu raio de circunscrição. A fim desse intento, devemos reconhecer que tal instabilidade permite que a deficiência transcenda os problemas das políticas de identidade, não se configurando apenas como uma entre outras identidades como presenciamos em outros coletivos oprimidos. Todos podemos nos tornar uma pessoa com deficiência a qualquer tempo ou momento por eventos que fogem ao nosso controle ou pelo processo de envelhecimento em si. Por isso, a deficiência é o mais abrangente estado identitário minoritário que conhecemos, daí ela ser a chave para a compreensão de uma série de outras opressões sociais. Mas não podemos esquecer que, conforme acentua Davis (2013),

> [...] a deficiência não é um termo neutro e de fácil compreensão. Depende fortemente de um modelo médico para seu diagnóstico. Por exemplo, a Síndrome de Asperger ou a histeria são uma deficiência ou a criação da folie à deux do médico observador e do paciente cooperante? A anorexia ou o Transtorno do déficit de atenção com hiperatividade são uma deficiência ou uma incapacidade? Particularmente como doenças que não existiam no passado, com a infinidade de síndromes e condições que surgiram nos corações e mentes de médicos e pacientes – condições como transtorno de déficit de atenção, estados de fuga, esquizofrenia pseudoneurótica ou psicose limítrofe – temos de questionar a linha clara traçada entre o impedimento socialmente construído e o impedimento preexistente e somático. Ian Hacking, em Mad Travellers: Reflections on the Reality of Transient Mental Illnesses, salienta que as crianças inquietas não eram consideradas como tendo deficiências até o início do aparecimento do Transtorno do déficit de atenção com hiperatividade. A deficiência está embutida nos ossos ou pode ser a criação de um complexo médico-tecnológico-farmacêutico? (Davis, 2013, s/p).

As questões levantadas por Davis (2013) colocam em suspensão, inclusive, algumas condições definidas hodiernamente como deficiências,

SE TODO MUNDO É DEFICIENTE, NINGUÉM É DEFICIENTE: O COMPLEXO BIOLÓGICO, CULTURAL, ECONÔMICO E POLÍTICO DO AUTISMO

raciocínio que pode ser bastante válido na análise do autismo e de sua epidemia. Para o referido autor, é preciso ter cuidado para uma rotulação excessiva não sobrecarregar sistemas de saúde já saturados a partir de fins mais econômicos do que clínicos. É preciso tomar cuidado também para a criação de uma classe protegida extensa para além do devido, assim como aos impactos da concessão de benefícios atrelados a classificações duvidosas. De acordo com Davis (2013, s/p),

> Tal como acontece com a ação afirmativa, existe também um ressentimento geral entre a população de que certos grupos minoritários têm direitos e privilégios especiais no que diz respeito à admissão em universidades, contratação de emprego, e assim por diante. Quero deixar claro que não estou argumentando contra a proteção de grupos historicamente oprimidos, como explicarei mais adiante. Mas chamo a atenção para os meios cada vez mais ineficazes de alcançar um objetivo de igualdade e equidade na habitação, no emprego e nas acomodações públicas. [...] Na verdade, a classe protegida só aumentará à medida que a população em geral envelhece. [...] O aumento da população idosa causará uma grande mudança nos padrões de doenças destes países (subdesenvolvidos). Haverá taxas crescentes de cancro, insuficiência renal, doenças oculares, diabetes, doenças mentais e outras doenças crónicas e degenerativas, como doenças cardiovasculares. Embora possamos querer chamar todos estes idosos de pessoas com deficiência, o que isso significa? Teremos que começar a tomar decisões sobre quem é deficiente e quem não é? Que navalha de Occam usaremos então para aprimorar a definição? [...] Os avanços na biotecnologia poderiam criar marchas naturais e eficazes para paraplégicos ou próteses úteis que poderiam ser virtualmente indistinguíveis dos membros humanos. Na verdade, deixando de lado as questões políticas, existe a possibilidade de cura para muitos impedimentos que agora definem um grupo que chamamos de "pessoas com deficiência". Devemos recordar, porém, que as curas só estarão, evidentemente, disponíveis para as pessoas com recursos nos países ricos.

Embora tenhamos reservas quanto a alguns elementos sublinhados por Davis, é fato que os limites das políticas públicas precisam ser bem tracejados, pois a confecção de direitos para aqueles que não fazem jus a determinada situação deve ser vista como privilégios e combatidas com o rigor devido. E, para que fique claro, sou a favor de políticas de reconhecimento, de representatividade e redistributivas, mas elas não podem correr o risco de serem banalizadas sob risco de vulgarização e de se tornarem um mecanismo, que longe de produzir libertação, gera novas formas de opressão. Daí a necessidade de uma nova ética, inaugurada por uma relação dialética entre igualdade e diferença.

Uma ética que olhe a diferença sob a perspectiva de igualdade concreta de resultados e não apenas como uma abstração metafísica. Este é, sem dúvida, o grande desafio das políticas públicas atuais: criar uma comunidade de corpos a partir dessa noção de diferença que produza resultados no incremento da justiça social. Deficientes ou não, somos todos cruzados e incapacitados por injustiças e opressões de variados tipos e formas. Todos estamos ou estaremos, de um jeito ou de outro, fora dos padrões normativos e é sobre a contestação desses padrões que deveríamos ser capazes de fundar uma nova ética e uma nova norma, um novo normal. O universal da vida são as experiências de limitações impostas sobre nossos corpos e sentidos, e ninguém ilustra melhor esse fenômeno do que a experiência da deficiência, daí a potencialidade que esse conceito oferece no sentido de fundar uma nova ética que combata espaços e relações opressivas que nos formam e deformam.

É preciso, e de maneira urgente, combater a ideologia binária que coloca o eu em anteposição ao outro tal qual um elemento natural, posto que no fundo a razão encoberta por esse sistema é a da luta de todos contra todos. Uma luta atravessada em nossos corpos e em nossos gestos. Em nossas formas e funções. Em nossos pensamentos e palavras. Como pontua Fanon (2008, p. 186) em passagem memorável, "para um ser que adquiriu a consciência de si e de seu corpo, que chegou à dialética do sujeito e do objeto, o corpo não é mais a causa da estrutura da consciência, tornou-se objeto da consciência". Isso posto, é hora de pensar na ideologia que produz a diferença como diferença, como ela opera nos meandros da lógica capitalista de produção e quais seus possíveis impactos na análise da estrutura de relações que nos circunda. No caso específico das pessoas com deficiência, devemos analisar como a ideologia do capacitismo interfere e demarca um local marginalizado para esse coletivo.

Para tanto, é fundamental entendermos o conceito de ideologia para além da ideia de falseamento da realidade. A ideologia, assim como o conceito de poder, também deve ser vista como operativa e produtiva de marginalizações sociais, circulando as estruturas normativas que nos rodeiam e sendo parte integrante dos processos de exclusão enfrentados por grupos historicamente discriminados. Dentro desse complexo, a ideologia cria, dada sua natureza excludente, locais sociais fora de si mesma, uma espécie de interdito que integra concomitantemente no tempo que exclui. Todavia, esses locais sociais de opressão configuram identidades e perspectivas, encarnações e sentimentos, histórias e experiências que oferecem conhecimentos valiosos sobre as estruturas opressivas que nos circulam. Um desses locais é, sem sombra de dúvidas, o da extranormatividade – poderíamos dizer também da anormalidade, do não funcional, do não eficiente, do desviante –, interdito ocupado pelas pessoas com deficiência em uma estrutura fortemente capacitista, que é uma das ideologias inaugurais e mais poderosas da sociedade moderna. Para Siebers (2013, p. 280-191), a ideologia da capacidade é, na sua forma mais simples, a preferência pela corponormatividade compulsória e pela capacidade física, sensorial e intelectual normativa. Já em sua forma mais radical,

> [...] define a linha de base pela qual a humanidade é determinada, estabelecendo a medida do corpo e da mente que dá ou nega o estatuto humano a pessoas individuais. Afeta quase todos os nossos julgamentos, definições e valores sobre os seres humanos, mas porque é discriminatória e excludente, cria locais sociais exteriores e críticos do seu âmbito, mais notavelmente neste caso, a perspectiva da deficiência. A deficiência define o centro invisível em torno do qual gira a nossa ideologia contraditória sobre a capacidade humana. Pois a ideologia da capacidade faz-nos temer a deficiência, exigindo que imaginemos que os nossos corpos não têm importância, ao mesmo tempo que sonhamos que podemos aperfeiçoá-los. Descreve a deficiência como aquilo de que fugimos no passado e esperamos derrotar no futuro. A identidade da deficiência mantém uma relação difícil com a ideologia da capacidade, apresentando um quadro crítico que a perturba e critica.

Essa ideologia capacitista está imbricada em nossos pensamentos e práticas, ainda que raramente notemos seus padrões, autoridade, contradições e influência como produtora ativa de uma série de marginalizações sociais. Entendemos que a melhor maneira de criticarmos a ideologia de capacidade reside justamente no aprofundamento do corpo de relações que envolve a categoria deficiência, especialmente a partir das produções culturais de seus sujeitos. Como bem ressalta Siebers (2013), a deficiência cria teorias de incorporação mais complexas do que a ideologia da capacidade permite, e essas muitas incorporações são cruciais para a compreensão da humanidade e suas variações, sejam elas físicas, mentais, sociais ou históricas.

Tomar a deficiência sob essa lógica pode promover mudanças revolucionárias nas formas de sentir e existir contemporaneamente, rejeitando a vinculação da experiência da deficiência às ideias de tragédia, debilidade, disfuncionalidade, anormalidade, incorreção, entre outras, as quais foram massivamente utilizadas pelo modelo médico/individual da deficiência. Significa também pensarmos em alternativas ao modelo médico, assegurando que as discussões incluam uma ampla gama de perspectivas, sem retirar o direito ao tratamento e ao diagnóstico clínico, se desejado. A substituição do modelo médico não pode significar o abandono da prática médica, o que seria um erro cabal. O que questionamos é a ideia de que o modelo médico diz tudo o que há a dizer sobre as condições e identidades das pessoas com deficiência e, por conseguinte, das pessoas autistas. Destarte, entendemos que a ênfase na abertura desse horizonte é crucial para permitir um afastamento da compreensão monolítica e estreita do autismo, mantendo ao mesmo tempo a opção de os sujeitos continuarem a receber apoio médico e tratamento, se assim o desejar e quando necessitar. O que é urgente, neste momento, é combatermos as conotações negativas do autismo e do conceito de deficiência. Para tanto,

> [...] será necessário reivindicar o valor e a variedade da deficiência de formas que podem parecer estranhas aos leitores que têm pouca experiência com estudos sobre deficiência. Mas é vital mostrar até que ponto a ideologia da capacidade entra em colapso quando "reivindicamos a deficiência" como uma identidade positiva. É igualmente vital compreender que reivindicar a deficiência, embora seja um ato político significativo, não é apenas político, mas também uma prática que melhora a qualidade de vida das pessoas com deficiência. Tal como documentado no caso de outras identidades minoritárias, os indivíduos que se identificam positivamente e não negativamente com o seu estatuto de deficiência levam vidas mais produtivas e felizes. O feminismo, os movimentos de poder negro, bem como o orgulho gay e dos deficientes – para citar apenas algumas formações de identidades positivas – obtêm benefícios tangíveis para os seus membros, libertando-os não apenas da violência, do ódio e do preconceito que lhes são dirigidos, mas também proporcionando-lhes experiências partilhadas para orientar as escolhas de vida e uma comunidade na qual possam prosperar (Davis, 2013, s/p).

Poder-se-á objetar que reivindicar a deficiência como uma identidade positiva não promoverá impactos práticos, permanecendo dentro do horizonte ideológico do capacitismo. Ledo e duplo engano. A identidade da deficiência foge desse paradoxo, na medida em que tem o potencial de mudar o significado e o próprio uso do conceito de habilidade, ampliando o horizonte, por conseguinte, do conceito de capacidade. A materialização desse intento é fundamental na afirmação de que a deficiência não é uma condição patológica, apenas analisável por meio da psicologia individual, mas uma localização social complexamente incorporada. Identidades, narrativas e experiências baseadas na deficiência representam locais e formas de incorporação a partir dos quais as ideologias dominantes da sociedade se tornam visíveis, logo, abertas à crítica e a possibilidades de transformação. Essa posição está em consonância com os escritos de Alcoff (2006, p. 42), para quem a "identidade não é apenas aquilo que é dado a um indivíduo ou grupo, mas é também uma forma de habitar, interpretar e trabalhar, tanto coletiva quanto individualmente, uma localização social objetiva e uma história de grupo".

Corroboramos com Davis (2013) acerca da necessidade de superação do identitarismo enquanto elemento configurador de políticas públicas igualitárias, entretanto, o lugar dessas políticas ainda não se mostra superado, tendo estas muito a contribuir em termos de redistribuição, representatividade e, principalmente, reconhecimento. O que necessitamos, neste momento histórico, é o desenvolvimento de políticas identitárias que tenham por foco a igualdade, posição que vai ao encontro do objetivo geral descrito por Davis (2013).

Importa salientar que a identidade não pode ser vista como algo pronto e acabado, uma vez que se define também pelos compromissos e identificações que fornecem a moldura ou horizonte dentro da qual posso tentar determinar caso a caso o que valioso, ou o que deve ser feito, ou o que endosso ou me oponho. A identidade é uma construção carregada de história que adere o conhecimento para a vida social – embora nem sempre e necessariamente o conhecimento vinculado a essa perspectiva seja emancipatório. De acordo com Siebers (2013, p. 280),

> Os opositores da política de identidade argumentam frequentemente que a política de identidade preserva as identidades criadas pela opressão: estas identidades nascem do sofrimento e adotá-las supostamente representa uma forma de auto-vitimização. Este argumento não compreende

> que novas reivindicações epistemológicas sejam centrais para a política de identidade. Por exemplo, as sociedades que oprimem as mulheres afirmam frequentemente que elas são irracionais, moralmente depravadas e fisicamente fracas. A identidade minoritária "mulher", abraçada pelas políticas de identidade feministas, contesta estas afirmações e apresenta teorias alternativas e positivas sobre as mulheres. As políticas de identidade não preservam as identidades perseguidas criadas pelos opressores porque as reivindicações de conhecimento aderidas às novas identidades são completamente diferentes daquelas abraçadas pelos grupos perseguidores. [...] Os médicos muitas vezes recusam o tratamento de doenças menores de pessoas com deficiência porque acreditam que é melhor que morram – os médicos querem acabar com o sofrimento dos seus pacientes, mas essas pessoas com deficiência não necessariamente pensam que estão sofrendo, embora devam sofrer atitudes discriminatórias.

O que intuímos afirmar com essa perspectiva é que o conhecimento não se desdobra de modo natural, mas está profundamente situado em uma realidade histórica experimentada no corpo, em localizações espaciais e relações sociais. Em vista disso, pessoas que ocupam posições marginais gozam de um olhar epistemológico que lhes permite teorizar a sociedade de maneira distinta daqueles que incorporam e vivenciam localizações sociais dominantes. Todo ponto de vista é também a vista de um ponto.

A produção de novos conhecimentos depende de novas perspectivas de incorporação, posto que tal como pontua Siebers (2013), a disposição do corpo determina perspectivas, mas também tempera essas perspectivas com conhecimento fenomenológico – experiência do mundo da vida – que afeta a interpretação da perspectiva. Em passagem esclarecedora, Siebers (2013, p. 283) destaca que

> É possível ler o tratamento diferenciado e pejorativo da mulher, como se fosse uma deficiência, na superfície da pele, na massa muscular, na agilidade corporal. Esta forma de incorporação é também, no entanto, uma forma de conhecimento situado sobre as reivindicações feitas sobre e pelas mulheres numa determinada sociedade. Considerando alguns exemplos positivos, a personificação particular de uma mulher significa que ela pode, após vivenciar o parto, ter uma percepção nova e útil da dor física. As mulheres também podem ter, por causa da menstruação, um conhe-

cimento diferente sobre o sangue. A identidade de género feminina é incorporada de forma diferente devido ao papel da mulher no trabalho reprodutivo. A presença do corpo não se resume apenas à perspectiva, mas a ideias profundas e teorias significativas sobre o mundo.

No caso das pessoas com deficiência, a incorporação também aparece como um pomo de discórdia, pois parece presa entre modelos concorrentes. De acordo com Siebers (2013, p. 284),

> Resumidamente, o modelo médico define deficiência como uma propriedade do corpo individual que requer intervenção médica. O modelo médico tem uma orientação biológica, centrando-se quase exclusivamente na deficiência como corporificação. O modelo social opõe-se ao modelo médico ao definir a deficiência em relação ao ambiente social e construído, argumentando que os ambientes incapacitantes produzem deficiência nos corpos e requerem intervenções ao nível da justiça social. Alguns estudiosos queixam-se de que o modelo médico presta demasiada atenção à incorporação, enquanto o modelo social a deixa fora de questão. Sem regressar a um modelo médico, que rotula os indivíduos como defeituosos, o próximo passo para os estudos da deficiência é desenvolver uma teoria da incorporação complexa que valorize a deficiência como uma forma de variação humana.

Uma variação que pode cruzar todas as outras formas existenciais de opressão. E não estamos romantizando o caráter capilar da deficiência, mas sendo apenas realistas quanto à sua manifestação, que pode ser congênita ou adquirida, sendo que a maioria dos casos se situa no segundo campo. Evidente que o preconceito e a discriminação abundam em variados círculos de existência humana, estigmatizando determinados coletivos como inferiores e reservando a eles as margens sociais. Todavia, em praticamente nenhuma outra esfera da existência as pessoas correm o risco de acordar numa manhã tendo se tornado as pessoas que odiaram no dia anterior. Imagine o racista branco subitamente transformado num homem negro, o antissemita num judeu, o misógino numa mulher. Quando fazemos esse exercício, poderíamos começar a abordar a mudança na paisagem mental exigida pelo aparecimento da deficiência. Não precisamos de nenhum artifício de ficção para imaginar uma pessoa perdendo membros ou movimentos, sentidos ou sensações. Tal fato ocorre cotidianamente e está presente em nosso círculo de relações. Daí o caráter absolutamente único da deficiência para pensarmos nas experiências de marginalização social. Por ser a sinédoque da extranormatividade desde a sociedade moderna e ter seu arco de possibilidade abrangendo a todos, independentemente de classe, raça, gênero ou religião, a experiência da deficiência nos atravessa. É a identidade marginalizada que rodeia a todos, por isso sua compreensão sob outra perspectiva possui o condão de revolucionar a forma como encaramos a diferença e a norma.

É preciso vivenciar a experiência da deficiência como um conjunto de saberes que deve ser apropriado por todos. Contudo, tal vivência não deve se estabelecer de maneira performática, mas sim mediante um arcabouço que nos faça pensar no conjunto de estruturas e relações que discriminam cotidianamente as pessoas com deficiência e como podemos transformar essa realidade. Esse conhecimento tem de fazer parte do currículo escolar e do currículo de nossas vidas.

Experimentar a deficiência a partir dessa projeção permite que nos apropriemos de importantes noções sobre opressão e marginaliza-ção, modificando a maneira como compreendemos as mazelas sociais e a nossa própria existência, assim como nos manifestamos em relação àqueles que entendemos como outros, diferentes, distintos. Entretanto, esse vivenciar a deficiência como conhecimento não pode ser traduzido exclusivamente (como no mais das vezes é feito) a partir de experiências que solicitam para as pessoas permanecerem um tempo em cadeira de rodas ou vendadas para se acercar dos desafios enfrentados pelas pes-soas com deficiência. A ideia de que as pessoas possam compreender a perspectiva das pessoas com deficiência a partir desse tipo de simulação é falsa e teatral, pois inserem sujeitos em uma situação de deficiência antes que o conhecimento sobre essa experiência seja adquirido, o que ocorre mediante um conjunto de sensações e emoções que envolve a perda de alguma função tida como corrente. Tal processo não pode ser incorporado com um toque de mágica.

Ademais, mas não menos importante, as pessoas que são expostas a essas experiências permanecem tão preocupadas com sensações de inadequação corporal que não conseguem perceber até que ponto a defi-ciência resulta de causas sociais e não físicas ou biológicas. Analisando-se criticamente essas experiências, elas parecem situar-se muito mais em consonância ao modelo médico da deficiência do que propriamente aos lineamentos estabelecidos pelo modelo social, dada a materialização de uma vivência individual e não de um ato de imaginação cultural. Em vez de vendar os olhos das pessoas e fazê-las passear por edifícios, é preferível mandá-las à rua usando óculos escuros e carregando uma bengala para que sintam as reações das pessoas ao se deparar com estas, quer nas ruas, edifícios, em bares ou restaurantes.

Nesse trânsito poderão observar manifestações discriminatórios e preconceituosas e como os arranjos das cidades são moldados para excluir essas corporalidades. Mais que isso, a partir dessas relações podem ser pensadas transformações que modifiquem o atual estado de coisas, melhorando a perspectiva de todos os coletivos oprimidos. Deste exemplo, outros podem ser depreendidos. O objetivo de se reimaginar a categoria deficiência e vivenciar parte das marginalizações que a atravessam, como assinala Asch (2001, p. 406-407), "não gira em torno da questão de saber se um grupo tem uma existência mais árdua que outro, mas sim no fato de que cada grupo minoritário enfrenta discriminação social, violência e intolerância as quais exercem uma influência tóxica e injusta sobre a capacidade de viver a vida ao máximo". Esse é o ponto mais importante a ser frisado neste momento e se relaciona tanto com a constituição de novos fundamentos para extinguir processos socialmente incapacitantes como para a promoção de uma sociedade mais inclusiva.

Tais fundamentos devem contrariar crenças, sentimentos e práticas que desumanizam as pessoas e que justificam processos de exclusão social com base em um etéreo conceito de norma. É preciso esclarecer a violência sobre como nas sociedades capitalistas modernas os privilégios da cidadania se mostram dependentes da capacidade de alguém em incorporar uma norma. Nesse sentido, a responsabilidade de garantir o lugar das pessoas com deficiência na sociedade vai muito além do compromisso de preservar os direitos individuais, necessitando de uma agenda mais ampla que contrarie a tendência para a normalização e valorize as diferentes formas de ver, sentir e experimentar o mundo como fenômenos geradores de enriquecimento cultural.

CONSIDERAÇÕES FINAIS: COMO O CONCEITO DE AUTISMO PODE REORDENAR A EXPERIÊNCIA DA DEFICIÊNCIA E COMO DEVEMOS REIMAGINAR O CONCEITO DE AUTISMO

Chegamos ao fim desta obra e, mais do que conclusões, buscaremos oferecer pontos de partida a partir dos quais podemos reimaginar a representação do autismo na sociedade e o próprio fenômeno da inclusão. Claro que as posições que aqui serão demarcadas estão sujeitas às críticas e contestações dos mais variados tipos, mesmo porque é isso que permite o avanço do conhecimento e da própria sociedade. Sei de antemão, também, que muitas ideias apresentadas neste livro causarão mal-estar e inconformismo, entretanto, este é um preço que entendo que vale a pena pagar.

Peço licença ao leitor para, a partir de agora, escrever em primeira pessoa em várias passagens. Faço isso para demarcar a posição que defendo como justa e defensável na construção de políticas públicas e na busca por direitos sociais. Faço isso também para deixar bem claro meu lugar de fala nesta temática, de uma pessoa identificada como autista aos 40 anos, mas que não possui nenhum comprometimento e cuja suposta nosologia em nada interferiu na construção de sua história e trajetória, quer acadêmica, política ou docente.

Sou um entre tantos outros identificados como autistas na vida adulta. Certa vez um clínico me disse que teria Transtorno de Asperger, entretanto, como não existe mais essa categoria, o único enquadramento possível era de TEA. Confesso que fiquei pensando nisso por um bom tempo. Vejo relatos de alguns que bradam que essa descoberta mudou suas vidas, pois agora eles conseguem entender seus comportamentos. E espalham as boas novas nas midiáticas redes sociais. Comigo, sinceramente, o sentimento fora outro.

Ser diagnosticado não me auxiliou na compreensão de quem eu sou, muito pelo contrário, diria que tal ato mostra mais como a sociedade se estrutura atualmente do que como me comporto. Recorrendo a um verso bíblico, diria que quando Pedro me fala de Paulo, sei mais de Pedro do que de Paulo.

Ora, quem foi que disse que nós devemos ser compreendidos? Quem disse que nós podemos ser compreendidos? Quem disse que tudo o que somos deve ser explicado por algum parâmetro? Somos humanos e isso implica em sermos únicos. Não há outro igual a qualquer um de nós. E é justamente isso que faz a humanidade ser tão encantadora e tão rica.

A impressão que tenho, às vezes, é que querem roubar nosso direito à diferença, à subjetividade. Tudo em nome da ciência. Mas qual ciência? Quais evidências? Qual o sentido? Todas essas questões me rondavam e continuam a me circular.

Foi por isso que resolvi escrever este ensaio, que é quase que uma autobiografia. Mas uma autobiografia ao avesso, que fala de mim por outros e de outros por mim. Uma autobiografia utilizada para denunciar algo a partir de um anúncio. Uma autobiografia composta por uma dialética em que a antítese aparece anteriormente à tese. Enfim, convencional nunca fui mesmo.

Poderia me escorar neste rótulo e sair bradando aos quatro cantos e a plenos pulmões o meu autismo diagnosticado. Poderia também explorar essa situação comercialmente como muitos fazem. Poderia retratar peculiaridades da infância e outras etapas da vida. Poderia, mas não deveria fazer isso. E não faço.

Ao dedicar parte de minha vida ao estudo da deficiência, não me era permitido esquecer que foi pela perspectiva aberta pelo modelo social que me encantei. Nela, aprendi que a prática, a pesquisa e a escrita sobre a deficiência só têm sentido se puder contribuir para a emancipação e melhoria da vida das pessoas com deficiência. Nela aprendi que o todo é maior do que a soma das partes e que não podemos utilizar uma situação para nos beneficiar se esta tiver o potencial de interferir negativamente naqueles que mais precisam. E é justamente o que vejo com a avalanche de diagnósticos de autismo. Precisamos separar o joio do trigo e essa é a grande contribuição que este trabalho pretende fornecer.

Mas, queremos fazer isso revigorando e não desacreditando o conceito de autismo. Sei que não se trata de uma tarefa simples. Entretanto, se não iniciarmos essa reflexão, ela sempre parecerá mais complexa do que realmente o é.

É inegável que muitos atualmente têm sido diagnosticados como autistas, desde crianças até adultos. É inquestionável também que o autismo, de condição rara, se tornou uma representação comum que circunda e informa as mais variadas pessoas no tempo presente.

Já apresentamos as razões para o aumento epidemiológico dessa condição, as quais vinculam-se a um conjunto de fatos que abrangem desde as mudanças culturais, passando pelas transformações nos manuais diagnósticos até a exploração econômica desse fenômeno. Não queremos voltar ao cenário epidemiológico descrito em Kanner por entender que ele era muito restrito, contudo, entendemos que o quadro atual se alargou em demasia e corre o risco de, ao abraçar a todos, em determinado momento, não cobrir mais ninguém. Nesse momento, me vem à mente a teoria da curvatura da vara de Lênin. Em Kanner, a vara estava muito torcida para um determinado lado (o da quase inexistência do autismo); hoje a vara parece se torcer para o outro lado (o da produção de diagnósticos excessivos de autismo). O desafio está em construir uma tese a partir dessas duas antíteses que materialize uma posição não central, como poderia se supor, mas verdadeira. A César o que é de César, a Deus o que é de Deus.

O primeiro elemento para tanto reside em acabar com essa fábrica de diagnósticos que rodeia o complexo do autismo. É preciso uma nova mudança nos manuais diagnósticos que redesenhe referida categoria como uma nosologia específica da infância. Basta de diagnosticar adultos como autistas. A quem serve tais práticas? Suponho que somente à indústria médica e farmacêutica. Talvez também a indústria das redes sociais operadas pelos próprios sujeitos. Contudo, a sociedade e as políticas públicas se beneficiam em que com isso? Se vivestes bem até a vida adulta, por qual razão precisa de um diagnóstico? Por qual razão a Medicina deve colonizar tanto as nossas vidas e nossas formas de estar no mundo? De perto ninguém é normal. Possivelmente, nem de longe.

É preciso também que os manuais deixem evidente a tipologia da existência de prejuízos comunicativos ou intelectuais como elementos-chave nos quadros definidores de autismo, posto que estes irão, inclusive, exercer impacto notável no desenvolvimento das interações sociais. Talvez o conceito de espectro tenha feito mais mal do que bem à nosologia autista. É chegada também a hora de o DSM e a CID, ou qualquer outro manual diagnóstico (pois sabemos que a hegemonia médica na definição de determinadas manifestações continuará presente) repensar nos efeitos desempenhados pela incorporação do Transtorno de Asperger dentro da nosologia autista, pois parte da massificação indevida aqui apontada deriva dessa incorporação.

A materialização de uma deficiência pressupõe a vivência de prejuízos que interferem nas possibilidades de participação social em virtude da estrutura opressiva e capacitista que nos rodeia. Ora, se não há prejuízo, não há deficiência. Se todo mundo é deficiente, ninguém é deficiente. Com isso, para que fique claro, não estamos associando a categoria deficiência como uma forma de tragédia pessoal ou infortúnio individual, o que combatemos ao longo de todo o texto. A deficiência é uma experiência rica e fundamental para a diversidade humana, mas ela pressupõe que seus sujeitos experimentem barreiras e dificuldade que não devem ser desprezadas ou minoradas. Aliás, é somente a partir da vivência dessas interações que as pessoas com deficiência desenvolvem formas absolutamente originais de ser e estar no mundo, modificando as relações ao seu redor. Sentenciar todo mundo como possível pessoa com deficiência é matar aquilo que de mais rico possui a categoria.

Daí a necessidade de separar o joio do trigo no caso do autismo, a menos que queiramos desconsiderá-lo como uma deficiência, o que não é o caso aqui. Não podemos esquecer que os recursos destinados às políticas públicas para pessoas com deficiência são escassos e finitos. Logo, a inclusão de um público cada vez maior dentro desse arco identitário acabará por provocar uma crise financeira que afetará, muito provavelmente, aqueles que mais precisam das políticas públicas. E é isso que devemos justamente impedir. E se nada for feito, essa situação acontecerá. Não se trata de profecia, mas de matemática.

Apenas a título de informação, em apenas dois anos os gastos contraídos pelo pagamento do BPC (Benefício de Prestação Continuada) subiram 37%, pressionando a realização de cortes em outras áreas do país. Em 2024, o custo com o BPC no Brasil passará de R$ 100 bilhões, valor inédito, podendo se aproximar de R$ 180 bilhões em 2028 caso mantenha o ritmo de crescimento acelerado, o que, certamente, implicará a redução de diferentes despesas de um orçamento público já estrangulado por inúmeras questões. Toda a comunidade científica e política deve se concentrar acerca desse fenômeno muito real e que já bate às portas do poder público.

Isso posto, entendemos que a redefinição da categoria autismo pode desempenhar um papel catalisador na construção de uma sociedade mais inclusiva. É inegável que o aumento da prevalência de casos de autismo relatados pela literatura ocorreu em paralelo com a substituição e diminuição dos diagnósticos de deficiência intelectual. Claro que o incremento citado suplanta em muito o da redução quantitativa de pessoas com deficiência intelectual no Brasil e no mundo, dado o caráter abrasivo da representação por meio do espectro autista, todavia é indiscutível que ambos os fenômenos se relacionam, alusão já realizada de maneira preliminar por Kanner no longínquo 1943. Logo, nem se trata de algo tão novo.

É também notório que a inclusão de alguém em determinado quadro nosológico importa na possível contração de uma série de rótulos vinculados a uma imagem previamente ordenada acerca dessa condição. Rótulos estes que exercem impacto decisório na construção da personalidade e interferem no processo de formação de nossa subjetividade. Não é segredo para ninguém que o autismo já gozou de marcas profundamente negativas, contudo, após a massificação de seu diagnóstico e sua circulação em geografias cada vez mais próximas de todos, estes foram ressignificados e redesenhados sob outros vernizes, mais sutis e menos discriminatórios. Em vista disso, entendemos que, de fato, a utilização do conceito de autismo de modo adicional a alguns quadros de deficiência intelectual pode ser muito útil para essa representação imagética, historicamente atravessada por grande carga de discriminação e preconceito.

E quando ofertamos essa sugestão, para que fique claro, a estamos fazendo dentro da perspectiva de combate à massificação diagnóstica do autismo, com vistas à redução de sua epidemiologia. Uma redução que objetiva focar o atendimento das pessoas que apresentem componentes os quais efetivamente acarretem prejuízo em termos de participação na vida, no trabalho, na saúde, na educação, no esporte, na cultura. É preciso fornecer suporte para quem efetivamente precisa dele. Intervenções desnecessárias atravancam o desenvolvimento dos seres humanos, sufocam o serviço público e ainda causam distorções em termos redistributivos e de reconhecimento.

Nesse sentido, a propositura aqui apresentada tem o condão de interferir positivamente na construção de políticas públicas para pessoas com deficiência e na melhoria de vida desse coletivo, logo, vinculando-se à perspectiva da emancipação social. E o faz com o senso de justiça que deve nos guiar, separando direitos de privilégios, evitando a patologização do normal e deixando claro que a busca pela igualdade não pode ser confundida com o desejo pelo idêntico. Que em vez de buscarmos explicações sobre nossos desvios a partir do olhar da norma, possamos apreciar justamente a riqueza dos detalhes que escapam a ela e nos fazem únicos.

REFERÊNCIAS

ALBRECHT, G. L. **The** *Disability* **Business**: Rehabilitation in America. Newbury Park: Califórnia. SAGE Publications, 1992.

ALCOFF, L. M. **Visible Identities**: Race, Gender, and the Self. New York, US: Oup Usa, 2006.

ALMEIDA, M. L.; NEVES, A. S. A Popularização Diagnóstica do Autismo: uma Falsa Epidemia? **Psicologia: Ciência e Profissão**, [*S. l.*], v. 40, p. e180896, 2020. Disponível em: https://doi.org/10.1590/1982-3703003180896. Acesso em: 29 set. 2024.

APA – American Psychiatric Association. **Diagnostic and Statistical Manual of Mental Disorders – DSM**. 1. ed. Washington D/C, 1952.

APA – American Psychiatric Association. **Diagnostic and Statistical Manual of Mental Disorders – DSM**. 2. ed. Washington D/C, 1968.

APA – American Psychiatric Association. **Diagnostic and Statistical Manual of Mental Disorders. DSM**. 3. ed. Washington D/C, 1980.

APA – American Psychiatric Association. **Diagnostic and Statistical Manual of Mental Disorders**. 3. ed., revisada, Washington D/C, 1987.

APA – American Psychiatric Association. **Diagnostic and Statistical Manual of Mental Disorders – DSM**. 4. ed. Washington D/C, 1994.

APA – American Psychiatric Association. *Diagnostic and statistical manual of mental disorders. 4. ed. revisada,* Washington, DC, 2000.

APA – American Psychiatric Association. **Diagnostic and Statistical Manual of Mental Disorders – DSM**. 5. ed. Washington D/C, 2013.

APA – American Psychiatric Association. **Diagnostic and Statistical Manual of Mental Disorders, Fifth Edition, Text Revision – Dsm-5-Tr.** Washington D/C, 2022.

AMIR, R. E. *et. al.* Rett syndrome is caused by mutations in X-linked MECP2, encoding methyl-CpG-binding protein 2. **Nat Genet**, [*S. l.*], v. 23, n. 2, p. 185-188. Oct. 1999. Disponível em: https://pubmed.ncbi.nlm.nih.gov/10508514/. Acesso em: 20 jan. 2023. DOI: 10.1038/13810. PMID: 10508514.

ANDERSON, D. K.; LIANG, J. W.; LORD C. Predicting young adult outcome among more and less cognitively able individuals with autism spectrum disorders. **J Child Psychol Psychiatry**, [*S. l.*], v. 55, n. 5, p. 485-94, maio, 2014. Disponível em: https://pubmed.ncbi.nlm.nih.gov/24313878/. Acesso em: 8 mar. 2024. DOI: 10.1111/jcpp. 12178.

ARIÈS, P. *História* **social da criança e da família**. 2. ed. Rio de Janeiro: LTC, 1981.

ASCH. A. 'Critical Race Theory, Feminism, and Disability: Reflections on Social Justice and Personal Identity'. **Ohio State Law Journal**, [*S. l.*], v. 62, n. 1, p. 391-423, 2001.

ARMSTRONG, D. **A New History of Identity**: A Sociology of Medical Knowledge. Basingstoke: Palgrave, 2002.

ASPERGER, H. Die "Autistichen Psychopathen" in Kindersalter. **Archive für Psychiatrie und Nervenkrankheiten**, [*S. l.*], v. 99, n. 3, p. 105-115, 1944.

ASPERGER, H. **Autistic psychopathy' in childhood**. Cambridge: Cambridge University Press, 1991.

BAGAROLLO, M. F.; RIBEIRO, V. V.; PANHOCA, I. O brincar de uma criança autista sob a ótica da perspectiva histórico-cultural. **Revista Brasileira De Educação Especial**, [*S. l.*], v. 19, n. 1, p. 107-120, 2013. Disponível em: https://doi.org/10.1590/S1413-65382013000100008. Acesso em: 29 set. 2024.

BAGATELL, N. Orchestrating voices: autism, identity and the power of discourse. **Disability & Society**, [*S. l.*], v. 22, n. 4, p. 413-426, 2007.

BAIO J, Prevalence of Autism Spectrum Disorder Among Children Aged 8 Years - Autism and Developmental Disabilities Monitoring Network, 11 Sites, United States, 2014. **MMWR Surveill Summ**, [*S. l.*], v. 67, n. 6, p. 1-23, abr. 2018.

BARBARO J. *et. al.* Autism spectrum disorders in infancy and toddlerhood: a review of the evidence on early signs, early identification tools, and early diagnosis. **J Dev. Behav. Pediatr.**, [*S. l.*], v. 30, n. 5, p. 447-459, out. 2009.

BARON-COHEN, S. Autism: The empathizing-systemizing (E-S) theory. **Ann N Y Acad. Sci.**, [*2009.*], ar;1156:68-80. Disponível em: https://pubmed.ncbi.nlm.nih.gov/19338503/. Acesso em: 10 jul. 2024. DOI: 10.1111/j.1749-6632.2009.04467.x. PMID: 19338503.

BETTELHEIM, B. **A fortaleza vazia**. São Paulo: Martins Fontes, 1987.

BIKLEN, D. *Autism and the myth of the person alone*. New York: New York University Press, 2005.

BILLINGTON, T. Working with autistic children and young people: sense, experience and the challenges for services, policies and practices. **Disability & Society**, [*S. l.*], v. 21, n. 1, p. 1-13, 2006. Disponível em: https://doi.org/10.1080/09687590500373627. Acesso em: 29 set. 2024.

BLEULER, E. **Dementia Praecox or the Group of Schizophrenias**. New York: International Universities, 1911.

BLEULER, E. Autistic Thinking. **American Journal of Insanity**, [*S. l.*], v. 69, n. 5, p. 873, 1913.

BOURDIEU, P. O campo científico. *In*: ORTIZ, R. (org.). **Pierre Bourdieu**: Sociologia. São Paulo: Ática, 1983.

BOVELL, V. **Is the prevention and/or cure of autism a morally legitimate quest?** [PhD thesis]. University of Oxford, 2015.

BRASIL. **Decreto n. 6.949, de 25 de agosto de 2009**. Promulga a Convenção Internacional sobre os Direitos das Pessoas com Deficiência e seu Protocolo Facultativo, assinados em Nova York, em 30 de março de 2007. Brasília, DF: Senado Federal, 2009.

BRASIL. **Lei n. 12.764, de 27 de dezembro de 2012**. Institui a Política Nacional de Proteção dos Direitos da Pessoa com Transtorno do Espectro Autista; e altera o § 3º do art. 98 da Lei n. 8.112, de 11 de dezembro de 1990. Brasília: DF, 2012.

BRASIL. **Lei n. 13.146, de 6 de julho de 2015**. Institui a Lei Brasileira de Inclusão das Pessoas com Deficiência (Estatuto da Pessoa com Deficiência). Diário Oficial da União: seção 1, Brasília, ano 152, n. 127, p. 2-11, 7 jul. 2015.

BRAY, Anne. **Definitions of Intellectual Disability**. Wellington: Donald Beasley, 2003.

Broderick, A. A.; ROSCIGNO, R. (2021). Autism, Inc.: The Autism Industrial Complex. **Journal of Disability Studies in Education**, [*S. l.*], v. 2, n. 1, p. 77-101. Disponível em: https://doi.org/10.1163/25888803-bja10008. Acesso em: 10 ago. 2022.

BRODDERICK, A. **The Autism Industrial Complex How Branding, Marketing, and Capital Investment Turned Autism into Big Business**. Myers Education Press, 2022.

CAMARGO, S. P. H.; BOSA, C. A. Competência social, inclusão escolar e autismo: revisão crítica da literatura. **Psicologia & Sociedade**, [*S. l.*], v. 21, n. 1, p. 65-74, 2009. Disponível em: https://doi.org/10.1590/S0102-71822009000100008. Acesso em: 29 set. 2024.

CANGUILHEM, G. **O normal e o patológico**. 7. ed. Rio de Janeiro: Forense Universitária, 2011.

CDC. **Centers for Disease Control and Prevention**. USA: CDC; 2023.

CHAPMAN, R. The reality of autism: On the metaphysics of disorder and diversity. **Philosophical Psychology**, [*S. l.*], p. 121, 2021. DOI:10.1080/09515089.2020.175110.

CHARMAN T, BAIRD G. Practitioner review: Diagnosis of autism spectrum disorder in 2- and 3-year-old children. **J Child Psychol Psychiatry**, [*S. l.*], v. 43, n. 3, p. 289-305, mar. 2002. Disponível em: https://acamh.onlinelibrary.wiley.com/doi/10.1111/1469-7610.00022. Acesso em: 11 jul. 2023. DOI: 10.1111/1469-7610.00022

CHAVARRIA, M, A. The autism predicament: models of autism and their impact on autistic identity, **Disability & Society**, [*S. l.*], v. 37, n. 8, p. 1321-1341, 2022.

CHOWN, N. *et al*. Improving research about us, with us: a draft framework for inclusive autism research. **Disability & Society**, [*S. l.*], v. 32, n. 5, p. 720-734, 2017. Disponível em: https://doi.org/10.1080/09687599.2017.1320273. Acesso em: 29 set. 2024.

CONSTANTINO J. N, *et al*. Timing of the Diagnosis of Autism in African American Children. **Pediatrics**, [*S. l.*], v. 146, n. 3, p. e20193629, Sep. 2020. Disponível em: https://pubmed.ncbi.nlm.nih.gov/32839243/. Acesso em: 8 jul. 2024. DOI: 10.1542/peds.2019-3629.

CONRAD P.; SCHNEIDER, J. **Deviance and medicalization**: from badness to sickness. Philadelphia: Temple University Press; 1992.

COURCHESNE, E. *et al*. Mapping early brain development in autism. **Neuron**, [*S. l.*], v. 56, n. 2, p. 399-413, 2007.

CUSHING, S. Autism: The Very Idea. In Jami L. Anderson & Simon Cushing (ed.), The Philosophy of Autism. Rowman & Littlefield Publishers, 2012. p. 17-45.

DAPRETTO, M. *et al.* Understanding emotions in others: mirror neuron dysfunction in children with autism spectrum disorders. **Nat Neurosci**, [*S. l.*], v. 9, n. 1, p. 28-30, jan. 2006.

DAVIS, L. **Enforcing normalcy**: Disability, deafness, and the body. New York: Verso, 1995.

DAVIS, L. *The end of identity politics*: On *disability as an unstable category. In*: DAVIS, Lennard (org.). *The Disability Studies Reader*. London: England, Routledge, 2013.

DAWSON, M. **The misbehavior of behaviourists**: Ethical challenges to the autism/ABA industry, 2004. Disponível em: https://www.sentex.ca/~nexus23/naa_aba.html. Acesso em: 6 out. 2024.

DOLNICK, E. *Madness on the couch: Blaming the victim in the heyday of psychoanalysis. New York: Usa:* Simon & Schuster, 1998.

DUNKER, C. **Estrutura e constituição da clínica psicanalítica**: uma arqueologia das práticas de cura, psicoterapia e tratamento. São Paulo: Annablume, 2011.

DUNKER, C. "Questões entre a Psicanálise e o DSM". **Jornal de Psicanalise**, [*S. l.*], v. 47, p. 121-151, 2014.

EYAL, G. **The autism matrix.** New York: Polity, 2010.

EYAL, G. For a Sociology of Expertise: The Social Origins of the Autism Epidemic. **American Journal of Sociology**, [*S. l.*], v. 118, n. 4, p. 863-907, 2013.

FANON, F. **Pele negra, máscaras brancas**. Salvador: EdUFBA, 2008.

FARLEY, M. A. *et al.* Twenty-year outcome for individuals with autism and average or near-average cognitive abilities. **Autism Res.**, [*S. l.*], v. 2, n. 2, p. 109-118, abr. 2009.

FEIN, D. *et al.* Optimal outcome in individuals with a history of autism. **J Child Psychol Psychiatry.**, [*S. l.*], v. 54, n. 2, p. 195-205, fev. 2013. Disponível em: https://pubmed.ncbi.nlm.nih.gov/23320807/. Acesso em: 5 mar. 2023. DOI: 10.1111/jcpp. 12037.

FEINBERG, E.; VACCA, J. The drama and trauma of creating policies on autism: Critical issues to consider in the new millennium. *Focus on Autism and Other Developmental Disabilities,* [*S. l.*], v. 15, n. 3, p. 130-137, 2000.

FERNANDES, C. S.; TOMAZELLI, J.; GIRIANELLI, V. R. Diagnóstico de autismo no século XXI: evolução dos domínios nas categorizações nosológicas. **Psicologia USP**, São Paulo, v. 31. Disponível em: https://doi.org/10.1590/0103-6564e200027. Acesso em: 6 out. 2024.

FOUCAULT, M. **História da loucura na Idade Clássica**. São Paulo: Perspectiva, 1978.

FOUCAULT, M. *Vigiar e Punir*: história da violência nas prisões. Petrópolis: Vozes, 1987.

FOX, N. **Beyond Health:** Postmodernism and Embodiment. London: Free Association, 1999.

GARLAND-THOMSON, R. The Cultural Logic of Euthanasia: "Sad Fancyings" in Herman Melville's "Bartleby". **American Literature**, [*S. l.*], v. 76, n. 4, p. 777-806, 2004.

GARLAND-THOMSON R. The case for conserving disability. **J Bioeth Inq.**, [*S. l.*], v. 9, n. 3, p. 339-355, set. 2012. Disponível em: https://pubmed.ncbi.nlm.nih.gov/23180334/. Acesso em: 10 jul. 2023. DOI: 10.1007/s11673-012-9380-0.

GAUDENZI, P.; ORTEGA, F. O estatuto da medicalização e as interpretações de Ivan Illich e Michel Foucault como ferramentas conceituais para o estudo da desmedicalização. **Interface - Comunicação, Saúde, Educação**, [*S. l.*], v. 16, n. 40, p. 21-34, 2012. DOI: 10.1590/S1414-32832012005000020.

GIBSON, M. F; DOUGLAS, P. Disturbing Behaviors: Ole Ivar Lovaasand the Queer History of Autism Science. **Catalyst: Feminism, Theory, Technoscience**, [*S. l.*], v. 4, n. 2, p. 1-28, 2018.

GOFFMAN, E. *Estigma*: Notas sobre a Manipulação da Identidade Deteriorada. Rio de Janeiro: Zahar Editores, 1980.

GOODLEY, D. Autism and the Human. **Re-thinking autism:** Diagnosis, identity and equality. London: UK. Jessica Kingsly Publishers, 2016. p. 146-159.

GRANDIN, T. How people with autism think. *In*: SCHOPLER, E.; MESIBOV, G. B. (Ed.). *Learning and cognition in autism*. London: Uk. Plenum Press, 1995. p. 137-156.

GRINKER, R. R.; CHO, K. Border Children: Interpreting Autism Spectrum Disorder in South Korea *Ethos,* [*S. l.*], *v. 41*, p. 46-74, 2013.

GRINKER, R. Who owns autism? Economics, fetishism and stakeholders. *In*: FEIN, E.; RIOS, C. (ed.). **Autism in translation**: An intercultural conversation on autism spectrum conditions. London: UK. Palgrave MacMillan, 2018.

GRINKER, R. Autism, "stigma," disability: A shifting historical terrain **Current Anthropology**, [*S. l.*], v. 61 (S21), p. S55-S67, 2020.

HACKING, I. **Mad Travelers**, Charlottesville, VA: University Press of Virginia, 1998.

HACKING, I. **The Social Construction of What?** Cambridge: Harvard University Press, 1999.

HASSAL, R. Does everybody with an Autism diagnosis have the same underlying. *In*: RUNSWICK-COLE, K; MALLETT, R.; TIMIMI, S. (ed.). **Re-thinking Autism:** Diagnosis, identity, and equality. London: Jessica Kingsley Publishers, 2016.

HERTZ-PICCIOTTO I.; DELWICHE L. The rise in autism and the role of age at diagnosis. **Epidemiology**, [*S. l.*], v. 20, n. 1, p. 84-90, jan. 2009.

HOFVANDER B. *et al*. Few Differences in the Externalizing and Criminal History of Young Violent Offenders With and Without Autism Spectrum Disorders. **Front Psychiatry**, [*S. l.*], v. 10, p. 911, dez. 2019. Disponível em: https://pmc. ncbi.nlm.nih.gov/articles/PMC6927936/. Acesso em: 8 ago. 2023. DOI: 10.3389/ fpsyt.2019.00911.

ILLICH, I. **A expropriação da saúde**: nêmesis da Medicina. Rio de Janeiro: Nova Fronteira, 1975.

INEP – Instituto Nacional de Estudos e Pesquisas Educacionais Anísio Teixeira. **Sinopse Estatística da Educação Básica 2017**. Brasília: Inep, 2017.

INEP – Instituto Nacional de Estudos e Pesquisas Educacionais Anísio Teixeira. **Sinopse Estatística da Educação Básica 2022**. Brasília: Inep, 2022.

INEP – Instituto Nacional de Estudos E Pesquisas Educacionais Anísio Teixeira. **Sinopse Estatística da Educação Básica 2022**. Brasília: Inep, 2022.

KANNER, L. Autistic Disturbances of Affective Contact. **Nervous Child**, [*S. l.*], v. 2, p. 217-250, 1943.

KANNER, L. Problems of nosology and psychodynamics in early infantile autism. **American Journal Orthopsychiatry**, [*S. l.*], v. 19, p. 416-426, 1949.

KANNER, L.; EISENBERG, L. Early infantile autism. American. **Journal Orthopsychiatry**, [*S. l.*], v. 26, n. 3, p. 556-566, 1956.

KANNER, L. Early infantile autism revisited. **Psychiatry Digest**, [*S. l.*], v. 29, p. 17-28, 1968.

KANNER, L. Follow-Up Study of Eleven Autistic Children Originally Reported in 1943. **Journal of Autism and Childhood Schizophrenia**, [*S. l.*], v. 21, p. 119-145, 1973.

KELLY B. *et al.* The association between socioeconomic status and autism diagnosis in the United Kingdom for children aged 5-8 years of age: Findings from the Born in Bradford cohort. **Autism**, [*S. l.*], v. 23, n. 1, p. 131-140, jan. 2019.

KLIN, A. Autismo e síndrome de Asperger: uma visão geral. **Brazilian Journal of Psychiatry**, [*S. l.*], v. 28, p. s3-s11, 2006.

KOEGEL, L, K.; LAZEBNIK, C. **Overcoming Autism**. London: UK. Penguin Books, Paperback, 2005.

LATIF, S. The ethics and consequences of making autism spectrum diagnoses. RUNSWICK-COLE K.; MALLETT, R.; TIMIMI, S. (ed.). **Rethinking Autism:** Diagnosis, Identity and Equality. London: UK. Jessica Kingsley Publishers, 2016.

LINTON, S. *Claiming disability: Knowledge and identity.* New York: New York University Press, 1998.

LONGMORE, P. **Telethons**: spectacle, disability and the business of charity. New York: Oxford University Press, 2016.

LORD, C.; JONES, R. M. Annual Research Review: Re-thinking the classification of autism spectrum disorders. **Journal of Child Psychology and Psychiatry**, [*S. l.*], v. 53, n. 5, p. 490-509, 2012.

LOTTER, V. Epidemiology of autistic conditions in young children. **Soc Psychiatry**, [*S. l.*], v. 1, p. 124-135, 1966.

LOVAAS, O. *et al.* Some generalization and follow-up measures on autistic children in behavior therapy. **Journal of Applied Behavior Analysis**, [*S. l.*], v. 6, n. 1, p. 131-166, 1973.

LOVAAS, O. Contrasting illness and behavioral models for the treatment of autistic children: A historical perspective. **Journal of Autism and Developmental Disorders**, [*S. l.*], v. 9, n. 4, p. 315-323, 1979.

LOVAAS, O. I. Behavioral Treatment and Normal Educational and Intellectual Functioning in Young Autistic Children. **Journal of Consulting & Clinical Psychology**, [*S. l.*], v. 55, p. 3-9, 1987.

MAEZAWA I, *et al*. Does microglial dysfunction play a role in autism and Rett syndrome? **Neuron Glia Biol.**, [*S. l.*], v. 7, n. 1, p. 85-97, fev. 2011.

MAENNER M. J. *et al*. Prevalence and Characteristics of Autism Spectrum Disorder Among Children Aged 8 Years - Autism and Developmental Disabilities Monitoring Network, 11 Sites, United States, 2020. **MMWR Surveill Summ**, [*S. l.*], v. 72, n. 2, p. 1-14, mar. 2023.

MALLETT, R.; RUNSWICK-COLE, K. Commodifying Autism: The Cultural Contexts of 'Disability' in the Academy. In: Goodley, D., Hughes, B., Davis, L. (ed.). **Disability and Social Theory**. Londres: Palgrave Macmillan, 2012.

MALLET, R.; RUNSWICK-COLE, K. THE COMMODIFICATION OF AUTISM WHAT'S AT STAKE? *In*: **Re-Thinking Autism: Diagnosis, Identity and Equality**. Edited by Katherine Runswick-Cole, Rebecca Mallett and Sami Timimi. London: UK. Jessica Kingsley Publishers, 2016.

MACCARTHAIGH, S. Beyond biomedicine: Challenging conventional conceptualisations of autism spectrum conditions. **Disability & Society**, [*S. l.*], v. 35, n. 1, p. 52-66, 2020.

MCGUIRE, A. **War on autism**: On the cultural logic of normative violence. University of Michigan Press, 2016.

MAS, Natalie Andrade. **Transtorno do Espectro autista**- história da construção de um diagnóstico. Dissertação (Mestrado em Psicologia Clínica) – Universidade de São Paulo- Instituto de Psicologia, São Paulo, 2018.

MELTZER, A.; VAN DE WATER, J. The Role of the Immune System in Autism Spectrum Disorder. **Neuropsychopharmacol**, [*S. l.*], v. 42, p. 284-298, 2017.

MILTON, D.; MOON, L. The normalisation agenda and the psycho-emotional disablement of autistic people. **Autonomy, the Critical Journal of Interdisciplinary Autism Studies**, [*S. l.*], v. 1, n. 1, 2012.

MITCHELL, D.; SNYDER, S. **The Biopolitics of Disability:** Neoliberalism, Ablenationalism, and Peripheral Embodiment. Ann Arbor: University of Michigan Press, 2015.

MURPHY, Robert. **The Body Silent**. London: J. M. Dent and Sons, 1987.

NADESAN, M. *Constructing Autism: Unravelling the 'Truth' and Understanding the Social*. Abingdon: UK. Routledge, 2005.

NADESAN, M. Constructing Autism: A Brief Genealogy. *In*: OSTEEN, M. (ed.). **Autism and Representation**. Abingdon: UK. Routledge, 2008.

NEWSCHAFFER, C. J.; CURRAN, L. K. Autism: an emerging public health problem. **Public Health Rep.**, [*S. l.*], v. 118, n. 5, p. 393-399, set./out., 2003. Disponível em: https://pmc.ncbi.nlm.nih.gov/articles/PMC1497571/. Acesso em: 15 abr. 2023. DOI: 10.1093/phr/118.5.393.

NICOLAIDIS, C. What can physicians learn from the neurodiversity movement? **Journal of Ethics**, [*S. l.*], v. 14, n. 6, 503-510, 2012.

NUNES, F.; ORTEGA, F. Ativismo político de pais de autistas no Rio de Janeiro: reflexões sobre o "direito ao tratamento". **Saúde e Sociedade**, [*S. l.*], v. 25, n. 4, p. 964-975, 2016.

O'DELL, L. *et al*. Critical autism studies: exploring epistemic dialogues and intersections, challenging dominant understandings of autism. **Disability & Society**, [*S. l.*], v. 31, v. 2, p. 166-179.

O'NEIL, S. The Meaning of Autism; Beyond Disorder. **Disability & Society**, [*S. l.*], v. 23, p. 787-799, 2008.

OLIVEIRA, B. D. C. *et al*. Políticas para o autismo no Brasil: entre a atenção psicossocial e a reabilitação1. *Physis:* Revista De Saúde Coletiva, [*S. l.*], v. 27, n. 3, p. 707-726, 2017.

OLIVER, Michael. **The Politics of Disablement**. Basingstoke: UK. Macmillan, 1990.

OMS – Organização Mundial da Saúde. **Classificação estatística internacional de doenças e problemas relacionados à saúde:** CID 10. 10. ed. São Paulo: Edusp, 1998.

ORSINI, M. Autism, neurodiversity and the welfare state: The challenges of accommodating neurological difference. **Canadian Journal of Political Science/ Revue canadienne de science politique**, [*S. l.*], v. 45, n. 4, p. 805-827, 2012.

ORTEGA, F. Práticas de ascese corporal e constituição de bioidentidades. **Cadernos Saúde Coletiva**, Rio de Janeiro, v. 11, n. 1, p. 59-77, 2003.

ORTEGA, F. Corpo e tecnologias de visualização médica: entre a fragmentação na cultura do espetáculo e a fenomenologia do corpo vivido. *Physis*: **Revista De Saúde Coletiva**, [*S. l.*], v. 15, n. 2, p. 237-257, 2005.

ORTEGA, F. O sujeito cerebral e o movimento da neurodiversidade. **Mana**, [*S. l.*], v. 14, n. 2, p. 477-509, 2008.

ORTEGA, F. Deficiência, autismo e neurodiversidade. **Ciência & Saúde Coletiva**, [*S. l.*], v. 14, n. 1, p. 67-77, 2009. Disponível em: https://doi.org/10.1590/S1413-81232009000100012. Acesso em: 6 out. 2024.

RAPP, R.; GINSBURG, F. Reverberations: Disability and the new kinship imaginary. *Anthropological Quarterly*, [*S. l.*], *v. 84*, n. 2, p. 380-410, 2011.

REKERS, G.; LOVAAS, O. Behavioral treatment of deviant sex-role behaviors in a male child. **Journal of Applied Behavioral Analysis**, [*S. l.*], v. 7, n. 2, p. 173-190, 1974.

RICHARDS, G. **Putting Psychology in its Place:** An Introduction from a Critical Historical Perspective. London: Routledge, 1996.

RIMLAND, B. *Infantile autism: The syndrome and its implications for a neural theory of behavior.* New York: NY.Appleton-Century-Crofts, 1964.

RIOS, C.; ORTEGA, F.; ZORZANELLI, R.; NASCIMENTO, L. F. Da invisibilidade à epidemia: a construção narrativa do autismo na mídia impressa brasileira. **Interface - Comunicação, Saúde, Educação**, [*S. l.*], v. 19, n. 53, p. 325-336, 2015.

RIOS, C. "Nada sobre nós, sem nós"? O corpo na construção do autista como sujeito social e político. **Sexualidad, Salud y Sociedad**, [*S. l.*], v. 25, p. 212-230, 2017.

ROSENBERG, C, E. "The tyrannt of diagnosis: specific entities and individual experience". **The Milkbank Quarterly**, [*S. l.*], v. 80, n. 2, p. 237-260, 2002.

ROSENBERG, C, E. "Contested boundaries: psychiatry, disease, and diagnosis". **Perspectives in Biology and Medicine**, [*S. l.*], v. 49, n. 3, p. 407-424, 2006.

ROSEN N, E.; LORD, C.; VOLKMAR, F. R. The Diagnosis of Autism: From Kanner to DSM-III to DSM-5 and Beyond. **J Autism Dev Disord.**, [*S. l.*], v. 51, n. 12, p. 4253-4270, dez. 2021. Disponível em: https://pubmed.ncbi.nlm.nih.gov/33624215/. Acesso em: 20 maio 2024. DOI: 10.1007/s10803-021-04904-1.

ROSENTHAL, R.; JACOBSON, L. Teachers' expectancies: Determinants of pupils' IQ gains. *Psychological Reports*, [*S. l.*], *v. 19*, v. 1, p. 115-118, 1966.

RUBIN, G. El tráfico de mujeres: notas sobre la 'economia política' del sexo. **Nueva Antropología**, México, v. VIII, n. 30, p. 95-145, 1986.

RUNSWICK-COLE, K.; MALLETT, R; TIMIMI S. **Re-Thinking Autism:** Diagnosis, Identity and Equality. Edited by Katherine Runswick-Cole, Rebecca Mallett, and Sami Timimi. Jessica Kingsley Publishers; 2016.

RUSSEL, G. Early diagnosis of autism: Is earlier always better? *In*: RUNSWI-CK-COLE, K.; MALLET, R.; TIMIMI, S. (ed.). **Rethinking Autism: Diagnosis, identity, equality**. London: UK. Publisher: Jessica Kingsley, 2016. p. 252-268.

RUTTER, M. "Childhood Schizophrenia Reconsidered". **Journal of Autism and Childhood Schizophrenia**, [*S. l.*], v. 2 p. 315-37, 1972.

RUTTER, M. Diagnosis and definition of childhood autism. **J Autism Child Schizophr.**, [*S. l.*], v. 8, n. 2, p. 139-61, jun. 1978.

RUTTER, M. "The Treatment of Autistic Children". **Journal of Child Psychology and Psychiatry,** [*S. l.*], v. 26, n. 2, p. 193-214, 1983.

SACKS, O. **Um antropólogo em Marte**. Tradução de Bernardo Carvalho. São Paulo: Companhia das Letras, 1995.

SCHMIDT, C. Transtorno do Espectro Autista: Onde estamos e para onde vamos [Autism spectrum disorders: Where we are and where we are going]. *Psicologia em Estudo, 22*(2), 2017, p. 221–230. https://doi.org/10.4025/psicolestud.v22i2.34651. Acessado em 10 de junho de 2023.

SCHMIDT, C.; BOSA, C. A investigação do impacto do autismo na família: revisão crítica da literatura e proposta de um novo modelo. **Interação Em Psicologia**, [*S. l.*], v. 7, n. 2, p. 111-120, 2003.

SCULLY, J. L. Disability and genetics in the era of genomic medicine. **Nature Reviews Genetics**, [*S. l.*], v. 9, n. 10, p. 797-802, 2008.

SERPA, O. D. Indivíduo, organismo e doença: a atualidade de O normal e o pato-lógico, de Georges Canguilhem. **Psicologia Clínica,** (PUC/RJ), Rio de Janeiro, v. 15, n. 1, p. 121-135, 2003.

SHAKESPEARE, T. **Disability rights and wrongs**. Nova Iorque: Routlege, 2006.

SIEBERS, T. **Disability Theory**. Michigan: USA. University of Michigan Press, 2008.

SIEBERS, T. Disability and the theory of complex embodiment—for identity politics in a new register. **The disability studies reader**, [*S. l.*], v. 4, p. 278-297, 2013.

SILBERMAN, S. **Neurotribes:** The legacy of autism and the future of neurodiversity. New York: USA. Avery, 2015.

SILVERMAN, C. *Understanding autism: Parents, doctors, and the history of a disorder*. Princeton: USA. Princeton University Press, 2012.

SILVERSTEIN, C. The implications of removing homosexuality from the DSM as a mental disorder. **Archives of Sexual Behavior**, [*S. l.*], v. 38, n. 2, p. 161-163, 2009.

SONTAG, S. **A doença como metáfora**. Tradução de Márcio Ramalho. Rio de Janeiro: Graal, 1984.

STRAUS, J, N. Autism as culture. **The disability studies reader**, [*S. l.*], v. 4, p. 460-484, 2013.

STONE, M. H. "Child psychiatry before the twentieth century". **International Journal of Child Psychotherapy**, [*S. l.*], v. 2, p. 264-308, 1973.

STONE, M. H. **Healing the Mind:** A History of Psychiatry from Antiquity to the Present. New York: Norton, 1997.

TEITELBAUM, P. *et al.* Movement analysis in infancy may be useful for early diagnosis of autism. **Proc Natl Acad Sci USA**, [*S. l.*], v. 95, n. 23, p. 13982-7, nov. 1998.

THIBAULT, R. Can autistics redefine autism? The cultural politics of autistic activism. *Trans-scripts*, [*S. l.*], v. 4, p. 57-88, 2014.

TIMIMI, S.; GARDNER, N.; McCABE, B. **The Myth of Autism:** Medicalising Men's and Boys': Social and Emotional Competence, 2010.

TIMIMI, S.; McCABE, B. What have we learning from the Science of Autism. *In*: Runswick-Cole K., Mallett R., Timimi S. (ed.) Rethinking Autism: Diagnosis, Identity and Equality. London: UK. Jessica Kingsley Publishers, 2016.

TOUATI, B.; MERCIER, A; TUIL, L. Autisme, une recherche: De la nécessité de repréciser le champ de l'autisme et celui des TED non autistiques. **Le Carnet PSY**, [*S. l.*], v. 198, p. 20-28, 2016.

VERHOEFF, B. Fundamental challenges for autism research: the science-practice gap, demarcating autism and the unsuccessful search for the neurobiological basis of autism. **Med Health Care Philos**, [*S. l.*], v. 18, n. 3, p. 443-7, ago. 2015.

Disponível em: https://pubmed.ncbi.nlm.nih.gov/25828690/. Acesso em: 20 dez. 2023. DOI: 10.1007/s11019-015-9636-7.

WARREN Z, *et al*. A systematic review of early intensive intervention for autism spectrum disorders. **Pediatrics**, [*S. l.*], v. 127, n. 5, p. e1303-11, maio 2011.

WATERHOUSE, L. *Rethinking autism: Variation and complexity*. Massachussets: USA. Elsevier Academic Press, 2013.

WING, L.; GOULD, J. Severe impairments of social interaction and associated abnormalities in children: Epidemiology and classification. *Journal of Autism and Developmental Disorders,* [*S. l.*], *v. 9*, n. 1, p. 11-29, 1979.

WING, L. Asperger's syndrome: a clinical account. **Psychol Med.**, [*S. l.*], v. 11, n. 1, p. 115-129, fev. 1981.

WING, L. The continuum of autistic characteristics. *In*: SCHOPLER, E.; MESIBOV, G. (ed.). **Diagnosis and Assessment in Autism**. New York: Plenum Press, 1988.

WING, L. The relationship between Asperger's syndrome and Kanner's autism. *In*: FRITH, U. (ed.). *Autism and Asperger syndrome*. Cambridge: USA. Cambridge University Press, 1991. p. 93-121.

WING, L.; GOULD, J.; GILLBERG, C. Autism spectrum disorders in the DSM-V: better or worse than the DSM-IV? **Res Dev Disabil.**, [*S. l.*], v. 32, n. 2, p. 768-73, mar. 2011. Disponível em: https://pubmed.ncbi.nlm.nih.gov/21208775/. Acesso em: 8 jun. 2023. DOI: 10.1016/j.ridd.2010.11.003. Epub 2011 Jan 3. PMID: 21208775.

WHO – World Health Organization. **ICD-11** implementation or transition guide. Geneva: WHO, 2019.

ZANON, R. B.; BACKES, B.; BOSA, C. A. Identificação dos primeiros sintomas do autismo pelos pais. **Psicologia: Teoria e Pesquisa,** [*S. l.*], v. 30, n. 1, p. 25-33, 2014.

ZORZANELLI, R. *et al*. Um panorama sobre as variações em torno do conceito de medicalização entre 1950-2010. **Ciência & Saúde Coletiva**, [*S. l.*], v. 19, n. 6, p. 1859-1868, 2014.